残疾人共同富裕研究

《残疾人研究》杂志编辑部 ◎ 编

华夏出版社
HUAXIA PUBLISHING HOUSE

图书在版编目（CIP）数据

残疾人共同富裕研究／《残疾人研究》杂志编辑部编 . – –北京：华夏出版社有限公司，2023.4

ISBN 978 – 7 – 5222 – 0482 – 6

Ⅰ.①残… Ⅱ.①残… Ⅲ.①残疾人 – 共同富裕 – 中国 – 文集 Ⅳ.①D669.69 – 53

中国国家版本馆 CIP 数据核字（2023）第 028533 号

残疾人共同富裕研究

编　　者	《残疾人研究》杂志编辑部
策划组稿	冯善伟
责任编辑	霍本科
封面设计	李嫒格
出版发行	华夏出版社有限公司
经　　销	新华书店
印　　装	三河市少明印务有限公司
版　　次	2023 年 4 月北京第 1 版　2023 年 4 月北京第 1 次印刷
开　　本	720×1030　1/16 开本
印　　张	13
字　　数	230 千字
定　　价	58.00 元

华夏出版社有限公司　社址：北京市东直门外香河园北里 4 号　邮编：100028
　　　　　　　　　　　网址：www.hxph.com.cn　电话：010 – 64663331（转）
　　　　　　　　　　　投稿合作：010 – 64672903　hbk801@163.com
若发现本版图书有印装质量问题，请与我社营销中心联系调换。

中国将进一步发展残疾人事业,促进残疾人全面发展和共同富裕。

——习近平致2013—2022年亚太残疾人十年
中期审查高级别政府间会议的贺信

目 录

促进残疾人事业全面发展

  扎实推进残疾人共同富裕……………………………… 程　凯（1）

残疾人共同富裕研究：

  理论视域与未来指向 ………………… 张九童　张梦欣　厉才茂（15）

残疾人共同富裕的三重逻辑 ………………………… 付鹏伟　葛忠明（37）

论实现残疾人共同富裕的双重意蕴 ………………… 邹广文　华思衡（55）

迈向整体性治理：残疾人实现共同富裕的

  制度逻辑与现实路径 ………………………… 朱健刚　严国威（68）

当前我国推动残疾人共同富裕的

  社会政策主要议题 …………………………………… 关信平（82）

促进残疾人共同富裕的实现路径研究 ……………… 何文炯　胡晓毅（98）

以时间银行推动残疾人共同富裕的

  思考与启示 ………………………… 陈　功　索浩宇　张承蒙（112）

共同富裕背景下残疾人就业质量

  统计监测评价指标体系探讨 ………… 赵军利　黄辫辫　陈　功（130）

一般与特殊相结合：

  残疾人精神生活共同富裕初探 ……………………… 罗叶丹（145）

促进残疾人共同富裕的浙江实践 …………………………… 蔡国春（158）

在高质量发展中促进残疾人

  全面发展和共同富裕的江苏实践 …………………… 万　力（166）

中部地区残疾人共同富裕的实践与对策研究 ……… 方付建　饶映雪（171）

构筑关爱体系，加大支持力度

  ——促进残疾人事业全面发展 …………………… 《人民日报》（187）

第十五届中国残疾人事业发展论坛综述 …………… 冯善伟　张梦欣（191）

促进残疾人事业全面发展
扎实推进残疾人共同富裕

程 凯

【摘　要】扎实推进共同富裕，对于残疾人和残疾人事业发展来说是继打赢脱贫攻坚战、全面实现小康目标后又一重大历史机遇，同时也充满挑战。本文论述了新阶段实现残疾人共同富裕已经具备的政治保障、价值理念和制度、社会保障与公共服务、精神文明等方面的基础条件，分析了现阶段残疾人仍然面临着歧视性的观念制约、家庭结构脆弱性、社会保障不完善、公共服务及社会支持不足等挑战，从贯彻落实习近平总书记关于残疾人事业全面发展的重要指示出发，提出要大力弘扬人道主义精神和正确的价值理念、尊重和保障残疾人权利、完善残疾人社会保障制度和关爱服务体系、激励自强与助残的精神文明力量等对策建议。

【关键词】残疾人事业；全面发展；共同富裕

党的十八大以来，以习近平同志为核心的党中央把握发展阶段新变化，把逐步实现全体人民共同富裕摆在更加重要的位置上，推动区域协调发展，采取有力措施保障和改善民生，带领全国人民打赢了脱贫攻坚战，全面建成了小康社会，为促进共同富裕创造了良好条件。在"两个一百年"的历史交汇点上，习近平总书记郑重指出："现在，已经到了扎实推动共同富裕的历史阶段。"[1]残疾人作为新时代国家发展的参与者和受益者，不仅见证了改革开放四十多年来特别是党的十八大以来我国发生的历史巨变，验证着农村贫困人口何以脱贫、广大人民群众何以一道迈入小康的现实逻辑，也生动昭示出全体人民走向共同富裕的必然选择和根本保障。

作者单位：中国残疾人联合会　北京　100034
作者简介：程　凯　中国残联副理事长。研究方向：残疾人政策
本文原载于《残疾人研究》杂志2022年第2期，略有改动。

1. 全面建成小康社会，为实现残疾人共同富裕打下坚实基础

改革开放特别是党的十八大以来，通过发展残疾人事业，我国残疾人状况发生了根本改变：城乡残疾人总体上摆脱了绝对贫困，参加了城乡医疗保险和养老保险，贫困残疾人过上了"两不愁、三保障"的生活；特困残疾人家庭纳入城乡最低生活保障范围，贫困重度残疾人还可享受单独施保；建立残疾儿童康复救助制度，贫困和重度残疾人在享有与其他社会成员普惠的社会保障的同时，还享有困难残疾人生活补贴和重度残疾人护理补贴的制度保障；残疾人教育水平和就业状况不断改善，自身发展能力有了很大提升；尊重和保障残疾人平等权利基本成为社会共识，法律法规体系日臻完善，无障碍环境建设加快，理解、尊重、关心、帮助残疾人的社会氛围日益浓厚；残疾人自强不息精神激励着全社会，融汇在奋发向上的时代精神中……残疾人事业快速发展取得的这些显著成就，为扎实推进残疾人共同富裕打下了坚实基础。

1.1 "两个格外"的政治保障基础

以习近平同志为核心的党中央始终格外关心残疾人，高度重视残疾人事业的发展。党的十八大以来，习近平总书记就尊重和保障残疾人权利、发展残疾人事业等做出一系列重要指示批示，为促进残疾人共同富裕奠定了价值基础，提供了根本遵循。在价值理念上，习近平总书记指出："残疾人是社会大家庭的平等成员，是人类文明发展的一支重要力量，是坚持和发展中国特色社会主义的一支重要力量。"[2] 在重点扶持上，习近平总书记指出，精准扶贫"在群体分布上，主要是残疾人、孤寡老人、长期患病者等'无业可扶、无力脱贫'的贫困人口以及部分教育文化水平低、缺乏技能的贫困群众"[3]。要"把贫困老年人、残疾人等作为群体攻坚重点"①，"加快织密筑牢民生保障安全网，把没有劳动能力的老弱病残等特殊贫困人口的基本生活兜起来"[4]。在目标实现上，习近平总书记把残疾人与全体人民一道实现全面小康和共同富裕作为残疾人事业发展的重要目标，指出"让广大残疾人安居乐业、

---

① 习近平在十八届中央政治局第三十九次集体学习时的讲话（2017 年 2 月 21 日）。

衣食无忧，过上幸福美好的生活，是我们党全心全意为人民服务宗旨的重要体现，是我国社会主义制度的必然要求"[5]，"全面建设小康社会，残疾人一个也不能少"。尤其在新阶段，"不断满足人民群众对美好生活的需要，必须保护好残疾人权益，残疾人事业一定要继续推进"①。在致2017年亚太残疾人十年高级别政府间会议的贺信中，习近平总书记指出："中国将进一步发展残疾人事业，促进残疾人全面发展和共同富裕。"习近平总书记的领航掌舵、党的坚强领导、中国特色社会主义制度，为促进残疾人共同富裕提供了最坚强的政治保障。

1.2 深厚的价值理念和制度保障基础

"矜、寡、孤、独、废疾者皆有所养""均贫富"等传统思想始终是我国社会对财富分配正义的理想追求。随着马克思主义中国化、时代化不断推进，从平均主义到效率优先、兼顾公平，到妥善处理效率与公平、更加注重公平，再到新发展阶段贯彻新发展理念，努力实现更高质量、更有效率、更加公平、更可持续、更为安全的发展目标，中国共产党人在带领全国人民从贫困走向富强、从全面小康走向共同富裕的过程中，始终把坚持公平正义放在第一位。习近平总书记在2021年中央财经委员会第十次会议上强调，"要坚持以人民为中心的发展思想，在高质量发展中促进共同富裕，正确处理效率和公平的关系，构建初次分配、再分配、三次分配协调配套的基础性制度安排……形成中间大、两头小的橄榄型分配结构，促进社会公平正义，促进人的全面发展，使全体人民朝着共同富裕目标扎实迈进"。这一重要论述是促进残疾人共同富裕最根本的价值取向和目标导向。

党和政府历来关心残疾人、支持残疾人事业的发展。"一法四条例"②所确立的法律制度体系，以及尊重和保障人权的法治环境，从源头上保障着残疾人的政治、经济、文化、社会等多方面的平等权利。已实施的7个国家残疾人事业发展规划始终坚持"紧跟平均""缩小差距"的定位，促进残疾人全面状况不断改善。残疾人事业"八五"计划纲要提出缩小残疾人事业与经济和社会发展水平的差距，"九五"计划纲要提出缩小残疾人在基本需求方面

---

① 习近平在湖南考察期间主持召开基层代表座谈会上的讲话（2020年9月17日）。
② 指《中华人民共和国残疾人保障法》和《残疾人教育条例》《残疾人就业条例》《残疾预防和残疾人康复条例》《无障碍环境建设条例》。

与经济、社会发展水平的差距;"十五"计划纲要和"十一五""十二五"发展纲要都强调了缩小残疾人生活水平与社会平均水平之间的差距,在全面解决残疾人温饱问题的基础上稳定提高经济收入;"十三五"规划纲要和"十四五"规划也对不断缩小残疾人家庭人均年收入与社会平均水平差距提出了要求,"十四五"规划在指导思想上明确提出要把推动残疾人事业高质量发展、促进残疾人全面发展和共同富裕作为新阶段残疾人事业发展的主题主线。国家制度保障、残疾人事业不断纳入经济和社会发展大局,这是我国促进残疾人共同富裕的特色和优势。

1.3 不断完善的残疾人社会保障基础

目前,我国已经初步搭建起了以一般性保障制度为基础、以残疾人专项福利制度为重要补充的普惠加特惠残疾人社会保障体系,为实现残疾人全面小康和共同富裕奠定了经济基础。转移性收入成为残疾人家庭的第一收入来源。2021年全国残疾人家庭收入状况调查结果显示,残疾人家庭转移性收入占总收入的48.5%,比全国平均水平高出29.3个百分点。"十三五"期间,710万农村建档立卡贫困残疾人全部脱贫,贫困残疾人家庭收入从2015年的2824.9元增长到2020年的10384.8元,增长了2.7倍。107.5万残疾人得到特困救助供养,1076.8万残疾人纳入城乡最低生活保障范围。残疾人城乡居民基本养老保险参保率超过90%,基本医疗保险参保率达到95%。2016年开始全面实施的困难残疾人生活补贴和重度残疾人护理补贴实现制度全覆盖,并建立起补贴标准动态调整机制。"十三五"期间,累计投入1300多亿元,惠及1212.6万困难残疾人和1473.8万重度残疾人,有力助推残疾人脱贫攻坚和全面小康[①]。

1.4 逐步搭建起的残疾人基本公共服务基础

普惠可及的公共服务可以提升残疾人生活质量,减少因残疾带来的额外支出,是残疾人事业高质量发展的必然要求,也是残疾人实现共同富裕的必然途径。我国已建立了政府主导、社会参与、公办民办并举的残疾人公共服务供给格局,形成了相对完整的残疾人基本公共服务体系。

---

① 数据来自国务院残工委《关于印发〈"十三五"加快残疾人小康进程规划纲要〉实施情况评估报告的通知》(残工委发〔2021〕5号)。

首先，健康水平是残疾人参与和融入社会的基础。通过提供可及、可支付的健康管理及康复服务，为残疾人实现全面小康和共同富裕提供了发展基础和有力支撑。"十三五"期间，国务院颁布《残疾预防和残疾人康复条例》，实施《关于建立残疾儿童康复救助制度的意见》，推动实现残疾人享有基本公共卫生和基本康复服务。累计有4330万人次残疾人得到各种形式的康复服务，96.7万人次残疾儿童得到康复救助，1252.8万人次残疾人得到辅助器具服务，残疾人基本康复服务覆盖率和辅助器具适配率均超过80%。

其次，就业始终处于第一次分配的核心地位，也是个人体现社会价值与实现融合的重要形式。党和政府高度重视残疾人就业，坚持实施劳动福利型残疾人就业政策。工资性收入和经营性净收入是残疾人家庭举足轻重的收入来源，调查显示，2020年二者占全国残疾人家庭总收入的48.5%。"十三五"期间，通过着力完善促进残疾人就业的各项政策措施，加大残疾人职业技能培训和就业服务，残疾人多渠道、多层次、多形式就业的格局进一步形成，城乡新增就业残疾人180.8万人，残疾人就业规模每年均稳定在800万人以上，2020年、2021年分别达到862万人和881.6万人。

最后，接受教育是实现残疾人价值和高质量就业的前提条件。通过提升残疾人受教育水平，为促进残疾人共同富裕提供内生动力和战略支撑。"十三五"期间，国务院修订《残疾人教育条例》，教育部、国家发展改革委、财政部、中国残联等共同实施两期特殊教育提升计划。到2020年底，残疾儿童少年接受义务教育比例达到95%，全国特教学校达2244所、在校生88.08万人、特教专任教师6.61万人，比"十二五"末分别增加9.3%、99.2%、31.4%[①]。

此外，国家和地方还加快发展重度残疾人托养照护服务，"十三五"末，各级各类托养照护服务机构达到8370个，486.5万人次重度残疾人得到各种形式的托养照护服务。

1.5 自强与助残的精神文明建设基础

关心扶助残疾人是社会文明进步的重要标志，一个社会对待残疾人的态度直观地标注着这个社会文明的尺度。改革开放以来，国家召开了五次全国自强模范和助残先进表彰大会，党和国家领导人亲切接见受表彰代表，媒体广泛传播，自强模范和助残先进的感人事迹一次次感动着社会，影响了一代

---

① 根据教育部2021年和2016年教育统计数据计算得出。

代人。习近平总书记多次热情赞扬残疾人自强模范的精神感召作用,他在会见残疾人自强模范代表时指出:"在当代中国,在改革开放进程中,我国残疾人中涌现出一大批像张海迪那样的自强模范,他们是改革开放大潮的弄潮儿,他们的事迹感人至深、催人泪下,激励了全社会的奋发自立精神。"[2] 精神的力量是无穷的,无数自强奋斗者超越障碍和局限,把许多不可能变成可能;道德力量也是无穷的,各种形式的助残文明实践冲破陋习与成见,影响并改变了人与人之间的态度与行为。自强与助残的时代精神,在促进社会文明建设、提升人们精神境界、改善人际关系等方面还将持续发力。

习近平总书记强调:"我们说的共同富裕是全体人民共同富裕,是人民群众物质生活和精神生活都富裕。"[1] 他在全国脱贫攻坚总结表彰大会上动情地提到:"身残志坚的云南省昆明市东川区乌龙镇坪子村芭蕉箐小组村民张顺东说:'我们虽然残疾了,但我们精神上不残,我们还有脑还有手,去想去做。'贫困群众的精神世界在脱贫攻坚中得到充实和升华,信心更坚、脑子更活、心气更足,发生了从内而外的深刻改变!"2022年北京冬残奥会上,我国运动员的自强不息、奋勇拼搏感动和激励了所有人。习近平总书记在北京冬奥会、冬残奥会总结表彰大会上指出:"听障演员的圆舞曲、手语版国歌、盲童合唱团的歌声、视障运动员的点火……这些意蕴隽永的场面在人们心中留下了美轮美奂、直击人心的深刻印象,激发了海内外中华儿女万众一心、接续奋斗的昂扬激情!"残疾人是扎实推进共同富裕的一支重要力量,必将在推动全体人民实现精神生活共同富裕中发挥重要的激励作用。

2. 促进残疾人共同富裕面临的现实挑战

我国有8500多万残疾人,是世界上残疾人口最多的国家,残疾人口占到全国总人口的6.34%,涉及7000多万个家庭和2.6亿家庭人口,目前申领残疾人证的超过3800万。随着人口老龄化、工业化、信息化和城镇化的加速,残疾人口数量和结构还会发生很大变化。残疾人受教育程度低,就业水平和质量不高,医疗、康复和照护等经济支出压力大,残疾人家庭低收入、高支出的特点明显,极易致贫返贫,有近40%的家庭处于低收入状态。残疾人事业发展还很不平衡,与经济社会发展的差距仍然较大,要实现全面发展的新要求更是任重道远。因此残疾人走向共同富裕的道路还相当漫长,奋斗的道路上充满着艰辛和挑战。

2.1 歧视残疾人的社会观念和政策制度依然存在

从思想观念上看,对残疾人的偏见和歧视还根深蒂固地存在于各个方面。残疾人受教育难、就业难的现象仍然普遍存在,以关爱名义对残疾人施行"照顾性歧视""保护性歧视"的新倾向、新现象同样不容忽视。从政策制度上看,现行公共政策重共享轻共建、重保障轻服务、重政府轻市场的倾向如不加以调整和完善,在一定条件下也会阻碍残疾人的社会参与和融合发展。从环境支持条件上看,无障碍环境建设仍然不能满足残疾人的参与和发展需求,物质环境和信息交流还有不同程度的障碍,残疾人领域的科技研究应用还不够广泛,还没有发挥出应有的支撑保障作用。

2.2 残疾人家庭结构呈现出明显的脆弱性

残疾人家庭规模小型化趋势明显。全国近半数残疾人独自或仅与一位家庭成员居住。第二次全国残疾人抽样调查显示,有 2 个以上残疾人的家庭户 876 万户,占残疾人家庭户总数的 12.43%。抽样调查还显示,从 1987 年到 2006 年,60 岁以上残疾人口比例由 39.72% 急遽上升到 53.24%,每年新增残疾人口中有 75.5% 是老年人。失能、失智老年人不断增加,加重了家庭照护压力。以老养残家庭的比例越来越高,其中不少家庭事实上已经不具备照护能力。与此同时,社会对残疾人家庭的支持严重缺乏。以重度残疾人照护为例,全国每年仅有不到 100 万重度残疾人以机构照护、社区照料和居家服务等方式获得社会化照护,多数残疾人得不到社会化照护。总之,多人户家庭比例的急剧下降、一户多残家庭数量的日益增加、老年残疾人口的快速上升,都意味着残疾人家庭在增收、照护上比以往面临更多的困难,残疾人家庭自我发展能力更弱,家庭支持更有限,将是残疾人共同富裕不可回避的、需要做出应对的重大挑战。

2.3 社会保障和转移支付的作用尚未充分发挥

全国残疾人家庭收入状况调查显示,残疾人家庭人均年收入始终处于社会平均水平的 50%—60%,其中工资性收入和财产性收入分别为社会平均水平的 35%—40% 和 14%—19%,而转移性收入是社会平均水平的 1.5—1.7 倍,可见残疾人就业收入不足及对转移性收入特别依赖。目前我国残疾人社会保障水平还不高,相当数量的低收入残疾人家庭生活还比较困难,致贫返贫风险较大。2020 年，我国共有 1076.8 万残疾人享有城乡最低生活保障，约占残疾人总数的 30.2%，凸显出残疾人是收入困难的重点群体。在社会福利补贴方面，2020 年困难残疾人生活补贴、重度残疾人护理补贴分别覆盖 1212.6 万困难残疾人和 1473.8 万重度残疾人，达到领取残疾人证残疾人总数的 37.1% 和 40.8%，年人均金额分别仅为 1550.1 元和 1350 元，每月平均不足 200 元的补贴标准，距离维持基本生活及照护服务支出的实际需求相差甚远。现有社会保障仅仅解决了残疾人兜底保障的问题，但是在发挥再分配作用以支撑实现残疾人全面发展和共同富裕方面，仍然需要不断探索实践。

2.4 有效的基本公共服务供给仍然不足

残疾人就业创业同样处于第一次分配的核心地位，教育及健康处于就业保驾护航的基础地位，也是残疾人最重要的基本公共服务需求。我国虽然采取按比例安排残疾人就业、征收残疾人就业保障金等法律、经济和行政手段以促进残疾人就业，但残疾人就业比例始终维持在较低的水平，呈现出岗位不稳定、就业层次低、收入水平不高等特征，导致残疾人难以通过就业获得稳定收入。2021 年我国持残疾人证的就业年龄段残疾人数为 1789.6 万人，其中就业人数为 881.6 万人，城乡残疾人就业率为 51.6%，城镇残疾人就业率还不足 50%。从就业收入水平看，2020 年，全国残疾人家庭人均年工资性收入为 6734.3 元（占家庭人均年收入的 36.2%），经营性收入为 2286.2 元（占家庭人均年收入的 12.3%），远低于全国普通居民家庭平均水平的 17917 元（占家庭人均可支配收入的 55.6%）和 5307 元（占家庭人均可支配收入的 16.5%）。残疾人家庭收入不高还与残疾人年龄大、残疾程度重及文化水平低等因素密切相关。全国残疾人口大数据显示，就业年龄段残疾人中 68.8% 为 40—59 岁，86.4% 为初中及以下文化程度；744.7 万未就业残疾人中，一、二级重度残疾人占 59.3%。国内外研究均表明，残疾严重程度和受教育水平直接对残疾人就业及就业收入产生消极影响，即残疾程度重、受教育水平低将伴随低就业率和低收入水平。我国就业年龄段残疾人的平均受教育水平和近六成的重度残疾人，同样是促进残疾人共同富裕不得不考虑的困难因素。

2.5 社会工作介入和家庭支持严重不足

有残疾人的家庭大多存在着经济、照护方面的压力和极大的精神压力，仅有低水平的兜底保障和普惠性公共服务还远远不够，非常需要社会工作的专业支持。集美大学姚进忠教授在残疾人研究大讲堂"残疾人家庭支持"讲道，目前我国针对残疾人的福利政策多以个人为着力点，家庭政策视角缺失，社会和家庭对残疾人的支持也没有形成合力，降低了福利政策原本的目标和效能，如康复服务以机构中的个体为补贴对象，家庭康复没有补贴也缺乏支持；重度残疾人护理补贴等也仅以低标准、广覆盖为起步目标，根本支付不了家庭看护者的巨大投入与付出；长期倡导的融合教育，由于普通学校特殊教育资源和专业社工的缺失，特殊需要儿童家长常常在无助的环境下游离于融合教育之外；多数重度残疾人需要更多的协助与监护服务，社会和家庭支持不足致使残疾人家庭需要付出较多的额外成本。

2.6 农村残疾人依然是实现共同富裕的重中之重、难中之难

当前城乡之间、区域之间发展不平衡是制约残疾人事业全面发展的最大挑战，特别是城乡之间的差异。我国农村残疾人口数量多，受自身残疾和环境障碍所限，难以从城市化进程中获益。1987 年到 2006 年常住农村的残疾人比例不降反升，由 74.54% 增加到 75.04%；2021 年农村持证残疾人的比例高达 79.2%，呈现出与全国居民人口城镇化发展趋势截然相反的景象，由此带来的城乡残疾人事业发展的不平衡是全方位的。2020 年城镇残疾人家庭人均年收入是农村残疾人家庭的 1.5 倍，由于自然条件差，交通不便，居住分散，服务成本高，农村残疾人康复条件、照护环境和受教育机会等基本公共服务状况比城镇差；农村残疾人中重度残疾人占到一半以上，在健康状况、劳动能力、学习能力、互联网能力、参与能力等方面总体显著低于城镇残疾人，精神文化生活更加单一和匮乏。

3. 新阶段必须通过促进残疾人事业全面发展扎实推进残疾人共同富裕

2022 年 4 月 8 日，习近平总书记在北京冬奥会、冬残奥会总结表彰大会上强调："要弘扬人道主义精神，尊重和保障人权，完善残疾人社会保障制度和关爱服务体系，促进残疾人事业全面发展，支持和鼓励残疾人自强不息。"总书记这一重要指示，把新时代新征程残疾人工作应坚持什么样的价值理念、立足什么原则、关注什么重点、通过什么方式、落位在什么地方，以及怎样认识残疾人、怎样对待残疾人、怎样实现残疾人的全面发展和共同富裕等重要理论和现实问题做了全面深入的系统要求，是新时代进一步促进残疾人事业全面发展、扎实推进残疾人共同富裕的根本遵循。进入新时代，立足新阶段，我们必须坚定"两个确立"，做到"两个维护"，发挥制度优势补短板，加强和改进服务强弱项，不断健全尊重和保障残疾人权益的法律法规，完善残疾人社会保障制度和关爱服务体系，加快促进残疾人事业全面发展，扎实推进残疾人共同富裕。

3.1 进一步弘扬人道主义精神和"两个格外"的价值理念

残疾是人类社会发展进程中不可避免要付出的代价，残疾人是承担了这一代价和痛苦的人；残疾呈现了生命的多样性，残疾人是人类命运共同体的平等成员。为残疾人创造平等的机会、补偿他们因残疾而失去的发展能力，是社会公平正义和文明包容的重要表现。要进一步深入学习贯彻习近平总书记关于共同富裕和残疾人事业的重要论述，在全社会大力弘扬社会主义核心价值观和人道主义精神，牢固树立以平等、参与、共享为核心的现代文明社会残疾人观，尊重和保障残疾人平等权利，努力消除对残疾人的歧视和偏见，进一步营造理解、尊重、关心、帮助残疾人的社会氛围。要坚持弱有所扶和"两个格外"的原则立场，正确处理效率和公平的关系，在初次分配、再分配、三次分配中都要充分考虑残疾人的普遍需求及特殊需要，逐步缩小残疾人在收入、财富和消费等方面与社会平均水平的差距，积极促进残疾人共同富裕。

3.2 完善多层次的残疾人社会保障制度，不断提高残疾人社会保障和福利水平

国内外经验表明，社会保障能提高残疾人收入，缩小与社会平均水平的差距。目前从残疾人与全国普通居民对比来看，其再分配效果仍较为有限，社会保障、转移支付等改善收入不平衡的作用仍有很大的提升空间。应进一步筑牢社会保障和转移支付在第二次分配中的基础地位，完善多层次的残疾人社会保障制度，不断提高残疾人社会保障和福利水平。

要继续推进巩固拓展残疾人脱贫攻坚成果与乡村振兴的有效衔接，做好易致贫返贫残疾人精准监测和有效帮扶工作，坚决守住不发生残疾人规模性返贫的底线。要强化社会救助的兜底保障作用，完善残疾人享受最低生活保障、重病大病慢病等医疗救助和重大疫情灾情期间临时救助等制度，加快统

一城乡救助标准，简化社会救助程序，提高残疾人分类救助水平，确保城乡残疾人不因特定事件发生而陷入困境。要落实完善以困难残疾人生活补贴和重度残疾人护理补贴为核心内容的残疾人福利补贴制度，普遍建立补贴标准动态调整机制，根据物价变化及不同残疾类别和残疾程度，适当提高保障标准和覆盖面。要整合残疾人现有社会福利补贴政策，发挥福利补贴提升残疾人生活质量和生活水平的最大效应，探索老年人、残疾人、儿童相互衔接的福利补贴政策体制机制。

3.3 加快建立有效的残疾人关爱服务体系，保障残疾人发展机会公平

一要促进残疾人充分就业，提高融合发展能力。产业经营和就业等劳动增收是促进更多低收入群体进入中等收入群体的主要途径，也是展现残疾人社会价值与融合发展的重要形式。要坚持实施就业优先战略和积极就业政策，以实施《"十四五"残疾人保障和发展规划》《促进残疾人就业三年行动方案（2022—2024年）》为契机，推进残疾人就业创业工作，多渠道、多形式促进残疾人就业。残疾人就业状况的决定性因素在于残疾人自身的岗位适应性和就业竞争力，必须以重要劳动力资源和特殊比较优势的视角及长远发展的眼光重视残疾人劳动技能的培育和提升。充分发挥公共就业服务机构和残疾人就业服务机构的互补作用，加强和改进残疾人就业服务，为残疾人及用人单位提供全链条、专业化、不间断的支持服务。

二要加强残疾人健康管理，提升康复服务质量。切实将残疾人健康管理和基本康复纳入基本医疗和基层公共卫生服务，全面实施残疾预防和残疾儿童康复救助制度。持续组织实施残疾人精准康复服务行动，健全残疾人康复规范标准，统筹推进城乡残疾人机构康复、社区康复和家庭康复。健全辅助器具服务网络，提高辅助器具适配服务水平。实施辅助器具进校园工程，提高残疾学生接受教育的便利性与安全感。高水平建成康复大学，系统开展残疾人康复专业技术人员规范化教育，加快培养高素质、专业化康复人才。

三要完善残疾人教育保障机制，提升残疾人教育质量。贯彻落实《"十四五"特殊教育发展提升行动计划》，稳步提高残疾人教育质量。全面推进融合教育，巩固提高义务教育水平，大力发展以中等职业教育为主的高中阶段教育，加快发展学前康复教育，积极发展高等教育和终身教育。持续开展扶残助学，推行15年免费特殊教育，提高从事特殊教育教师的薪酬待遇和物质精

神奖励水平。

四要开展重度残疾人托养照护服务，解决残疾人家庭后顾之忧。加大残疾人和老年人在托养照护设施、政策、资金和人才等方面的统筹协调，鼓励市场主体和社会力量兴办照护服务业，制定对低收入家庭的支持保障政策，争取在"十四五"末，使城乡生活不能自理的残疾人有条件接受照护服务，帮助家庭解除后顾之忧。推动将重度残疾人纳入长期护理保险试点范围，探索建立重度残疾人照护服务长效保障机制。完善城乡融合、资源共享的残疾人托养照护服务规划布局，抓住加快实施乡村振兴战略重大机遇，重点解决农村残疾人托养照护服务难题。

五要强化社会工作在残疾人保障和服务中的作用，为残疾人家庭减负增信。大力培育助残专业社会组织。充分发挥社工全程参与残疾人服务的作用，提升残疾人自身综合能力，增加残疾人社会资源链接，缓解照护和精神压力，增强残疾人家庭的抗逆力，提高残疾人保障和发展水平。建立职业化、专业化的残疾人社工队伍、合理的薪酬和完善的职业晋升机制，要在职称评定、薪酬等方面给予助残专业社工以稳定保障。委托普通高校和职业院校建立残疾人社会工作领域的服务人才培养体系，提供专业的服务资源，形成专业人才输送与管理制度。健全继续教育制度，强化定岗、定向培养，完善线上线下和远程教育培训，不断提高助残专业社工的服务能力和素质，以助残社会工作的专业化助推残疾人服务业的健康发展。

3.4 积极拓展残疾人家庭增收渠道，不断缩小与社会平均水平的差距

公平合理的收入分配既是促进残疾人共同富裕的基础，也是关键和前提。大部分残疾人属于低收入人群，如果不能跟上国家扎实推进共同富裕的步伐，首先要通过收入分配制度的完善进入中等收入群体或者不断提高收入水平实现共同富裕，在收入、财富和消费三方面缩小与社会平均水平的差距，从"没有残疾人的小康，就不是真正意义的小康"演变为"没有残疾人的共同富裕，就不是真正意义的共同富裕"。在新时代新征程，要从全生命周期视角、残疾人需求视角和融合发展视角，努力推动实现残疾人共同富裕的收入分配起点公平、过程公平和结果公平目标，逐步扭转残疾人人力资本、社会资本、创新等要素在收入分配过程中的不利地位。

其次要探索提高残疾人家庭财产性收入的有效途径。随着国家第三次分

配政策的不断完善，公益慈善助残、创新要素参与分配机制等将成为残疾人家庭增收的重要渠道。探索提高残疾人家庭财产性收入的有效途径，财政资金投入形成的资产、集体所有的经营性资产以及家庭利用宅基地、承包地、林地和住房折价入股的资产，都可以作为保障残疾人优先享有参与集体经济受益分配的依据。鼓励残疾人以土地、林权、资金、劳动、技术、产品为纽带，开展多种形式的合作与联合，参与组建专业合作社，从而获得集体收益，形成残疾人共享共富的长效机制。积极培育残疾人公益慈善事业和互助服务，鼓励开展捐赠、共济等多种形式的扶残济困行动，开发和增加残疾人公益慈善收入。

3.5 加强和改善农村残疾人服务，促进城乡残疾人事业协调发展

持续将农村残疾人口作为巩固拓展脱贫攻坚成果和乡村振兴有效衔接的重点监测和帮扶对象，纳入各级党委、政府和基层组织的工作职责和目标管理。巩固拓展农村残疾人产业扶持、帮扶基地建设、合作经营等扶持方式，农村开发的公益性就业岗位优先安排有劳动能力的残疾人或残疾人家庭成员，支持在乡村新产业新业态中安置残疾人就业。有效增加农村残疾人基本公共服务供给，切实保障农村残疾人医疗、康复、教育、养老、文化生活等权益。建立农村重度残疾人托养照护服务体系，打破因家庭结构变化和家庭支持功能弱化形成的残无所顾的现实困境。推动将扶残助残纳入村规民约和乡风文明建设。充分发挥农村基层党组织、党员干部助残帮困的责任和示范带动作用。

3.6 不断激发自强与助残的精神文明力量

首先要广泛深入地开展自强不息与助残文明实践活动。利用传统媒体和新媒体等多种形式，广泛宣传残疾人在刻苦求学、创业就业、劳动致富、为国争先、助人为乐等方面的自强自立典型，把自强不息的时代精神传播得更久更远。大力弘扬人道主义精神和扶残助残传统美德，将扶残助残纳入公民道德建设、文明创建活动和新时代文明实践中心建设过程，不断营造理解、尊重、关心、帮助残疾人的文明社会风尚，激发不畏困难、昂扬向上的时代精神。

其次要建设无障碍与包容的平等融合共享环境。加快无障碍领域的立法进程，制定和实施系统的通用无障碍标准规范，在乡村建设行动、城市更新

行动、儿童友好型城市建设、城镇老旧小区改造、居住社区建设中统筹推进无障碍设施建设和改造。城市道路、公共交通、社区服务设施、公共服务设施和残疾人服务设施、残疾人集中就业单位等加快开展无障碍设施建设和改造。加快发展信息无障碍,将信息无障碍作为数字社会、数字政府、智慧城市建设的重要组成部分,开展互联网和移动互联网无障碍化评级评价。支持研发生产科技水平高、性价比优的信息无障碍终端产品[6]。建设充分包容、广泛接纳、融合共享的无障碍物质与精神文化环境,本身就是扎实推进共同富裕目标的应有之义。

残疾人从全面小康到实现共同富裕,仍有较长的路要走。但建党百年和新中国成立70年的历程告诉我们,残疾人要实现共同富裕,必须坚持党的领导,必须坚定地走中国特色社会主义道路,必须持续推动残疾人事业全面发展,必须支持残疾人自强不息和广泛深入开展扶残助残文明实践活动。只有国家强大了,社会更加文明进步了,残疾人事业全面发展了,残疾人才有更多的发展机会和更强的参与能力,共同富裕才能逐步成为现实。

参考文献:

[1] 习近平. 扎实推动共同富裕[J]. 求是,2021(20):4—8.

[2] 在会见第五次全国自强模范暨助残先进集体和个人表彰大会受表彰代表时的讲话[N]. 人民日报,2014-5-17.

[3] 习近平. 在深度贫困地区脱贫攻坚座谈会上的讲话[M]. 北京:人民出版社,2017:2.

[4] 十九大以来重要文献选编(上)[M]. 北京:中央文献出版社,2019:154.

[5] 习近平致信祝贺中国残疾人福利基金会成立30周年[N]. 光明日报:2014-3-22.

[6] 国务院关于印发"十四五"残疾人保障和发展规划的通知[EB/OL].(2021-07-21)[2022-03-23]. http://www.gov.cn/zhengce/content/2021/07/21/content_5626391.htm.

残疾人共同富裕研究：
理论视域与未来指向

张九童[1]　张梦欣[2,3]　厉才茂[2,4]

【摘　要】共同富裕是中国特色社会主义的本质要求，也是中国式现代化的重要特征。作为社会最弱势群体，残疾人共同富裕的实现程度成为衡量我国共同富裕水平的重要尺度。在推进残疾人共同富裕的实践中，我们需要加强对残疾人共同富裕的理论探讨。马克思、恩格斯关于共同富裕的论述为探索残疾人共同富裕问题提供了理论基础，中国共产党对弱势群体走向共同富裕的要求为残疾人共同富裕研究明确了方向。需要探究国内外关于"残疾人共同富裕"的相关研究成果，为"残疾人共同富裕"问题展开广阔理论视域。鉴于残疾人共同富裕研究的某些不足，本文旨在从政治、理论、实践三个维度探索残疾人共同富裕的未来指向，从五个方面提出残疾人共同富裕研究的具体建议，以期推动形成残疾人共同富裕研究的中国话语，促进残疾人共同富裕实践的全面发展。

【关键词】残疾人；共同富裕；理论视域；未来指向

基金项目：2021 年江苏高校"青蓝工程"资助项目

作者单位：1. 南京特殊教育师范学院　南京　210038
　　　　　2. 中国残疾人联合会残疾人事业发展研究中心　100034
　　　　　3. 中国盲文出版社　北京　100050
　　　　　4. 中国残疾人联合会研究室　北京　100034

作者简介：张九童　副教授　博士。研究方向：马克思主义哲学、残疾人发展
　　　　　张梦欣　中级编辑　硕士。研究方向：残疾人事业理论与政策研究

通讯作者：厉才茂　二级巡视员　中心主任　博士。研究方向：残疾人事业理论与政策研究

本文原载于《残疾人研究》杂志 2022 年第 1 期。

前　言

《礼记》有云:"大道之行也,天下为公,选贤与能,讲信修睦。故人不独亲其亲,不独子其子,使老有所终,壮有所用,幼有所长,矜、寡、孤、独、废疾者皆有所养。"中国传统的大同理想蕴含着实现包括残疾人在内的弱势群体共同富裕的文化基因,"均贫富"成为中国社会对财富分配正义的深刻民族心理。马克思主义揭示了社会财富分配不均的制度根源,力图通过公有制对私有制的价值超越来探寻人类社会的分配正义和促进人的全面发展。马克思主义与中国传统文化有机融合,深刻塑造了中国共产党人在社会主义现代化实践中实现共同富裕的价值追求。共同富裕既是中国传统文化关于财富分配和社会发展的价值理想,更是中国特色社会主义的本质要求,也是中国式现代化的重要特征。残疾人作为社会最弱势群体,实现其共同富裕成为我国共同富裕的重要内容。在推进残疾人共同富裕的实践中,我们需要加强对残疾人共同富裕的理论探讨,回应党的共同富裕目标对残疾人共同富裕研究提出的新要求,梳理国内外学界对残疾人共同富裕问题进行的理论探索,明晰残疾人共同富裕研究的未来指向。

1. 马克思、恩格斯关于共同富裕的论述为探索残疾人共同富裕问题提供了理论基础

马克思、恩格斯揭示了贫富分化的制度根源,从社会变革的视角分析了实现共同富裕的现实路径,展开了超越资本主义私有制而实现共同富裕目标和人的全面发展夙愿的价值叙事。特别是在《哥达纲领批判》中,在提及社会总产品分配时,彰显了对残疾人等社会弱势群体的关照。这些理论和具体论述为探索残疾人共同富裕提供了理论基础。

第一,资本主义私有制是造成贫富分化的根源。马克思指出,一个除自己的劳动力以外没有任何其他财产的人,在任何社会和文化状态中都不得不为物质资料的所有者做奴隶。由于生产资料的私有制,劳动者处于异化劳动中,他的劳动同劳动成果相分离。劳动和资本的对立必然导致两极分化,工人生产的财富越多,他受到的剥削越重,工人的沦落和贫困化是他生产的财富的产物[1]。随着工人劳动水平的提高和科技的发展,社会对劳动力的需求

减少，造成大量相对过剩人口，出现大量连出卖自己的劳动力都没有机会的人口。这些相对过剩人口主要有三类：有劳动能力的人，孤儿和需要救济的贫民的子女，衰败的、流落街头的、没有劳动能力的人。相对过剩人口越多，工人就越廉价，他们的贫困同劳动成反比。因此，一极是财富的积累，另一极是贫困、劳动折磨、受奴役、无知、粗野和道德堕落的积累[2]。

第二，只有通过社会变革，彻底铲除私有制和建立公有制，才能使共同富裕成为可能。恩格斯指出废除私有制的结果是，由社会全体成员组成的共同联合体共同地和有计划地利用生产力；把生产发展到能够满足人的需要的规模；结束牺牲一些人的利益来满足另一些人的需要的状况；彻底消灭阶级和阶级对立；通过消除旧的分工，通过产业教育、变换工种，所有人共同享受大家创造出来的福利，通过城乡的融合，使社会全体成员的才能得到全面发展[3]。

第三，马克思、恩格斯不仅把共同富裕寄望于分配领域，也寄望于生产领域。①在生产领域，通过社会化生产，不仅可能保证一切社会成员有富足的和一天比一天充裕的物质生活，而且还可能保证他们的体力和智力获得充分的自由的发展和运用。生产将以所有人的富裕为目的[4]。②在分配领域，指出共产主义第一阶段分配正义的尺度——劳动量，承认这种按劳分配会因每个人能力的差异而出现一定程度的问题。而到共产主义的高级阶段，一切财富充分涌流时，实现按需分配，这个问题将迎刃而解[3]。

第四，马克思、恩格斯在社会主义分配原则中揭示了包括残疾人在内的弱势群体保障问题。马克思在《哥达纲领批判》中明确提出，应在社会总产品中为丧失劳动能力的人设立基金，进行扶贫济困，实现分配公正[3]。这是马克思、恩格斯原著中直接提及对残疾人等弱势群体的保护问题。

2. 中国共产党对弱势群体走向共同富裕的要求为残疾人共同富裕研究明确了方向

中国共产党作为马克思主义执政党，把实现人民共同富裕作为"为人民谋幸福"的着力点，力图创造财富积累与财富分配正义相统一的现代化，把实现包括残疾人在内的全体人民共同富裕作为中国式现代化的重大关切，更加着力保障包括残疾人在内的弱势群体的实际利益和社会权利。

毛泽东同志指出："现在我们实行这么一种制度，这么一种计划，是可以一年一年走向更富更强的，一年一年可以看到更富更强些。而这个富，是共同的富，这个强，是共同的强。"[5]邓小平同志从社会主义本质的高度理解共同富裕，即"解放生产力，发展生产力，消灭剥削，消除两极分化，最终达到共同富裕"[6]。江泽民同志从效率与公平关系的视角解读共同富裕："既鼓励先进，促进效率，合理拉开收入差距，又防止两极分化，逐步实现共同富裕。"[7]胡锦涛同志强调通过构建"权利公平、机会公平、规则公平、分配公平"的社会公平保障体系，全面促进发展成果共享和人民共同富裕[8]。

党的十八大以来，以习近平同志为核心的党中央从"为人民谋幸福、为民族谋复兴"的高度将共同富裕作为全面建设社会主义现代化国家的目标。习近平总书记指出："共同富裕是社会主义的本质要求，是中国式现代化的重要特征。"[9]这一论述强化了共同富裕对于社会主义的本质意义。在庆祝中国共产党成立100周年的重要讲话中，习近平总书记庄严宣告，中华民族从根本上摆脱了绝对贫困，实现了全面建成小康社会的目标，迈出了走向共同富裕的坚实一步。中国共产党和中国人民的伟大实践，不断凸显着共同富裕对于中国特色社会主义的本质意义。在强调实现共同富裕的原则和路径时，习近平总书记明确指出，要坚持"鼓励勤劳创新致富、坚持基本经济制度、尽力而为量力而行、坚持循序渐进"的原则，提高发展的平衡性、协调性、包容性，着力扩大中等收入群体规模，促进基本公共服务均等化，加强对高收入的规范和调节，促进人民精神生活共同富裕，促进农民农村共同富裕[10]。

以习近平同志为核心的党中央高度重视包括残疾人在内的弱势群体的共同富裕进程。习近平总书记指出："在群体分布上，主要是残疾人、孤寡老人、长期患病者等'无业可扶、无力脱贫'的贫困人口以及部分教育文化水平低、缺乏技能的贫困群众。"[10]指出要加强对老弱病残群体的保障性扶贫。在诸多弱势群体中，习近平总书记对残疾人格外关心、格外关注。一是在社会生活、人类文明发展和中国特色社会主义发展中指明了残疾人的价值定位。习近平总书记指出："残疾人是社会大家庭的平等成员，是人类文明发展的一支重要力量，是坚持和发展中国特色社会主义的一支重要力量。"[11]二是从党的宗旨和社会主义制度要求的高度看待和发展残疾人事业。习近平总书记强调："残疾人是一个特殊困难的群体，需要格外关心、格外关注。让广大残疾人安居乐业、衣食无忧，过上幸福美好的生活，是我们党全心全意为人民服务宗旨的重要体现，是我国社会主义制度的必然要求。"[12]三是把实现残疾人共同富裕作为残疾人事业发展的重要目标。2017年，在致亚太残疾人十年中期审查高级别政府间会议的贺信中，习近平总书记指出："改革开放以来，中国残疾人事业取得举世瞩目的成就。中共十九大提出，中国坚持以人民为中心，坚持在发展中保障和改善民生。中国将进一步发展残疾人事业，促进残疾人全面发展和共同富裕。"[13]

人类现代化已经走过四百多年的历史，虽然创造了以往几千年文明无法企及的丰厚财富，但并未真正解决社会财富合理分配问题。西方现代化遵循的是资本逻辑，倡导的不是人民共同富裕的现代化，更不是以"人类命运共同体"为依托的现代化。中国式现代化旨在以社会主义人本逻辑实现对资本逻辑的超越，创造以共同富裕为重要特征的现代化。如果把中国式现代化比作一个扬帆远航的船队，那么残疾人等弱势群体就是走在最后面的那艘船，它不仅决定了这个巨型船队的航行速度，而且体现了中华民族实现共同富裕的价值深度。残疾人共同富裕问题既是中国式现代化的一个重大实践课题，也是一个重大的理论课题。党对共同富裕的价值追求及关怀残疾人的生动实践为促进残疾人共同富裕理论研究提出了新要求。在推进残疾人共同富裕的实践中，我们需要系统梳理残疾人共同富裕的相关研究成果，展现残疾人共同富裕研究的广阔理论视野，以期明确促进残疾人共同富裕研究的未来指向，建构残疾人共同富裕的中国话语，以完善的理论反哺残疾人共同富裕的生动实践。

3. 国内关于残疾人共同富裕的理论探索

应该清醒地认识到，由于残疾人长久以来的弱势地位，社会发展的多数时期都更多关注残疾人的脱贫解困，对残疾人共同富裕的研究极少。我们尝试从一般性共同富裕基础理论研究、共同富裕中涉及弱势群体的研究、残疾人共同富裕在全体人民共同富裕中的地位研究等角度，对残疾人共同富裕的研究进行系统梳理。

3.1 共同富裕的基础理论研究

目前我国学界对共同富裕基础理论的学术研究论文有千余篇，特别是在十九届五中全会后呈现激增的态势，主要涉及三个方面的问题：

3.1.1 共同富裕的内涵研究

在对共同富裕的内涵研究上，有以下几种观点值得关注：一是共同富裕是全民富裕、全面富裕、共建富裕和逐步富裕[14];二是从社会政策视角看,共同富裕立足于共同权利、生成于共同发展、实现于共同享用[15];三是发展性、共享性和可持续性是共同富裕的核心要素[16];四是分析了共同富裕内涵的三个特性,即共同富裕具有综合性,共同富裕的对象具有普遍性,共同富裕的实现过程具有非均衡性[17];五是从国强民共富的社会主义社会契约、人民共享成果、和谐稳定的社会结构三个层面界定了共同富裕的政治、经济和社会内涵[18];六是致力于解读发展和分配正义的关系,指出发展是实现共同富裕的前提和基础,但要确立符合分配正义的制度,保证发展成果的公平分配[16,19]。

3.1.2 共同富裕面临的挑战研究

一是发展收敛性不足、质量有待提高[20];二是资源和机会分配不公平的现象依然突出[21];三是相对贫困的问题开始凸显,民众比以前更加关注相对绩效和群体间比较,给社会治理带来很大难度[22];四是贫富差距的现状未得到根本性扭转,阶层固化趋势未得到充分遏制[23]。

3.1.3 共同富裕的实现路径研究

学界对于共同富裕实现路径的研究很多,主要表现在以下几个方面:一是加强制度建构,宏观上发挥社会主义制度优势,提升国家治理效能[23];中观和微观上在公平与效率兼容中完善具体制度及实现机制[24,25]。二是正确处理发展和共享的关系,不断提高发展和共享的水平,以高质量发展为导向,以高品质生活为目标,以高效能管理为手段,以全方位创新为动力[16,17]。三是坚持共享发展这一根本路径,既坚持经济发展,又坚持发展成果的共享性。四是坚持缩小区域、城乡、阶层间收入差距,破解发展的不平衡、不充分难题[18]。五是从物质富裕走向物质、精神共同富裕[26,27]。

3.2 对弱势群体共同富裕的研究

弱势群体共同富裕的研究对象是包括残疾人在内的所有弱势群体,对于审视和创新残疾人共同富裕研究具有重要参考意义。弱势群体是指在社会生产生活中由于群体的力量、权力相对较弱,因而分配、获取社会财富较少、较难的社会群体。弱势群体研究虽然为审视残疾人共同富裕问题提供了重要的群体视角参考,但对残疾人的群体特质及其特殊需要的研究存在不足。

3.2.1 共同富裕与保护弱势群体的关系研究

一是从效率与公平的视角看待共同富裕进程中的弱势群体保护。共同富裕本身就包含了公平与效率。"共同"是指公平，大家都有份；"富裕"是指经济效率，没有效率就无富裕可言。要消除群体间的鸿沟，促进公平和效率的融合[28]。二是阐发弱势群体照护对共同富裕的兜底意义。让创业创新失败者、最低收入阶层、丧失劳动能力者，尤其是老年人、儿童、残疾人等社会弱势群体，都能过上殷实而体面的生活，是共同富裕的底线要求[18]。共同富裕的共同，就是要使社会财富为每一个弱势群体提供基本权利，分享社会的进步[29]。

3.2.2 实现共同富裕过程中关照弱势群体的难点研究

一是在物质扶助的同时，弱势群体出现了"精神贫困"现象。二是包括残疾人在内的弱势群体自我发展能力不足，弱势群体的福利依赖和长期形成的贫困文化难以扭转。三是如何实现对弱势群体差异化公正分配问题。即使坚持财富获取路径的公正性，但因为难以消除和识别起点及过程的不公平，仍然会存在财富分配的不均等[16]。

3.2.3 实现共同富裕过程中关照弱势群体的路径研究

这方面的研究综合起来有以下几点：一是从倾斜力度看，更加注重向农村、基层、相对欠发达地区倾斜，向困难群众倾斜；二是从公共服务看，强化公共服务的均等化供给，优待弱势群体，防止福利倒挂；三是从特殊补偿看，对于在认知水平和健康水平方面存在缺陷的弱势群体，要为其提供特殊的教育和健康服务，最大可能地补偿其先天的不足；四是从流通渠道看，畅通社会流动，防止阶层固化；五是从提升自我发展能力看，提供弱势群体能力拓展的机会和渠道，纠正弱势群体贫困文化，防止贫困文化的代际传承[30,31]。

3.3 残疾人共同富裕相关问题研究

推进残疾人和全体人民一道实现共同富裕，是现阶段我国残疾人事业的重中之重，既是惠及万家的实践问题，又是事关人类文明进步的理论问题。多年来，中国政府关于残疾人事业发展的历次规划纲要、中国残联主要领导同志及相关负责同志与专家学者都对残疾人共同富裕、社会保障与发展问题进行了阐述。

3.3.1 残疾人共同富裕在全体人民共同富裕中的定位研究

残疾人事业发展规划关于残疾人实现共同富裕的定位研究[32]。"八五"计划纲要提出缩小残疾人事业与国民经济和社会发展水平的差距；"九五"计划纲要侧重于缩小残疾人在基本需求方面与经济、社会发展水平的差距;"十五"计划纲要、"十一五""十二五"发展纲要均提到缩小残疾人生活水平、生活状况与社会平均水平之间的差距,特别是"十五"期间,提出全面解决温饱问题并在此基础上稳定提高经济收入;"十三五"规划纲要提出残疾人就业还不够充分,城乡残疾人家庭人均收入与社会平均水平差距仍然较大;"十四五"规划提出缩小残疾人人均收入与社会平均水平差距,以推动残疾人事业高质量发展为主题,以巩固拓展残疾人脱贫攻坚成果、促进残疾人全面发展和共同富裕为主线,保障残疾人平等权利,增进残疾人民生福祉,增强残疾人自我发展能力,推动残疾人事业向着现代化迈进,不断满足残疾人美好生活需要[33]。历次残疾人事业发展规划始终在追赶社会平均水平的过程中定位残疾人发展状况和指标,强调残疾人状况要"紧跟平均""缩小差距"。在对残疾人生活的描述上日趋细化,基本沿袭着"基本需求→生活水平→收入水平→综合性公共服务水平→共同富裕"的逻辑不断深化与展开。

中国残联主要领导同志都有过关于残疾人共同富裕定位及相关问题的论述。①邓朴方同志在《人道主义的呼唤》中对此有30余处详尽论述。一是从政治高度阐明了实现残疾人与全体人民共同富裕是党的宗旨和社会主义制度的必然要求。邓朴方多次讲道:几千万残疾群众,能不能跟上社会发展的步伐……实现共同富裕,这是一个很大、很有分量的问题。明白地讲,这是一个政治问题[34]。从社会主义制度来说,从共产党的宗旨来说,要求我们更多地为残疾人服务。社会主义制度的根本目标是解放和发展生产力,还有共同富裕[35]。二是残疾人的共同富裕是全体人民共同富裕中最困难的环节。"社会主义要讲共同富裕,最困难的就是残疾人,扶贫扶到最后就是这批人,这是'锅底'。"[36]三是在不同的历史时期对残疾人共同富裕定位的认识不断深化,大致经历了三个阶段:第一阶段是通过社会帮扶促使残疾人跟上社会平均生活水平;第二阶段是探索劳动福利型的发展道路,促进残疾人参与社会劳动,自主创造财富;第三阶段是将残疾人发展纳入社会保障体系,促进其共同富裕[34,37]。四是通过走劳动福利型道路实现共同富裕。实现残疾人共同富裕,不能走西方纯粹福利道路,而要走劳动福利型道路[38]。②张海迪同志关于"残疾人共同富裕"的论述。一是将制度化民生改善工程作为促进残疾人共同富裕的基本要求。张海迪指出:"推进普惠与特惠相结合的制度安排,着力解决好残疾人基本生活保障、康复、教育、就业等问题,努力缩小残疾人状况与社会平均水平的差距,不断促进残疾人全面发展,这是朝着共同富裕方向稳步前进的基本要求。"[39] 二是重视就业对促进残疾人共同富裕的作用。张海迪指出，"就业是民生大事，也是残疾人融入社会、提高生活质量、实现共同富裕的重要途径"[40]，要求"推动党政机关、人民团体、事业单位、国有企业带头按比例安排残疾人就业，扶持发展适合残疾人就业的行业和产业，促进残疾人公益性岗位就业，积极发展辅助性就业，扶持残疾人扶贫基地和专业合作社建设，努力实现残疾人收入较快增长，让更多的残疾人家庭生活得更加富裕、更加幸福"[41]。三是注重发挥残联对促进残疾人共同富裕的作用，强调残联部门要"充分发挥代表、服务、管理职能，为促进残疾人全面发展和共同富裕提供助力"[42]。

关于残疾人事业的定位问题，有学者分析了残疾人事业在国家发展目标、国家发展布局、社会主义现代化进程中的历史方位。在国家发展目标上，强调残疾人共同富裕的目标与国家"十四五"规划中提出的共同富裕目标及总体方向完全实现了"对标"，出发点、落脚点都是"促进人的全面发展和共同富裕"。从国家发展布局看，指出如果仅仅从社会事业一部分的角度来理解和布局未来的残疾人事业明显不够，可能难以从根本上改变残疾人被视为弱势群体的命运，难以真实反映残疾人过上美好生活多层次、多样化的发展需要，不利于推动残疾人实现共同富裕[43—45]。

3.3.2 制约残疾人实现共同富裕的困境研究

这方面的研究主要集中于以下几方面：①"残疾人相对贫困"问题研究。一是残疾和贫困具有同源性，经常互为因果。残疾人相对贫困不仅表现在经济收入与支出层面，更多地还表现在其能力不足与社会排斥方面[46,47]。二是残疾人相对贫困问题的长期性研究。如残疾人个体的生理状况、能力状况和发展状况改善的长期性和残疾的不可逆性，家庭对残疾人的认识与支持状况改善的长期性等[47,48]。三是残疾人相对贫困问题会因生存之困、发展之困、社会参与之困而变得越发突出研究。一户多残、残疾人口老龄化、残疾人医疗保健支出不断加剧其生活成本，残疾人照护需要使其家庭成员无余力参与社会劳动，这些都会使残疾人相对贫困问题更加突出[47]。②残疾人收入保障研究。调查研究显示，在所有年龄段，残疾人的收入水平都低于非残疾人。从收入构成看，残疾人劳动收入和养老金收入都低于非残疾人。从养老金领取看，残疾人领取养老金的年龄段要早于非残疾人，这与残疾人劳动能力减弱较快或过早退出劳动市场有关[49]。③残疾人公共服务与社会参与研究。受制于旧残疾人观的影响，将残疾人视为负担而拒绝为残疾人提供合适工作岗位；将残疾人社会角色定义为扶助对象而非能动主体的思维方式使其融合教育、融合就业能力和机会都受到限制[45]。

3.3.3 促进残疾人保障与发展的思路研究

中国残联有关负责同志及一些学者在促进残疾人就业增收、教育康复、社会参与等方面提出了促进残疾人发展的解决思路，这些虽未直接以残疾人共同富裕为研究对象，但都与残疾人共同富裕这个主题紧密相关。①建设新时代残疾人事业制度体系。程凯认为，实现残疾人的全面发展和共同富裕，必须建立更加完善的制度体系，找到破解发展不平衡不充分的根本之道、长远之策。要进一步健全保障残疾人平等权益的制度和机制，进一步健全促进残疾人全面融入社会的制度和机制，进一步健全残疾人共享经济社会发展成果的制度和机制，进一步健全残疾人自身能力提升的制度和机制[50]。20 世纪八九十年代，费孝通、张曙光等一些社会学家、经济学家关注如何保护市场经济、商品经济中处于弱势地位的残疾人，强调处理好"公平"与"效率"的关系，倡导在提供基本保障的同时积极促进残疾人劳动就业，使其能够创造社会财富、实现人生价值[51,52]。②在强化民生兜底保障的同时促进残疾人全面发展。吕军等都在关注推动残疾人健康、医疗和康复，促进残疾人身心全面发展[53]。郑功成等提出建立残疾人普惠特惠相结合的社会保障制度，促进残疾人服务保障更好地发展[54]。厉才茂等认为，应突出残疾人在教育、就业、文化等方面的社会融合和能力提升[45]。何文炯等强调残疾人基本公共服务均等化，为残疾人发展创造条件[55]。③促进残疾人事业城乡、区域和人群之间协调发展。黄守宏认为，残疾人生存发展状况是国家经济社会发展的测量器，是衡量社会公平程度的试金石，是反映社会和谐状况的风向标。当前农村残疾人发展滞后问题更为突出，最需要加快；农村残疾人贫困问题更为突出，最需要扶持；农村残疾人发展能力问题更为突出，最需要强化[56]。张万洪等更加关注残疾人群体权益保障和精神文化生活[57]。

4. 国外关于残疾人共同富裕的理论借鉴

国外中鲜有直接研究残疾人共同富裕的文献，下面拟从分配正义视角对弱势群体保护与发展的研究、从可行能力视角对弱势群体共同富裕的研究及从西方富裕社会研究进行探讨。

4.1 从分配正义视角对弱势群体保护与发展的研究

4.1.1 分配正义蕴含的对弱势群体保护研究

罗尔斯"正义论"明确指出，分配正义需要保护弱势群体。其正义观有两个核心原则，一个是公正原则，即每个人平等地分配基本权利和义务；第二个是差别原则，包括两个方面：①机会公平条件下职务和地位向所有人开放；②在正义原则基础上，给予最少受惠者最大的利益[58,59]。罗尔斯是在"无知之幕"下提出自己的正义原则的，这蕴含着他对起点平等的追求。在这个起点平等基础上，罗尔斯希望给予弱势群体最大的利益补偿。

4.1.2 平等主义分配观中的弱势群体研究

在平等主义分配观中，西方马克思主义者柯亨的观点最具代表性。第一，柯亨主张每个人都应该享有通道平等（Equal Access to Advantage），即每个人具有平等获得机会的通道和途径，旨在通过制度安排帮助弱势群体获得平等机会[60,61]。第二，柯亨主张对诸如残疾人等弱势群体进行资源和福利的双重补偿。他举例说明，在资源补偿方面，对于双下肢残疾需要轮椅的人，应提供轮椅的资源补偿。在福利补偿方面，柯亨认为即便他能够自由地移动手臂，但移动之后肌肉会非常疼痛。虽然就所具备的资源而言，他并不需要补偿，但是如果一种药物能够止住患者移动手臂后的疼痛，平等主义者就应当对其提供帮助，缓解其因过度使用上肢而造成的疼痛，即对残疾人等弱势群体进行资源和福利的双重补偿[60]。

4.2 从可行能力视角对弱势群体共同富裕的研究

4.2.1 可行能力的内涵及其与贫困的关系研究

阿玛蒂亚·森被誉为"穷人的经济学家"，他引入"可行能力"的概念来衡量贫困人口、残疾人等弱势群体的生活质量，考量社会平等，认为贫困、残疾等弱势本质上是可行能力的减退或受剥夺，实现社会平等的关键在于谋求"能力平等"。在阿玛蒂亚·森的理论中，可行能力是一个人选择有理由珍视生活的实质自由。它是指一个人有可能实现的、各种可能的功能性活动组合，反映了人们能够过某种生活的实质自由[62]。测度一个人贫困与否，本质上要看其是否发挥能够满足自身生存发展的可行能力。除了收入之外，还有其他因素也影响人的可行能力的剥夺。因此要使弱势群体摆脱贫困，关键是要提升其可行能力，创造条件促进其可行能力的发展[62,63]。

4.2.2 残疾人可行能力研究

其一，由于身体残疾、能力缺失和社会限制，残疾人的可行能力会被直接剥夺，在教育、就业等方面获得的机会和可行能力水平要比健全人低。其二，与健全人相比，残疾人在同等收入条件下，收入向可行能力的转化也会受到限制。自身的残疾可能会导致其获取收入的能力受到很大的限制；残疾人需要更多的照料，收入不足以转化为满足其生活需要的可行能力。因此，实现残疾人等弱势群体的财富分配平等，关键在于谋求可行能力发展的平等[64]。

4.3 西方富裕社会理论研究

4.3.1 富裕社会的内涵研究

富裕社会（Affluent Society）是美国制度经济学家加尔布雷思在20世纪50年代提出的一个概念，最初的含义是指摆脱普遍贫困的大多数人物质生活丰裕的社会[65]。

4.3.2 "富裕社会"的悖论研究

"富裕社会"呈现出其深层悖论，即物质富裕同严重的社会不平等和发展失衡、私人富裕和公共贫困的反差、私人消费领域符号化消费严重。英国社会学家丹尼·多林认为"富裕社会"的本质是"不公正"，具有新五大弊病，即精英主义、排斥、歧视、贪婪、绝望[66]。美国学者马尔库塞把这种"富裕社会"称为"物质丰富、精神痛苦"的"病态社会"[67]。

5. 国内外关于"残疾人共同富裕问题"的研究述评

纵观国内外研究现状，国内更多关注共同富裕的基础理论、共同富裕中的弱势群体问题、残疾人共同富裕的历史定位及发展困境；国外从分配正义视角、可行能力视角和西方富裕社会视角进行了较多的研究，为我国残疾人共同富裕研究展现了广阔的理论视野，提供了丰厚的理论借鉴。对照中国共产党关于实现残疾人共同富裕的目标要求，我们在"残疾人共同富裕"的研究上还存在许多不足，面对新情况、新问题，我们要立足残疾人共同富裕的价值诉求，以理论创新精神建立完善的关于残疾人共同富裕的理论视域和中国话语。

5.1 从内容上看，残疾人共同富裕问题的系统性研究亟待加强

现有国内外研究多从一般意义上研究共同富裕，即使牵涉残疾人问题，也多只在弱势群体部分提及而未展开深入研究。有关部门和学者的研究虽着力关注残疾人问题，但对残疾人共同富裕的系统研究和学理分析亟待加强。随着时代和实践的发展，在全体人民迈向共同富裕的时代关口，对于残疾人共同富裕的内涵、基础、挑战、目标、路径等一系列问题都需要进行实践总结、系统分析和学术阐释，形成具有新时代特色的理论成果。

5.2 从视角上看，残疾人共同富裕的群体视角研究尚需深化

学界偏重于从"低收入"视角展开对残疾人共同富裕的单向度考量，将残疾人的"弱势"归入"低收入群体"视域，而没有看到残疾人共同富裕不只是收入意义上的"脱贫"，更需要群体综合性层面的"解困"。对残障的认知障碍、残疾人基本康复难度大、基本辅具配备的制度性缺失、无障碍环境建设明显滞后、自我发展能力和机会严重不足都是制约残疾人在整体脱贫后摆脱相对贫困、实现共同富裕的关键所在。唯有把"残疾人共同富裕"问题置于"群体视角"中予以考量，对这个群体的特殊需求进行分析、数据统计，脱贫策略才会更加系统、完善。

5.3 从导向上看，残疾人共同富裕与一般共同富裕关系研究有待完善

为数不多的涉及残疾人共同富裕的研究，过多注重残疾人实现共同富裕的基础特殊性、被动性、衡量标准差异性，却忽略了残疾人和非残疾人在共同富裕中的共性。基于残疾人群体的特殊性来研究共同富裕是对的，但也需要明确共同富裕是中国特色社会主义现代化的共同目标，需要关注和强调残疾人与全体人民一道实现共同富裕的共同性、共通性、主动性和融合性。既要探讨残疾人作为人的普遍性在实现共同富裕进程中的共通价值和路径，又要在此基础上对残疾人共同富裕的定位、指标和路径进行必要的特殊性关切，以辩证的思维阐释残疾人的共同富裕，在实践中和理论上处理好一般性和特殊性的关系，促进残疾人作为"人"的主体认同，使更多残疾人成为社会财富的创造者和共享者。

6. 残疾人共同富裕研究的未来指向

残疾人共同富裕有其特定的政治逻辑、理论逻辑和实践逻辑，这决定了对残疾人共同富裕的研究需要从政治指向、理论指向和实践指向三重维度加以考量。

6.1 从政治指向看，习近平总书记关于共同富裕的重要论述为促进残疾人共同富裕提供了根本政治指向

习近平总书记指出："我们说的共同富裕是全体人民共同富裕，是人民群众物质生活和精神生活都富裕，不是少数人的富裕，也不是整齐划一的平均主义。"[9]在2021年中央经济工作会议上，习近平总书记又强调，实现共同富裕目标，首先要通过全国人民的共同奋斗把"蛋糕"做大做好，然后通过合理的制度安排把"蛋糕"切好分好。这是一个长期的历史过程，要稳步朝着这个目标迈进[68]。习近平总书记关于共同富裕的重要论述为促进残疾人共同富裕提供了根本政治指向。

一是在发展中实现共同富裕。高质量发展是实现共同富裕的前提和基础。"十四五"期间乃至更长一段时期将始终坚持高质量发展的主题，坚持以经济建设为中心，筑牢发展的基本盘，这有利于为残疾人和残疾人事业的发展提供更好的物质基础和环境条件。

二是坚持把"共享"作为共同富裕的底色。共同富裕聚焦解决"三大差距"，即收入差距、地区差距和城乡差距，为解决残疾人事业发展不平衡、不充分问题创造了条件。其中缩小收入差距最受瞩目。关键在于通过"限高、扩中、提低"的方法解决收入差距问题。残疾人群体大部分是中低收入人群，我们要紧紧盯住国家加强普惠性、基础性、兜底性民生建设的大好机遇，利用好促进低收入人群增收的各项政策措施，切实保障和维护好残疾人群体的根本利益。

三是把促进人的全面发展作为共同富裕的核心。共同富裕和每一个人的全面发展，是相互推动、相互促进的两个方面的目标。对于残疾人群体而言，实现共同富裕和全面发展，不仅要弥合收入差距，更关键的是要把精准推进基本公共服务均等可及作为促进残疾人共同富裕的着力点，实现对残疾人的"缺陷补偿"和"赋权增能"，让残疾人能够更好地得到康复、拥有健康、接

受教育、实现就业、参与社会生活，提升自我发展能力。

四是促使物质生活和精神生活都实现共同富裕。长期以来，残疾人事业的工作重心是民生保障和公共服务。残疾人对精神生活同样渴望，在某种意义上讲，残疾人自尊、自信、自强、自立，全社会理解、尊重、关心、帮助，是精神生活的"富矿"，是精神文明建设的重要内容。在北京冬残奥会上，中国冬残奥健儿不仅高居金牌榜和奖牌榜第一名，创造了多项纪录，更展示了中国残疾人自强不息、奋勇争先的精神风貌，展现了中国残疾人事业的发展成果，为奥林匹克精神和中华体育精神赋予了新的内涵。要进一步促进残疾人文化、教育和体育事业的发展，提升残疾人群体的科学文化素质，鼓励残疾人的文化选择和价值创造，实现残疾人物质富裕和精神富足的协调发展。

6.2 从理论指向看，树立研究残疾人共同富裕的群体视角

树立"群体视角"有三层含义：第一，理解"群体差异"，或者说"人群差距"，对弱势群体而言，主要指发展基础、发展能力、发展机会和发展环境等方面存在的显著差异；第二，掌握"群体需求"，即弱势群体在生存、参与和发展等方面的特殊需求，对于残疾人来说，与众不同的需求是康复、辅助器具、无障碍、托养照护等支持性服务；第三，实现"群体正义"，就是实现"群体差异基础上的平等"，对于残疾人来说，是指通过一定形式的保护、补偿和支持，在政治、经济、社会领域实现平等发展、融合发展、共享发展。群体视角还可以引导人们同时关注残疾人、老年人、儿童、重病人等群体的现实困难和实际需求，推动弱势群体保护和发展的政策衔接、资源链接、服务对接，促进公平分配的效益最大化。对于"群体视角"，目前普遍存在着三种不太正确的认知：一是只有弱势视角，没有优势视角，忽略包括残疾人在内的每个人都有勇气、骨气、底气主动创造美好生活；二是只有分配视角，没有发展视角，忽略残疾人的发展需求和发展机会，只注重在收入分配方面予以保护和补偿，忽视了残疾人的比较优势和特殊贡献；三是只有公平的视角，没有效率的视角，忽略残疾人在劳动创造、群体消费和解放家庭生产力、孕育现代服务业等方面潜在的经济价值以及在构建新发展格局中的积极作用。

6.3 从实践指向看，多重维度探索残疾人共同富裕的实现路径

关注促进残疾人共同富裕的收入分配。在收入方面应重点改善残疾人家庭转移性收入远高于工资性收入的结构性问题，让更多有劳动意愿和就业能

力的残疾人通过多形式就业增收迈向中等收入群体；在支出方面应关注残疾人群体性消费支出的规模增长和结构变化，增加用于残疾人的公共消费。

探索促进残疾人共同富裕的公共服务。应注重探索提供康复医疗、辅助器具、生活照护等特需服务，把健康和教育放到更加重要的位置，在更大范围开展重度残疾人托养照护服务，重视残疾人精神生活的富足。

优化促进残疾人共同富裕的无障碍环境。无障碍环境已经从为一部分人建设的设施、产品和服务，转变成为社会开放性、包容性和可持续性的标志。要从消除环境障碍和信息鸿沟两个方面入手，来铺展残疾人实现共享发展的无障碍场域。

做好促进残疾人共同富裕的社会支持。在实践中加强利用市场主体、社会组织、专业机构、家庭邻里为残疾人提供类别化、人性化和应急性服务，并注重理论总结和经验提炼。

推动残疾人共同富裕的试点建设。深入学习贯彻中央支持浙江高质量发展建设共同富裕示范区的文件精神，认真分析促进残疾人共同富裕在浙江实践的现实基础条件，确定浙江实践的工作目标、实践领域、组织形式和推广安排，依托浙江省残联，通过试点探索、经验总结、跟踪监测和评价报告等形式参与指导浙江实践，重点总结体制机制和政策制度改革创新成果及有效的路径选择，为促进残疾人共同富裕提供更多更好的省域范例。以浙江省残疾人共同富裕试点为先导，铺开残疾人共同富裕多层次、全方位的试点建设，为残疾人共同富裕研究提供鲜活的实践支撑。

6.4 残疾人共同富裕研究的具体建议

6.4.1 明确残疾人共同富裕的定位研究

首先，要确定残疾人共同富裕研究的理论高度，将残疾人共同富裕置于全体人民共同富裕的框架中确定其理论定位，强调残疾人共同富裕与全民共同富裕的共通性、从属性。要从习近平新时代中国特色社会主义思想和中国式现代化宏大历史叙事的高度界定和认识残疾人共同富裕，而不是将其局限为残疾人研究内部的一个问题。其次，把握残疾人共同富裕的"差异化平等"理论原则，在中国特色社会主义制度自信中把握残疾人共同富裕的"群体正义"，在借鉴西方"差异平等"理论中实现价值超越。再次，要在普遍性和差异性的有机统一中把握残疾人共同富裕的理论逻辑。科学研究确定残疾人共同富裕的路径，既要诉诸差异化视角，确定差异化评量标准、差异化富裕程度，也要看到残疾人与健全人共同富裕的共通性要素、共同性目标，从人的普遍性和人的特殊性相统一的理论向度考量残疾人共同富裕，寻求运用符合残疾人群体需要和个体特殊需要的路径去追求共同性目标。

6.4.2 加强残疾人共同富裕的综合性理论研究

当前，残疾人共同富裕研究存在双重"从属性"：一是从属于"残疾人研究"，残疾人共同富裕只是残疾人研究的一个方面；二是从属于"弱势群体共同富裕研究"，容易混淆残疾人共同富裕诉求与其他弱势群体的区别。应当立足残疾人群体的特点，合理搭建促进残疾人共同富裕的理论框架。一要探讨当前促进残疾人共同富裕的基础和挑战；二要从历史逻辑、理论逻辑和实践逻辑三重维度建构残疾人共同富裕的价值内涵；三要从与全民共同富裕的关系、残疾人自身的综合性生存发展需要、残疾人共同富裕的理想性和现实性三个向度科学确定残疾人共同富裕的发展目标，探索构建以残疾人生活质量、发展水平和环境状况为主要指标，反映残疾人共同富裕程度的指标体系，为缩小群体性差距、促进残疾人共同富裕提供评估监测服务，既充分考虑共同理想和共同追求，又考虑发展能力和环境条件的现实差异，设定科学合理开放可行的发展指标；四要从收入分配、公共服务、无障碍环境、社会支持等维度探索促进残疾人共同富裕的实现路径。要展开对残疾人共同富裕问题的系统化创新研究，不断加强对残疾人共同富裕问题的学理性阐释和整体性建构。

6.4.3 开掘残疾人共同富裕的多学科多视角研究

残疾人共同富裕是个牵涉面很广的综合性课题，但如今附着在弱势群体共同富裕的研究下，尚未形成自身的学科自觉。在残疾人共同富裕研究的探索中，我们既要注重使用与这一问题有直接联系的经济学和社会学视角，探讨残疾人的收入分配和公共服务问题；又要将残疾人共同富裕问题纳入中国式现代化共同富裕研究版图，考量残疾人共同富裕下的政治学内涵；还要自觉引入哲学、伦理学、文化学、教育学的学科视角及理论原理，关注残疾人共同富裕大背景下的人的发展、伦理建构、教育保障、精神赋能等相关重要问题。从国家政策层面看，推进残疾人共同富裕是未来几十年残疾人事业的重点；从残疾人自身层面看，实现共同富裕对这个几千年都被贫穷、困苦困扰，缺乏自尊自信的弱势群体而言，有着十分重大的意义。唯有多学科、多视角地开展关于残疾人共同富裕的研究，才能拓展该问题的理论纵深，实现残疾人共同富裕研究的理论自觉。

6.4.4 丰富残疾人共同富裕的个案研究

在推进残疾人共同富裕的实践中,将越来越多地涌现出先进典型,理论研究应敏锐捕捉并在个案研究中提炼总结成功经验。在个案研究的选取上,应把握三个要素:一是个案研究应具有典型性和示范性。从特殊案例中提炼出普遍性规律,树立促进残疾人共同富裕的现实样板,有利于各地的学习借鉴,并结合本地的具体实际,创造性地推进残疾人共同富裕工作。二是个案选取应注重针对性和广泛性。既要注意选取东部较发达地区的成功案例,又要发掘中西部地区促进残疾人共同富裕的典型案例,有针对性地分析不同地区残疾人实现共同富裕的可能性,让所有地区都能在普遍规律中找到自身的实践定位。三是个案选取应注重分类研究。可以选取具有代表性的个体实现共同富裕的典型,如劳动致富者、创业奉献者、奋发拼搏者、技术创新者等,剖析他们通过一技之长创造富裕生活、带动共同富裕、涵养精神生活的富足充实的事例,激发更多残疾人做出适合自身实现美好生活、追求共同富裕的价值选择。在个案研究中,既要解剖残疾人共同富裕的样板,分析个案的成功经验;又要适当指出在促进残疾人共同富裕中需要改进的方面,积极发挥成功经验对残疾个人或群体实现共同富裕的启示作用,以成功的个案研究带动全体残疾人的共同富裕。

6.4.5 探索残疾人共同富裕的国际比较研究

应当承认,在残疾人社会保障供给和提高残疾人收入方面,西方社会特别是一些福利国家的确比我们先走了一步,因此在残疾人共同富裕研究中,我们应注重吸收西方的理论成果和实践经验。但是,我们同样要认识到,西方社会现代化的先发优势逐渐减退,资本逻辑导致的周期性经济危机和社会阶层撕裂正在破坏他们的福利体系,"福利政治"在突发性经济危机、社会危机、公共卫生危机面前已然表现出深刻的脆弱性,许多残疾人也因游离于劳动体系之外而出现"福利依赖"现象。在进行残疾人共同富裕研究中,我们一方面要冷静理智地借鉴学习,另一方面要清醒地认识到中国残疾人共同富裕与西方福利制度的本质区别。一是深刻体认中西方不同的文化基础,肯定中国促进残疾人共同富裕的体制优越性。西方推行的高福利政策的基础是"资本逻辑"和"个人主义"文化滥觞,追求的是残疾人的个体富足,这种"个体富足"具有地区、阶层、职业间的差异性,加之资本逻辑的逐利本性以及种族主义的强力掣肘,必然使得穷者愈穷、富者愈富,不可能实现与全体人民一道的共同富裕。而中国倡导的共同富裕是将每个残疾个体置于整体社会发展的宏观背景下,在集体主义文化基因下,使残疾人成为"以人民为中心"理念的实践重点,将对残疾人的格外关心、格外关注视为衡量人民共同富裕广泛性和深刻性的重要尺度。二是在深度理解中西方路径选择的差异基础上,阐释中国残疾人共同富裕的可达性。西方两百多年的福利政治已形成了福利依赖的文化传统,并在残疾人群体间形成了代际传承效应,使残疾人财富创造能力明显不足。我国倡导的共同富裕实现机制从来都与"劳动福利型"的残疾人事业发展道路高度契合,主张通过劳动机会创造和劳动权利平等赋予残疾人创造财富的能力,塑造残疾人劳动创造者和劳动享有者的双重角色。残疾人共同富裕研究应在国际比较中展现中国特色残疾人事业的发展成果和本质特征,逐步探索形成残疾人共同富裕理论研究的中国话语、中国范式和中国气派,既为世界残疾人富裕问题的研究提供中国范本,又彰显中国式现代化的价值力量。

参考文献:

[1] 马克思,恩格斯. 马克思恩格斯文集:第1卷 [M]. 中共中央马克思恩格斯列宁斯大林著作编译局,译. 北京:人民出版社,2009:155—182.

[2] 马克思,恩格斯. 马克思恩格斯文集:第5卷 [M]. 中共中央马克思恩格斯列宁斯大林著作编译局,译. 北京:人民出版社,2009:744.

[3] 马克思,恩格斯. 马克思恩格斯选集:第3卷 [M]. 中共中央马克思恩格斯列宁斯大林著作编译局,译. 北京:人民出版社,2012:352—378.

[4] 马克思,恩格斯. 马克思恩格斯全集:第46卷下 [M]. 中共中央马克思恩格斯列宁斯大林著作编译局,译. 北京:人民出版社,1980:222.

[5] 毛泽东. 毛泽东文集:第6卷 [M]. 北京:人民出版社,1999:495.

[6] 邓小平. 邓小平文选:第3卷 [M]. 北京:人民出版社,1993:373.

[7] 江泽民. 江泽民文选:第1卷 [M]. 北京:人民出版社,2006:227.

[8] 中共中央文献研究室. 十六大以来重要文献选编(中)[M]. 北京:中央文献出版社,2006:712.

[9] 习近平. 扎实推动共同富裕 [J]. 求是,2021(20):4—8.

[10] 习近平. 在深度贫困地区脱贫攻坚座谈会上的讲话 [M]. 北京:人民出版社,2017:2.

[11] 习近平在助残日前夕寄语全国残疾人:更坚强地为人生梦想努力 [N]. 人民日报,2014-5-17.

[12] 习近平致信祝贺中国残疾人福利基金会成立30周年 [N]. 光明日报:2014-3-22.

[13] 习近平向2013—2022年亚太残疾人十年中期审查高级别政府间会议致贺信[N]. 光明日报, 2017-12-01.

[14] 贾若祥. 共同富裕的内涵特征和推进重点[J]. 中国发展观察, 2021 (12): 9—12.

[15] 葛道顺. 新时代共同富裕的理论内涵和观察指标[J]. 国家治理, 2021 (2): 8—11.

[16] 郁建兴, 任杰. 共同富裕的理论内涵与政策议程[J]. 政治学研究, 2021 (3): 13—25.

[17] 曹亚雄, 刘雨萌. 新时代视域下的共同富裕及其实现路径[J]. 理论学刊, 2019 (4): 14—21.

[18] 刘培林, 钱滔, 黄先海, 等. 共同富裕的内涵、实现路径与测度方法[J]. 管理世界, 2021 (8): 117—129.

[19] 范从来. 益贫式增长与中国共同富裕道路的探索[J]. 经济研究, 2017 (12): 14—16.

[20] 刘夏明, 魏英琪, 李国平. 收敛还是发散?——中国区域经济发展争论的文献综述[J]. 经济研究, 2004 (7): 70—81.

[21] 冯晓, 牛叔文, 李景满. 我国市域基本公共服务均等化的空间演变与影响因素[J]. 兰州大学学报(社会科学版), 2014, 42 (2): 86—93.

[22] 沈扬扬, 李实. 如何确定相对贫困标准?——兼论"城乡统筹"相对贫困的可行方案[J]. 华南师范大学学报(社会科学版), 2020 (2): 91—101+191.

[23] 孟鑫. 新时代我国走向共同富裕的现实挑战和可行路径[J]. 东南学术, 2020 (3): 48—57.

[24] 李实. 进一步完善收入分配制度, 实现共同富裕[J]. 经济研究参考, 2020 (24): 110—113.

[25] 薛宝贵. 共同富裕的理论依据、溢出效应及实现机制研究[J]. 科学社会主义, 2020 (6): 105—112.

[26] 韩文龙, 祝顺莲. 新时代共同富裕的理论发展与实现路径[J]. 马克思主义与现实, 2018 (5): 31—37.

[27] 杨静, 陆树程. 新时代共同富裕的新要求: 学习习近平关于共同富裕的重要论述[J]. 毛泽东邓小平理论研究, 2018 (4): 24—29+107.

[28] 刘尚希. 共同富裕要实现人的共同发展, 缩小群体性消费差距是重中之重[EB/OL]. (2021-08-25) [2022-03-23]. https://baijiahao.baidu.com/s?id=1708982098525741596&wfr=spider&for=pc.

[29] 潘毅刚. 共同富裕的中国探索与时代内涵[J]. 浙江经济, 2021 (6): 79.

[30] 王若磊. 完整准确全面理解共同富裕内涵与要求[J]. 人民论坛(学术前沿),

2021（3）：88—93.

［31］李稻葵，厉克奥博. 探索中国特色的共同富裕道路［N］. 光明日报，2021-8-19.

［32］中国残疾人联合会. 中国特色残疾人事业重要文件选编（上）［M］. 北京：华夏出版社，2018：192—295.

［33］国务院关于"十四五"残疾人保障和发展规划［EB/OL］.（2021-07-21）［2022-03-23］. http：//www.gov.cn/zhengce/content/2021/07/21/content_5626391.htm.

［34］邓朴方. 人道主义的呼唤：第1辑［M］. 北京：华夏出版社，2006：173—174.

［35］同［34］349.

［36］同［34］379.

［37］邓朴方. 人道主义的呼唤：第2辑［M］. 北京：华夏出版社，2006.

［38］同［34］185.

［39］同［32］477.

［40］张海迪. 保障残疾人民生，提高残疾人生活质量［EB/OL］.（2021-06-21）. https：//baijiahao.baidu.com/s？id=1703361411163535006&wfr=spider&for=pc.

［41］同［32］480.

［42］把帮助困难残疾人过上有质量的生活作为长期任务：访中国残联主席张海迪［EB/OL］.（2021-03-03）. http：//www.mca.gov.cn/article/xw/mtbd/202203/20220300040049.shtml.

［43］厉才茂. 中国特色残疾人事业的历史方位（上）［J］. 残疾人研究，2018（1）：4—11.

［44］厉才茂. 中国特色残疾人事业的历史方位（中）［J］. 残疾人研究，2018（2）：14—20.

［45］厉才茂. 中国特色残疾人事业的历史方位（下）［J］. 残疾人研究，2018（3）：8—17.

［46］程凯. 精准扶贫战略为贫困残疾人带来机遇［J］. 行政管理改革，2016（5）：13—17.

［47］杨亚亚，赵小平，范娟娟，等. 残疾人相对贫困的特征与测算［J］. 残疾人研究，2020（4）：9—20.

［48］程凯. 破解"因残致贫"的中国实践［J］. 残疾人研究，2020（4）：3—8.

［49］詹鹏，李懂文. "残疾"对家庭收入结构的冲击多大？［J］. 湘潭大学学报（哲学社会科学版），2019（4）：76—83.

［50］程凯. 制度现代化是残疾人事业现代化的必由之路［N］. 华夏时报，2019-12-01.

[51] 费孝通. 残疾人需要学习和就业 [J]. 三月风, 1985 (5).

[52] 张曙光. 救助与参与: 从"远南"的胜利说开去 [J]. 中国残疾人, 1995 (2): 8—9.

[53] 吕军, 陈刚, 等. 组织网络对实现残疾人康复服务的影响 [J]. 医学与哲学 (人文社会医学版), 2007 (7): 55—56.

[54] 郑功成. 中国社会保障改革与发展战略: 理念、目标与行动方案 [M]. 北京: 人民出版社, 2012.

[55] 何文炯, 潘旭华. 基于共同富裕的社会保障制度深化改革 [J]. 江淮论坛, 2021 (3): 133—140.

[56] 黄守宏. 农村残疾人工作面临的新形势与对策研究 [J]. 残疾人研究, 2012 (4): 3—5.

[57] 张万洪, 姜依彤. 平等、融合与发展 [M]. 北京: 社会科学文献出版社, 2015.

[58] 罗尔斯. 正义论 [M]. 北京: 中国社会科学出版社, 2009.

[59] 罗尔斯. 作为公平的正义 [M]. 北京: 中国社会科学出版社, 2011: 56.

[60] 柯亨. 自我所有、自由和平等 [M]. 北京: 东方出版社, 2008.

[61] 柯亨. 马克思与诺奇克之间 [M] //G. A. 柯亨文选. 吕增奎, 译. 南京: 江苏人民出版社, 2007: 129—130.

[62] 阿马蒂亚·森. 以自由看待发展 [M]. 任赜, 于真, 译. 北京: 中国人民大学出版社, 2013: 63.

[63] 同 [62] 86—103.

[64] 阿马蒂亚·森. 论经济不平等: 不平等之再考察 [M]. 王利文, 于占杰, 译. 北京: 社会科学文献出版社, 2006.

[65] 加尔布雷思. 富裕社会 [M]. 赵勇, 译. 南京: 江苏人民出版社, 2009.

[66] 多林. 不公正的世界 [M]. 高连兴, 译. 北京: 新华出版社, 2014.

[67] 马尔库塞. 当代工业社会的攻击性 [J]. 哲学译丛, 1978 (6): 17—23.

[68] 中央经济工作会议在北京召开 [N]. 光明日报, 2021-12-11.

残疾人共同富裕的三重逻辑

付鹏伟　葛忠明

【摘　要】 共同富裕是中国特色社会主义的本质要求。残疾人作为主要弱势群体，他们的共同富裕是我国共同富裕事业的重要一环。应当开展残疾人共同富裕问题的系统化创新研究，理清残疾人共同富裕的三重逻辑。在历史逻辑上，残疾人共同富裕是中华传统文化深厚历史积淀的结晶，也是残疾人事业探索与发展的延续。在理论逻辑上，马克思主义经典论述中的理论源泉、中国特色社会主义的理论探索和公平与效率理论、公民权理论、积极福利理论等共同构成了分析残疾人共同富裕的理论框架，应当加以整合、提炼，在此基础上，回应残疾人共同富裕的定位和积极后果等重大理论问题。在实践逻辑上，推进残疾人共同富裕离不开中国经济社会发展的现实基础，面临着共性与特性并存的现实考验，应当积极探索树立新的残障观念、推动积极福利转向和发展社区康复事业等实现残疾人共同富裕的现实路径。

【关键词】 残疾人；共同富裕；历史逻辑；理论逻辑；实践逻辑

经过全党全国各族人民共同努力，困扰中国数千年的贫困问题得到解决，在这一基础上，实现全体人民的共同富裕成为全国人民新的奋斗目标。共同富裕是全体人民的富裕，残疾人作为社会主要弱势群体，实现其共同富裕是我国共同富裕事业的重要内容，也是这一伟大历史征程的难点和突破口。站在新的历史起点上，必须对残疾人共同富裕问题进行整体建构，充分梳理历史脉络，寻求理论指导，总结实践经验，理清残疾人共同富裕的历史逻辑、理论逻辑和实践逻辑。

作者单位：山东大学残疾人事业发展研究中心　济南　250199
作者简介：付鹏伟　硕士研究生。研究方向：残障研究
　　　　　葛忠明　教授　博士。研究方向：残障研究、社会信任研究、社会组织研究
本文原载于《残疾人研究》杂志 2022 年第 2 期。

1. 残疾人共同富裕的历史逻辑

残疾人共同富裕的思想不是无源之水、无本之木，不是凭空产生的。在古代中国悠久的历史中，在近代中国谋求国家独立和民族解放的过程中，在中国共产党领导全国各族人民谋求民族富强、全面建成小康社会、建设社会主义现代化强国的历史征程中，残疾人共同富裕始终以其一贯的历史逻辑发展和演进。

1.1 我国古代仁政思想主导下以救济为基础、就业为提升的政策实践

残疾人共同富裕的思想，有着深厚的历史积淀，寓于中华优秀传统文化的脉络之中。

在儒家仁政思想的影响下，大同社会始终被视为理想社会的最高形态。《礼记》曾有记载："大道之行也，天下为公。选贤与能，讲信修睦。故人不独亲其亲，不独子其子，使老有所终，壮有所用，幼有所长，矜、寡、孤、独、废疾者皆有所养。"在大同社会的构想之中，不同群体依照其特点而各安其位，残疾人作为弱势群体之一，为社会所供养。

自汉代以来，我国历朝历代皆以儒家思想作为官方意识形态，在仁政思想指导下，古代政府对于包括残疾人在内的弱势群体的政策基调是抚恤和救济，借助官方或半官方福利设施，旨在确保残疾人基本的生存权。唐代官方与佛教寺院合作，设立悲田养病坊，收养包括残疾人在内的弱势群体。继起的五代置"悲田院""养病院"，宋代置"福田院""安济坊"，金代置"普济院"，元明置"惠民药局"，清置"养济院"[1]。

官方对于残疾人的救济一直作为政府公共事业的一部分在延续，从制度层面保障了残疾人基本的生存权。除官方力量介入的正式组织之外，宗族、乡里等具有地方互助色彩的初级群体，同样承担着救济残疾人的职能，《唐令拾遗》中就有明确记载："诸鳏寡孤独贫穷老疾不能自存者，令近亲收养。若无近亲，付乡里安恤。"[2]

救济和抚恤是古代中国残疾人政策的主要内容，但并非全部，官府同样鼓励有能力的残疾人以就业的方式提高自己的收入、发挥社会价值。早在先秦时期，政府便给残疾人安排职务，使其各尽其才。《周礼·秋官司寇》记

载:"墨者使守门,劓者使守关,宫者使守内,刖者使守囿,髡者使守积。"[3]《国语·周语》也记载了不同职能的盲人官员:"故天子听政,使公卿至于列士献诗,瞽献曲,史献书,师箴,瞍赋,矇诵,百工谏,庶人传语,近臣尽规,亲戚补察,瞽、史教诲。"[4] 瞍、矇、瞽都是对担任不同职业盲人的称呼,其中瞽、史即宫廷乐师、史官,常由残疾人担任,是古代历史的重要传承者,《国语》的作者左丘明据说就是史官。司马迁《报任安书》载,"左丘失明,厥有《国语》"。古代对残疾人的职务安排,基于一种"扬长避短"的心态,发挥残疾人在某一方面的优势,使其创造劳动价值,而非单纯接受供养。

总体而言,我国古代对残疾人的救助与安置就业更多的是表现仁政关怀的手段,在覆盖范围和水平质量上都有所不足,并且将残障者视为非正常、病态的个体给予社会扶助,救济措施包含极大的社会隔离属性,缺乏将其作为独立人格对待的措施,仅仅关注其基本生存权而忽视发展权。尽管具有很大的历史局限性,但仍要看到,我国古代残疾人事业以官方和宗教组织、宗族乡里等相结合的服务方式,以救助工作为基础、就业工作为提升的手段,这一思路在今天看来都不过时。这些历史经验中蕴含了残疾人共同富裕的思想萌芽,是中华悠久历史文化的结晶,对于思考残疾人共同富裕的行动主体、实现途径等具有重要的借鉴意义。

1.2 新中国成立后对残疾人全面发展和共同富裕的探索之路

中国步入近代以后,追求共同富裕的尝试与拯救民族危亡的努力一同发展,不论是太平天国的"薄赋税、均贫富""无处不饱暖"的口号,还是清末的"自强""求富"运动,抑或是孙中山提出的"平均地权、节制资本"的民生主义,都是这方面的有益尝试。但这些尝试,一方面没有把握当时中国的主要矛盾,无法从根源上解决贫困问题;另一方面缺少对残疾人的专门论述或政策实践,仅仅是部分延续了古代社会的慈善救济,因此仅具有一定的残疾人共同富裕色彩。探究残疾人共同富裕发展的真正历史脉络,还是要从中国共产党领导下新中国的残疾人社会政策实践进行探讨。

这一时期的残疾人社会政策因经济模式、意识形态的改变而发生变化,综合学界观点,可以梳理为三个阶段,即中华人民共和国成立后到改革开放以前的居养型政策阶段、改革开放到2008年的庇护型政策阶段和2008年以后的发展型政策阶段。

新中国成立初期,基于仁政思想的救助政策得以进一步延续和发展,同时随着社会主义集体经济建设的开展，残疾人政策也呈现出具有时代特色的新特点。一方面，对于严重残障、精神病人和麻风病人等无就业能力的残疾人，政府设置了伤残福利院、荣军院、精神病院与麻风村等设施集中居养；另一方面，对于有一定劳动能力但暂未就业的残疾人，政府在全国范围内兴办了大量的手工合作社（农村）和福利企业（城市），以集中就业的方式加以安置[5]。且残疾人社会政策存在城乡二元分割的鲜明特征，表现出强烈的重城市轻农村、重国营轻集体、重中央轻地方、重大单位轻小单位的倾向和做法[6]。这一时期的社会政策被总结为"居养型"，强调的仍然是对残疾人基本生存权的保障，通过中央和地方财政共同出资开办，各级民政部门直接兴办、直属管理的公共福利设施实现，这种福利也被称为"民政福利"[7]，具有浓厚的官方色彩。同时残疾人就业方式也在一定程度上得以拓展，超越了传统社会少数残疾人宫廷乐师、史官的小众模式，国家大力发展集中就业，通过福利企业的形式吸纳具备劳动能力的残疾人参与社会生产。但此时的残疾人福利企业不仅数量少、规模小，且依赖政府"输血"维持，自我存续和发展能力较弱，其主要目的也并非实现残疾人充分而高质量的就业，仅仅停留在维持基本生活所需的水平上。残疾人居于福利机构之中，社会隔离现象比较严重，乃至出现"社会退化"[8]。

改革开放以后，随着市场经济体制改革的深入，残疾人社会政策也有所调整。最为显著的变化体现在残疾人就业政策上，"行善"思维被超越，将残疾人视为负担和累赘的思想开始转变，残疾人作为市场环境中的劳动力资源的观点得到重视。福利企业体制得以改革，更加注重经济效益。1985年9月的大连会议指出，社会福利企业本质上应属"企业"范畴，而非"事业"范畴，企业是其基本属性，要尽快实现从"事业"向"企业"的转变，把提高经济效益作为发展和巩固社会效益的前提，从根本上提高福利企业的生存发展能力[9]。同时，残疾人就业渠道得以拓展，1990年颁布实施的《中华人民共和国残疾人保障法》规定了残疾人劳动就业实行集中与分散相结合的方针，残疾人就业方式扩展为集中就业、按比例就业和个体就业三种，残疾人的自主选择权得到尊重，多元就业格局逐渐形成。残疾人的康复、教育、预防工作也得以全面开展，这一阶段以培养残疾人自立能力为目标，致力于通过行政手段给予特殊保护，弥补残疾人能力上的不足，促进残疾人顺利参与市场竞争。相对于前一阶段的"居养"政策，这一时期残疾人政策更加尊重残疾人的自主能力，但残疾人仍依赖于政府的"庇护"。虽然强调残疾人就业，但更多是将其视为获取基本生存物资的手段，而非实现社会融入的途径。

随着经济的发展和社会的进步，公民权利日益受到重视。2008年3月28日，中共中央、国务院发布《关于促进残疾人事业发展的意见》，推动残疾人社会政策的新一轮转型。这一时期残疾人事业发展的总体要求是，健全残疾人社会保障制度，加强残疾人服务体系建设，营造残疾人平等参与的社会环境，缩小残疾人生活状况与社会平均水平的差距，实现残疾人事业与经济社会协调发展，努力使残疾人同全国人民一道向着更高水平的小康社会迈进[10]。这一时期的政策可称为发展型政策，以公民权利为基础，强调平等参与的实现，以"实现社会公平"为前提，以"非歧视"等现代政治理念为基石，以提升残疾人融入社会能力为目的[11]。残疾人不再被视为被动的受供养者，其人格独立性得到重视，政策实践不仅致力于提升残疾人本身的生活条件和可行能力，更注重消除社会环境中存在的阻碍因素。

1.3 残疾人共同富裕历史逻辑的两条主线与一个趋势

回顾残疾人事业发展的历史，残疾人共同富裕作为一条隐含的脉络，始终在残疾人事业发展变迁中得以延续，并日渐清晰。虽然具体政策不断变化，但残疾人福利水平整体呈现上升趋势，残疾人事业覆盖范围不断扩大。除了这些常规变化之外，把握残疾人共同富裕的历史逻辑，需要把握两条主线，明确一个趋势。

第一条主线是政府主导，各类主体有序参与。在古代，受"仁政"思想影响，政府对残疾人负有道义责任，而人民当家作主的社会主义中国更是强调为人民服务的宗旨。对残疾人的保护扶助工作由政府主导，允许并鼓励多元主体参与，充分调动社会力量增加福利供给。这一思路是一脉相承的，在古代是官府主导下宗教、宗族等民间力量参与的慈善救济措施；新中国成立后，残疾人社会福利被纳入各级民政部门的职责范围和工作内容体系，并在中国残联成立后，整合各方力量，调动各方面积极因素，形成了残疾人事业的新格局[12]，《关于促进残疾人事业发展的意见》将之总结为"政府主导、社会参与，国家扶持、市场推动"。

第二条主线是以社会保障为基础、就业工作为提升。这是实现残疾人共同富裕的两大主要途径。由于身体残疾、能力缺失和社会限制，残疾人的生活水平普遍低于国民平均水平，需要通过社会保障满足基本福利需要，维护基本生存。同时，建立在救济、施舍等手段上的残疾人共同富裕是低水平的、不可持续的，因此，残疾人就业始终被当作提升残疾人水平的重要手段加以推进，并且劳动就业也是保障残疾人平等参与社会生活、共享社会物质文化成果的必要条件。

所谓主要趋势，是指残疾人逐渐成为"一个大写的人"。一方面，残疾人的独立人格被尊重，不再被视为"残废"和家庭与社会的累赘，其发展需要日益得到重视，社会权利得到保障，平等参与社会生活的障碍不断减少；另一方面，残疾人本身在推进残疾人共同富裕过程中的主体性不断凸显，不仅依靠自身的劳动能力改善生活水平，更作为公民主动参与残疾人政策的制定，并积极表达需要，争取权利。党的十八大以来，这种趋势越发清晰、明显。习近平总书记关于残疾人价值理念的重要论述，不仅充分肯定了残疾人的平等地位和平等权利，而且强调了残疾人的主体性和能力发展[13]。

2. 残疾人共同富裕的理论逻辑

共同富裕本身是一个极富中国特色的提法，国外少见相关研究，虽然在脱贫攻坚和全面建成小康社会的实践中积累了丰富的经验，但系统化的整合理论尚未提出，没有形成独有的解释框架。残疾人共同富裕领域的研究则更加稀少，是一个亟待挖掘的富矿。为了理清残疾人共同富裕的理论逻辑，首先需要对可借鉴、可参考的相关理论进行归纳梳理，构建坚实的理论基础。

2.1 残疾人共同富裕的理论基础

2.1.1 马克思主义理论

讨论残疾人共同富裕，首先要在马克思主义经典论述中寻求理论源泉。马克思、恩格斯在继承、扬弃人类历史上对共同富裕的探索（尤其是空想社会主义）的基础上，指出了将共同富裕转化为现实的有力武器——科学社会主义。科学社会主义认为，资本主义的生产资料私有制导致生产资料的占有者剥削不占有生产资料阶级的劳动，使资本主义社会的极少数特权者占有多数人的劳动成果，故而资本主义社会不可能实现全人类的共同富裕[14]。马克思、恩格斯明晰了科学社会主义理论的核心要旨，就是通过暴力革命消灭私有制，剥夺剥夺者，还财于民，解放和发展生产力，最终实现共同富裕[15]。马克思主义经典中并没有直接论及残疾人共同富裕，但其对社会主义道路上共同富裕的一般性论述具有极大的启发性，残疾人共同富裕的根本实现，需要残疾人参与劳动生产、掌握生产资料，无法仅仅依靠救济、供养实现。

马克思主义传入中国后，经过了漫长而系统的中国化过程，共同富裕的理论也在马克思主义中国化的过程中得以发展和完善。毛泽东首次在《关于农业合作化问题》的报告中提出"共同富裕"的概念，指出："实行合作化，……使全体农村人民共同富裕起来。"[16]这一时期对共同富裕的认识是寓于共同劳动之中的，共同富裕以发达的生产力为基础。邓小平同志明确指出，"解放生产力，发展生产力，消灭剥削，消除两极分化，最终达到共同富裕"[17]。江泽民同志提出，要"兼顾效率与公平。运用包括市场在内的各种调节手段，既鼓励先进，促进效率，合理拉开收入差距，又防止两极分化，逐步实现共同富裕"[18]，注重效率的同时要强调社会公平，"高效率、社会公正和共同富裕是社会主义制度的本质决定的"[19]。胡锦涛同志倡导以人为本的科学发展观，始终把实现好、维护好、发展好最广大人民的根本利益作为党和国家一切工作的出发点和落脚点，尊重人民主体地位，发挥人民首创精神，保障人民各项权益，走共同富裕的道路，促进人的全面发展，做到发展为了人民、发展依靠人民、发展成果由人民共享[20]。

进入新时代以来，习近平同志继续完善中国特色共同富裕思想，将共同富裕作为全面建设社会主义现代化国家的目标，并明确提出了残疾人共同富裕的命题。中共十九大报告提出，坚持在发展中保障和改善民生，保证全体人民在共建共享发展中有更多获得感，不断促进人的全面发展、全体人民共同富裕[21]。习近平同志进一步指出，中国将进一步发展残疾人事业，促进残疾人全面发展和共同富裕[22]。

应当意识到，残疾人共同富裕寓于中国特色社会主义事业之中，始终与生产力发展和生产关系调整共同进步。实现残疾人共同富裕，离不开生产力高度发达的社会主义社会，也离不开效率与公平并重的社会主义市场经济体系。

2.1.2 公平正义理论

提及残疾人共同富裕与公平相关的理论，可以从罗尔斯对公平正义的论述着手进行分析。罗尔斯的正义论又被称作"公平的正义"，他推崇平等价值，但并不主张绝对平均主义，这对探讨共同富裕具有重要借鉴意义。

罗尔斯认为，主观偏见和利己主义使得公共决策偏离了原始状态，难以形成一个统一而普遍的正义原则。为此他引入了"无知之幕"的概念，即在进行制度安排时，设置一层遮掩的幕布，使人们不知道有关自己及社会的任何特殊事实,并过滤掉所有能够影响其公正选择的功利性信息[23]。从"无知之幕"出发,他推导出两个重要的原则,即平等的自由原则,公平的机会平等原则和差别原则。公平的差别原则认为,社会利益的分配应该对"最少获利者"有利,试图解决自然天赋、社会因素的不同造成的不平等。罗尔斯认为,如果一种分配不平等且对最少获利者有利,那么这种分配就是正当的。他还具体说明了如何确定"最少获利者",主要有以下几个条件:一是中等收入水平以下,二是先天不幸或运气较差者,三是社会合作参加者[24]。

应当注意,由于残疾人的天然弱势,其在社会竞争中处于绝对不利地位,需要在利益分配上加以倾斜,实现形式平等与实质平等的统一。在决策程序中应当尝试引入"无知之幕",排除社会生活中的不平等现象,并使残疾人这一"最少获益者"的利益最大化。

2.1.3 效率相关理论

效率相关理论同样应当成为残疾人共同富裕理论探讨的重要组成部分,尤其是新自由主义所秉持的效率观点。新自由主义主张自由市场、经济效率和国家作用最小化,认为市场是最有效率的资源配置手段,只有在市场的自发作用下,社会成员凭借理性选择自由经营、公平竞争,促进社会财富总值的增加,在此基础上才能够实现社会福利的最大化。新自由主义对福利国家进行了反思和批判,新自由主义的代表人物哈耶克认为,福利国家是"非经济的、非生产性的、无效率的、无效能的、专制的以及否定自由的"[25]。新自由主义者对福利国家的批判集中在两个方面,一是平等主义和高税收摧毁了市场激励机制,导致投资不足,造成了低效的市场经济;二是国家对福利的过度干预,导致个人责任分散,缺少选择的自由,也缺少参与竞争的积极性。但新自由主义没有彻底否定福利国家,事实上,反思的结果不是否定福利开支,而是用社会投资国家的概念取代了福利国家概念,主张用工作福利代替生活福利。

借鉴新自由主义的观点审视残疾人共同富裕,需要重视残疾人作为市场参与主体的角色。福利企业的改革可以说明这一点,现有政策将福利企业纳入集中就业单位进行统一指导,进一步明确了其"企业"定位,推动管理体制"去行政化",以间接干预的税收优惠取代直接干预的指令型政策,增强其参与市场竞争的能力。值得注意的是,新自由主义对福利国家的批判建立在资本主义框架之内,福利国家是对资本主义的调整和维护,认为过度的国家干预会适得其反。基于中国的社会主义性质和现实国情,固然要对过度福利的危害保持警惕，但现代中国还远没有达到担忧福利病的程度，当前的福利水平仍有很大的提升空间，并且新自由主义回归完全的市场经济的观点在实践中并不可取，国家仍然对经济发展和福利进步负有不可推卸的责任。

2.1.4 积极福利理论

回顾中国残疾人福利体系，积极福利理论对推进残疾人共同富裕具有相当的价值。吉登斯在《第三条道路：社会民主主义的复兴》中正式提出了"社会投资国家"的概念[26]，认为社会政策不仅仅是调整分配关系的手段，更是促进经济社会发展的措施。社会投资以社会风险管理、解决社会结构矛盾、促进经济发展、调和经济与社会矛盾为目标，进行人力资本投资、社区资本投资和社会资本投资[27]。社会投资国家的福利供给是一种积极的福利，与传统的消极福利注重事后补救不同，积极福利强调事前的预防。

采纳积极福利的观点推动残疾人共同富裕，要注重人力投资，在工作就业的基础上提供福利，加强残疾人教育、技能培训、健康康复等相关的高层次福利安排。要注重消除社会排斥，让残疾人群体得到社会整体的尊重和支持，以利于其自我价值的实现。要强调福利的多元主体，政府、市场、社会组织和残疾人个人都是社会风险的承担者，应当倡导多元主体分担的社会福利供给体系。积极福利的观点还为我们提供了一个看待残疾人事业的新视角，即为残疾人提供的福利服务不是无回报的、消耗性的财政开支，其价值不仅在于残疾人本身福利水平的提升，更有利于社会资本的整体增长，会带来积极的社会效益。

现代权利理论是构建积极福利体系重要的理论基础之一。现代权利理论由马歇尔提出，认为社会成员拥有民事、政治、社会权利，其中社会权利是指"从某种程度的经济福利与安全，到充分享有社会遗产并依据社会通行标准享受文明生活的权利等一系列权利"[28]。"社会权利意味着对某种标准之文明拥有一种绝对的权利，它只以社会成员身份一般义务的履行为条件；它们的内容并不取决于权利承担者个人的经济价值。"[29]阿玛蒂亚·森进一步发展了现代权利理论，指出饥荒与贫困往往并非食物短缺和物质财富匮乏所致，而是产生于不合理的权利关系。与贫困问题直接相关的是"禀赋权利"和"交换权利"，间接相关的是整个社会的权利结构，全面考察整个社会的权利结构及贫困人口在其中所处的位置是洞察贫困问题的关键所在[30]。

在残疾人共同富裕进程中提供的社会福利和各项服务，不应当被视为一种慈善或者"施舍"，而是社会成员的正当权利，与健全人应当享受的权利没有区别,且并不以经济贡献为前提。应当具有结构性的视角,认识到残疾人的弱势地位,不仅因为其自身的生理功能障碍,更是因为其权利未得到满足而被社会边缘化,不能受益于经济发展成果,没有享受到与经济发展同步的社会福利增长,进而陷入贫困状态。

2.2 残疾人共同富裕理论的内在逻辑

由于缺少残疾人共同富裕的专门理论,以上所梳理的国内外相关理论,仅从某一视角对残疾人共同富裕进行零散论述,或应当视作某种可以借鉴、参考的理论基础,而非残疾人共同富裕理论本身,因而应当对既有理论进行提炼、整合,从而构建起残疾人共同富裕理论。在此,本文尝试构建残疾人共同富裕理论的内在逻辑。

马克思主义理论从根源上对共同富裕的本质做出了界定,即在生产力发展和生产关系变革中实现"人的解放"。而马克思主义中国化的一系列理论成果,不仅继承和发展了马克思主义共同富裕观,更是以实际行动为社会主义社会的共同富裕做了实践注脚,超越了以"资本"为中心的财富生产和分配逻辑,构建了以"人"为中心的中国特色共同富裕的话语体系,并在这一过程中,从理论与实践两个向度,深刻把握公平与效率这对双生子的辩证关系。

现代权利理论为追求"人的解放",提供了人之所以为人的学理基础。在一个现代国家,处于社会共同体之中的公民天然享有平等的权利与义务,不以任何经济贡献为基础,人应当是去商品化的。而劳动力的商品化正是马克思主义经济学剩余价值理论展开的逻辑起点,也是理解并突破资本主义剥削形式的关键。在现代权利的理论假设的基础上,积极的福利观点自然被引入,在范围上,由特定人群的福利转向全体公民的福利;在内容上,由生活福利转向工作福利;在责任主体上,国家对其公民承担最主要的福利责任。而对福利的所有探讨应当建立在一个前提之上,即福利是一种手段而非目的本身,不应沉浸于福利主义叙事之中,而需要回归马克思主义对共同富裕的本质界定上,在生产力发展与生产关系的变革中,把握残疾人的全面解放。

2.3 残疾人共同富裕理论应当回应的重要问题

在残疾人共同富裕作为理论问题被提出时,首先要回应两个重要问题,即残疾人共同富裕的定位和成果问题。不讨论前者,则残疾人共同富裕缺少作为独立命题的合理性;不深究后者,则无法发展指导、服务于实践的残疾人共同富裕理论体系。

2.3.1 残疾人共同富裕的定位问题

找准残疾人共同富裕的定位，需要明确其与共同富裕整体格局的辩证关系，既要证明残疾人共同富裕与全体人民共同富裕是本质一体的，具有共同的前进方向，又要把握残疾人共同富裕进程中的特性，说明残疾人共同富裕作为独立命题提出具有深刻的合理性和必要性。

残疾人共同富裕是紧密融入全体人民共同富裕的大局中的，二者不是分离或对立的关系，从本质上说具有不可分割的共性。首先，都代表了社会主义的发展方向，社会主义的本质是实现包含残疾人在内的全体人民的共同富裕；都是公民的基本权利，任何公民不论天然禀赋如何、经济贡献如何，都天然享有免于匮乏的权利；都需要协调生产力与生产关系，平衡效率与公平，既应避免两极分化，也不应"等靠要"；借助福利和就业两大基本途径、覆盖全民的社会保障体系是共同富裕的重要保证，劳动就业对所有人而言既是权利也是义务，共同奋斗是实现共同富裕的根本。

残疾人共同富裕问题，具有自身独有的特性，因此需要作为单独的命题被提出并得到重视。残疾人自身可行能力弱，同时受到的社会障碍与排斥较大，因此成为后小康时代相对贫困治理的重要主体。全面小康社会的建成，意味着反贫困的重心将由"消除绝对贫困"迈向"解决相对贫困"的新阶段。相对贫困不仅指向收入、基本生活需要满足等经济维度，更涵盖了发展机会受限或能力剥夺等社会性面向。实现共同富裕的关键在于治理相对贫困，而治理相对贫困的难点与重点在残疾人。并且，共同富裕不仅是物质层面的富裕，更是精神文化层面的全面富裕，残疾人的精神文化生活相对匮乏，远低于平均水平，因而需要格外重视、持续发力。

2.3.2 残疾人共同富裕的积极后果

必须认识到，将残疾人视为负担、将残疾人事业支出视为单纯消耗的旧有观念是不合理的，推进残疾人共同富裕不仅是全体社会的责任，更会造成全体受益的积极成果，具体表现在政治、经济和社会等不同层面上。

残疾人共同富裕的政治效益体现在：有利于制度自信的确立，残疾人作为社会最弱势群体，其日益增长的美好生活需要得到满足，无疑会有力彰显社会主义制度的优越性；有利于化解社会矛盾，促进社会和谐与稳定。

经济效益体现在：为残疾人创造平等参与社会经济活动的机会，推动残疾人政策由输血向造血的转变；降低福利负担，提高福利资源的利用效率；

提高残疾人就业能力，增加劳动供给，刺激经济活力。

社会效益体现在：有利于新的残障观念的形成，推动公民意识的发展，促进社会平等，增进社会资本，加强社会主义精神文明建设；推动残疾人作为有为的公民积极参与各项社会事务，提高社会治理能力和水平，促进国家治理体系和治理能力现代化。

3. 残疾人共同富裕的实践逻辑

残疾人共同富裕始终是植根于全面建成小康社会和建设社会主义现代化强国的实践之中的，要想把握其产生和发展的逻辑，离不开对实践经验的回顾。因而，需要总结推动残疾人共同富裕的物质、制度与文化基础，剖析现阶段中国在推动残疾人共同富裕方面面临的主要难题，进一步明确实现残疾人共同富裕的可行路径。

3.1 实现残疾人共同富裕的现实基础

3.1.1 党领导下的社会主义事业是前提条件

科学社会主义的基本原理论证了共同富裕与资本主义私有制存在根本冲突，西方社会从福利国家到新自由主义再到社会投资国家的实践进程也证明了，在不触动资本主义制度的情况下对经济社会体系进行调整和修改，难以真正实现共同富裕。只有保证社会主义公有制的主体地位不变，才能确保中国特色社会主义始终向着解放生产力、发展生产力的方向发展，才不会走向生产资料私有制下的贫富两极分化，这是残疾人共同富裕的根本条件。而中国共产党领导全国各族人民共同奋斗，全面建成小康社会，历史性地解决了绝对贫困问题，证明了坚强的领导核心是社会主义事业继续前进的根本保障。实现残疾人在内的全体人民共同富裕正是这一历史起点上的时代课题，也必将在党领导下的社会主义事业这一前提下继续前进。

3.1.2 经济发展带来的雄厚物质基础是基本支撑

我国经济总量和增速走在世界前列。2021 年，中国国内生产总值（GDP）为 1143670 亿元，中国经济总量占全球经济比重超过 18%，对世界经济增长的贡献率达到 25% 左右。人均国内生产总值超 8 万元人民币，按年均汇率折算为 12551 美元，超过世界人均 GDP 水平，接近高收入国家人均水平下限[31]。中国经济保持了多年的增长趋势，经济的发展反映了生产力的进步，保证了"做大蛋糕",是支撑残疾人共同富裕事业的物质基础。

3.1.3 完善的残疾人社会保障和公共服务体系是制度保障

社会保障和公共服务作为再分配手段,是实现"分好蛋糕"的制度保障。我国已经建成世界上规模最大的社会保障体系,在残疾人领域,"十三五"时期,我国1076.8万残疾人纳入城乡最低生活保障范围。90%以上城乡残疾人参加医疗、养老保险,残疾儿童义务教育入学率超过95%,资助8万多名家庭经济困难的残疾儿童接受普惠性学前教育。贫困残疾人全部纳入基本医疗保险、大病保险,54.7万贫困残疾人得到医疗救助[32]。习近平总书记指出,要坚持实事求是,既尽力而为又量力而行,把提高社会保障水平建立在经济和财力可持续增长的基础上,不脱离实际、超越阶段[33]。促进残疾人平等享有均等化、专业化、个性化的基本公共服务,也是中国特色残疾人事业发展中的重要内容。《"十四五"残疾人保障和发展规划》提出了均等化的残疾人基本公共服务体系更加完备的目标,致力于解决残疾人公共服务总量不足、分布不均衡、质量效益不高的问题,满足残疾人就学就医、康复照护、无障碍等多样化需求[34]。在再分配领域,我国执行的残疾人政策是务实的,没有超越经济社会发展水平;同时,也应当是不断完善的,织密扎牢残疾人民生保障安全网,改善残疾人生活品质,促进残疾人共享经济社会发展成果。

3.1.4 残疾人在内的全体中国人民共同奋斗是根本动力

共同富裕先要共同奋斗。"共同富裕虽强调人人享有,但绝不是靠政府大包大揽,更不允许出现'养懒汉''等靠要'等现象,共同富裕必须依靠全体人民共同奋斗,一步一个脚印地从低层次共同富裕向高层次共同富裕迈进。"[35]不应将残疾人共同富裕视为纯粹由外力推动的事业,残疾人共同富裕目标的实现依赖于包括残疾人在内的全体中国人民共同奋斗,残疾人共同富裕的成果也同样由包括残疾人在内的全体中国人民共同分享。为此,通过工作福利代替生活福利、建设社会投资国家取代福利国家,充分保障残疾人参与社会劳动和经济建设的权利,发挥残疾人促进经济繁荣的重要作用,保证残疾人平等享受经济社会发展成果,成为残疾人共同富裕强大的也是根本的动力。

3.2 残疾人共同富裕面临的现实考验

共同富裕事业面临脱贫攻坚成果尚需巩固、发展不平衡不充分、阶层固化趋势日渐凸显等现实挑战[36],同时,由于残疾人领域的特殊性,残疾人共同富裕不可避免要面临一些独有的考验。

3.2.1 残疾人群体基数庞大

中国有 8500 多万残疾人，约占总人口的 6.34%。残疾人本身处于弱势地位，往往收入水平低、社会参与程度低、精神文化生活匮乏，迈向共同富裕进程中的起点极低。残疾作为"家庭事务"，不仅对残疾者本身有影响，也会对家庭产生重大影响，有残疾人的家庭约 7050 万户，占全国总户数的 17.8%[37]。残疾人家庭承担着残疾人经济供养、健康保障、生活照护的责任，在家庭开支增大的同时往往伴随着劳动力的丧失。实现残疾人共同富裕必然要考虑建立在庞大残疾人基数上的残疾人家庭。

3.2.2 结构性相对贫困问题显著

在传统的扶贫工作中，遵循精准定位贫困个体、精准识别脱贫需求、满足贫困对象的基本生活需要的思路，即政策重心在实现"两不愁三保障"上。在这一过程中，对贫困的理解往往偏向狭义，简单归因于个体，于残疾人而言即为"因残致贫"的观念。相对贫困则更强调结构性视角，固化的社会阶层、广泛存在的社会排斥和不平等的发展机会越发凸显。而这些结构性因素并不能简单依靠经济发展来解决，研究表明，经济发展可以带动残疾人家庭收入持续增长，但不能缩小残疾人家庭与一般居民家庭之间的收入差距[38]。

3.2.3 适度普惠的福利观点有待转变

适度普惠是一个制度先行的概念，是从传统的补缺型社会福利向普惠型社会福利过渡的形态。2007 年，民政部提出建设适度普惠型社会福利制度，它在很长一段时间内成为指导我国福利制度改革的目标。所谓适度普惠福利，在福利对象上是普惠的，意图覆盖全体社会成员，但在福利内容上是适度的，在社会福利责任主体上，政府的责任也是适度的[39]。这一理念长期指导中国的福利实践，但其受到发展主义思想影响，倾向于假设高福利是经济发展的负担，而政府首要责任是发展经济。适度普惠福利观念是基于当时中国现实做出的判断，已无法满足发展残疾人共同富裕的需要，适应新形势的福利模式尚有待探索。

3.2.4 残疾人事业发展的非均衡性

残疾人事业发展表现出极强的非均衡性，从地域差异看，经济发达地区掌握着较为丰富的可用资源，残疾人事业发展较快，而经济落后地区残疾人事业发展缓慢，但这些地区的残疾人数量多、基础设施落后，恰恰需要更多的资源投入。最为典型的例子即为残保金的征收。残保金既是鼓励用人单位安排残疾人就业的重要举措，也是提高和保障残疾人生活质量的重要资金来源，实行属地管理，纳入地方一般公共预算统筹安排[40]。从城乡差异看，农村残疾人占残疾人总数的70%以上，但是公共服务、社会保障水平和就业、教育质量均与城镇存在较大差距[41]。残疾人事业在地域、城乡发展的非均衡性严重制约残疾人共同富裕的实现。

3.2.5 残疾观念与社会排斥

传统的残疾观念从个人属性出发，认为缺陷必定导致某些生理机能的障碍，残疾人就是需要接受援助甚至需要进行治疗康复的个体，这被称为残疾的"个体模式"[42]。残疾的个体模式具有悠久的历史，并往往伴随着对残疾人的污名化。在古希腊时期，身患残疾的人被认为是"劣等"的；新教改革者认为，弱智者和其他残疾人是被撒旦所控制的；社会达尔文主义者反对国家向贫穷人口和残疾人士提供援助，并认为保留"不适合的人"会阻碍自然选择的过程[43]。将残疾视为个人问题的观念在中国也十分常见，甚至可以说主导了一般民众的认知，造成了对残疾人自觉或不自觉的社会排斥。

3.3 实现残疾人共同富裕的现实路径

3.3.1 推动残疾社会模式的树立

不同于个体模式，残疾的社会模式更加强调社会环境中的阻碍因素，认为单纯的生理功能损伤本不应阻碍残疾人社会功能的发挥。应当致力于残疾社会模式的推广，排除社会对残疾人的成见、歧视与污名化，进而消除残疾人在社会中的各种障碍，保障残疾人社会参与与社会融入的权利。

3.3.2 促进福利体系的积极福利转向

在积极福利理念下，应当摆脱发展主义话语体系，促进政策目标从追求经济发展转向为社会正义，价值取向从效率优先原则转向公平原则，干预策略从事后补救转向事前预防。在具体行动策略上，国家要承担比适度普惠福利模式更多的责任，致力于提高残疾人福利水平。应当推动社会投资国家的建设，采用积极的福利政策，用工作福利替代生活福利，使福利资源倾向于残疾人的教育、就业等，增进社会整体人力资本，促进残疾人共同富裕的实现，并强调"无责任即无权利"，福利受益者有责任回报社会。

3.3.3 发展社区康复事业

社区康复是一项社区整体发展战略，涵盖了残疾人发展的健康、教育、生计、社会和赋权等领域，以残疾人社会融合为最高目标，强调社区在残疾人发展中的基础作用[44]。在政策实践中，往往倾向于将社区康复窄化理解为"在社区获得的医疗康复"，忽视了社区作为行动主体的资源整合功能。推动残疾人共同富裕，应当大力发展社区康复事业，促进残疾人恢复或重建其社区生活能力。

3.3.4 促进高质量就业实现

残疾人就业是残疾人参与社会发展的重要途径，在这一过程中残疾人不仅能实现经济独立，减轻家庭和社会的负担，更能通过参与社会生产劳动获得社会的认同和尊重，在共同奋斗中实现共同富裕。在推动残疾人就业过程中，应当着力解决残疾人就业水平和质量较低问题，落实残疾人就业各项法律法规，优化残疾人就业创业政策和环境，提升残疾人职业素质，增强残疾人和残疾人福利企业参与市场竞争的能力，实现残疾人的高质量就业。

3.3.5 发展第三次分配，促进社会参与

第三次分配是在道德力量的作用下，通过个人收入转移和个人自愿缴纳、捐献等非强制方式再一次进行分配[45]，是由社会机制主导的资源配置活动。发展第三次分配促进共同富裕，就是要充分调动国家与市场之外的社会力量，通过社会救助、民间捐赠、慈善事业、志愿者行动等开展残疾人服务，并注重培育第三次分配所需的利他主义文化，增强第三次分配的可持续性，建立起残疾人共同富裕的社会化发展模式。

参考文献：

[1] 张志云. 唐代悲田养病坊初探 [J]. 青海社会科学, 2005 (2): 106—108.

[2] 严雄飞. 中国古代社会救助慈善思想种类及作用 [J]. 前沿, 2002 (10): 128—131.

[3] 罗财喜. 从古代残疾人法律制度审视当今残疾人保障法的完善 [J]. 吉首大学学报（社会科学版）, 2005 (4): 127—130, 134.

[4] 孙晓晖. 先秦盲人乐官制度考 [J]. 黄钟（武汉音乐学院学报）, 1996 (4): 26—30.

[5] 董才生, 接家东. 残疾人就业政策的转型历程与创新路径：以诉求变迁为视角 [J]. 残疾人研究, 2017 (3): 43—48.

[6] 姜晓星. 论我国社会政策的传统模式及其转变 [J]. 社会学研究, 1992 (1): 70—79.

[7] 宋士云. 新中国社会福利制度发展的历史考察 [J]. 中国经济史研究, 2009 (3): 56—65.

[8] 杨立雄.中国残疾人社会政策范式变迁[J].湖北社会科学,2014(11):42—47.

[9] 刘小霞.我国社会企业的历史演进及制度性角色[J].中央民族大学学报(哲学社会科学版),2013,40(6):53—60.

[10] 中共中央,国务院.关于促进残疾人事业发展的意见[J].中国残疾人,2008(5):6—9.

[11] 同[5].

[12] 吴军民.中国残疾人社会政策演进:经验、问题及下一步行动[J].理论与改革,2012(3):56—60.

[13] 厉才茂.新时代残疾人事业发展的"五个必须":深入学习习近平总书记关于残疾人事业的重要论述[J].残疾人研究,2018(4):3—10.

[14] 苏畅.马克思主义共同富裕思想与我国的实践路径研究[D].北京:中共中央党校,2018.

[15] 刘长明,周明珠.共同富裕思想探源[J].当代经济研究,2020(5):37—47+113.

[16] 毛泽东.毛泽东文集:第6卷[M].北京:人民出版社,1999:437.

[17] 邓小平.邓小平文选:第3卷[M].北京:人民出版社,1993:373.

[18] 江泽民.江泽民论社会主义市场经济[M].北京:中央文献出版社,2006:11.

[19] 江泽民.江泽民论社会主义市场经济[M].北京:中央文献出版社,2006:137.

[20] 中共中央文献研究室.十七大以来重要文献选编(上)[M].北京:中央文献出版社,2009:12.

[21] 习近平.决胜全面建成小康社会夺取新时代中国特色社会主义伟大胜利:在中国共产党第十九次全国代表大会上的报告[M].北京:人民出版社,2017:23.

[22] 新华社.习近平向2013—2022年亚太残疾人十年中期审查高级别政府间会议致贺信[N].光明日报,2017-12-01.

[23] 程淑窈.论罗尔斯"无知之幕"[J].哈尔滨师范大学社会科学学报,2019,10(3):19—22.

[24] 张雨晴.关于罗尔斯《正义论》中平等思想的现实价值[J].边缘法学论坛,2019(2):66—71.

[25] Christopher Pierson. *Beyond the Welfare State? The New Political Economy of Welfare* [M]. 2nd. Pennsylvania: The Pennsylvania State University Press, 1998:46.

[26] 吉登斯.第三条道路:社会民主主义的复兴[M].北京:北京大学出版社,2000:122.

[27] 王磊.从福利国家到社会投资国家:发展型社会政策生成机理及其运行逻辑

[J]．东岳论丛，2020，41（3）：57—65.

[28] 马歇尔，吉登斯等．公民身份与社会阶级［M］．郭忠华，刘训练，编．南京：江苏人民出版社，2008：10—11.

[29] 马歇尔，吉登斯等．公民身份与社会阶级［M］．郭忠华，刘训练，编．南京：江苏人民出版社，2008：33.

[30] 徐琳，樊友凯．赋权与脱贫：公民权理论视野下的贫困治理［J］．学习与实践，2016（12）：62—69.

[31] 国家统计局．中华人民共和国2021年国民经济和社会发展统计公报［EB/OL］．[2022-02-28]．http：//www.stats.gov.cn/tjsj/zxfb/202202/t20220227_1827960.html.

[32] 国务院．国务院关于印发"十四五"残疾人保障和发展规划的通知［EB/OL］．[2022-02-28]．http：//www.gov.cn/zhengce/content/2021-07/21/content_5626391.htm.

[33] 习近平．促进我国社会保障事业高质量发展、可持续发展［J］．先锋，2022（4）：5—8.

[34] 同［32］.

[35] 金观平．共同富裕先要共同奋斗［N］．经济日报，2021-08-05（001）.

[36] 李昀励．新阶段共同富裕的制度优势、挑战与对策［J］．学校党建与思想教育，2021（14）：88—90.

[37] 姚进忠．残疾人社会福利供给机制的家庭生态性考察［J］．中国社会工作研究，2018（2）：164—195.

[38] 厉才茂．中国特色残疾人事业的历史方位（下）：从发展的阶段特征和未来趋势来看中国特色残疾人事业的历史方位［J］．残疾人研究，2018（3）：8—17.

[39] 王思斌．我国适度普惠型社会福利制度的建构［J］．北京大学学报（哲学社会科学版），2009，46（3）：58—65.

[40] 郝景萍．残疾人就业保障金征收使用管理存在的问题及对策研究［J］．山西财税，2021（3）：44—46.

[41] 杨立雄．中国特色残疾人事业发展道路：成就与未来［J］．群言，2022（2）：37—40.

[42] 杨锃．残障者的制度与生活：从"个人模式"到"普同模式"［J］．社会，2015，35（6）：85—115.

[43] 赵森，易红郡．从个人到社会：残疾模式的理念更新与范式转换［J］．残疾人研究，2021（3）：12—22.

[44] 郭悠悠，刘林．残疾人社区康复的历史与现状［J］．中国农业大学学报（社会科学版），2011，28（1）：154—161.

[45] 厉以宁．股份制与现代市场经济［M］．南京：江苏人民出版社，1994.

论实现残疾人共同富裕的双重意蕴

邹广文　华思衡

【摘　要】实现残疾人共同富裕应当从人的二重性存在境遇加以考量，而人的二重性存在境遇决定了实现残疾人共同富裕不仅是从客体层面解决物质生活和精神生活的富裕问题，也要从主体层面对残疾人自我实现的超越性维度予以观照。从人的二重性存在境遇出发，实现残疾人共同富裕还面临着较为严峻的现实问题亟待解决。从实践路径上看，实现残疾人共同富裕需要从社会保障体系、公共服务设施、文化产品规模、文化人才队伍、就业扶持政策、残疾人价值观念等方面入手，同时也要着眼于通过各类扶持政策实现残疾人共同富裕的代际传递。

【关键词】残疾人；共同富裕；人的二重性存在；实践路径

习近平总书记指出："残疾人是一个特殊困难的群体，需要格外关心、格外关注。让广大残疾人安居乐业、衣食无忧，过上幸福美好的生活，是我们党全心全意为人民服务宗旨的重要体现，是我国社会主义制度的必然要求。"[1]因此，在实现共同富裕的过程中，残疾人共同富裕的实现也应受到格外关心、格外关注。残疾人在我国是一个数量庞大的群体，而其内部又兼具复杂性与特殊性，这就使得实现残疾人共同富裕需要作为共同富裕视阈中的一个独立问题加以深入的研究和探讨。

基金项目：北京市社会科学基金重大项目"到2035年建成社会主义文化强国研究"（21LLMLA001）
作者单位：清华大学马克思主义学院　北京　100084
作者简介：邹广文　教授　博士生导师。研究方向：马克思主义哲学、文化哲学
　　　　　华思衡　博士研究生。研究方向：马克思主义经济哲学
本文原载于《残疾人研究》杂志2022年第3期。

1. 残疾人共同富裕问题探索的哲学内涵

建成社会主义现代化强国是实现共同富裕所处的时代语境。党的十九大报告提出到 21 世纪中叶建成富强民主文明和谐美丽的社会主义现代化强国，这一战略目标决定了实现社会主义现代化是党在这一时期的主要奋斗目标，而这也同样是实现共同富裕的中心议题。现代化作为从物质文明到精神文明的全面性跃迁，是实现共同富裕的现实基础，因此我们在讨论共同富裕时，要时刻将其置于实现社会主义现代化的总体语境之中加以考量。

实现共同富裕是中国式现代化的显著标志。毫无疑问，就宏观层面而言，现代化所带来的是人类物质文明和精神文明的极大进步，但这种进步在微观层面上究竟以何种方式进行分布，是需要我们缜密思考的重要问题。习近平总书记指出："共同富裕是社会主义的本质要求，是中国式现代化的重要特征。"[2]这一论述阐明了中国在现代化进程中不仅关注社会的总体进步，而且也将个体在何种程度上受益于这种进步作为重要考量指标。因此，实现共同富裕不仅是建设社会主义现代化强国的显著标志和应有之义，而且共同富裕的实现程度也表征着社会主义现代化的实现程度。

社会弱势群体共同富裕的实现程度是衡量社会主义现代化的重要标尺。按照美国管理学家劳伦斯·彼得（Laurence J. Peter）所提出的木桶原理，一个系统的完善程度并不取决于其最优部分，而恰恰取决于其较弱部分。同理，当我们在评价社会主义现代化的实现程度时，最富裕群体的发展状况应当加以考察，因为它体现了社会主义现代化的高度，而最弱势群体的发展状况更是一项不可或缺的重要指标，因为它体现了社会主义现代化的深度和广度。从这一角度看，最弱势群体共同富裕的实现，作为社会主义现代化的"最后一块拼图"，恰恰也是现代化进程由量变到质变的重要一环。而残疾人作为最弱势群体的重要部分，其共同富裕的实现理应得到重点关注。

以残疾人为代表的最弱势群体的生存境遇始终在马克思主义理论的关照之中。尽管在马克思、恩格斯看来，实现人的自由而全面发展最终还是要通过扬弃资本主义生产关系的方式来实现，但这绝不意味着马克思和恩格斯缺乏对现时代人的生存境遇的关注。恰恰相反，他们不仅关注共产主义理想的实现路径，也着眼于当下社会生活的现实关切。如马克思所言："一个社会即使探索到了本身运动的自然规律……它还是既不能跳过也不能用法令取消自然的发展阶段。但是它能缩短和减轻分娩的痛苦。"[3]这说明马克思主义要求尊重自然规律、社会规律,不能试图跳过规律办事,但对现实的人及其生存境遇的关照则是其理论的出发点。在《哥达纲领批判》当中,马克思在探讨社会总产品的分配时,特别提出了在共产主义社会中要有"为丧失劳动能力的人等等设立基金"[4]的要求,这说明以残疾人为代表的弱势群体的生存境遇始终在马克思和恩格斯的视阈之内。

不可否认的是,马克思和恩格斯等经典作家在其著作中没有经常提及残疾人问题,但这并不代表经典作家们没有关注残疾人的生存境遇。恰恰相反,经典作家之所以没有在残疾人问题上过多着墨,正是因为在他们看来,以残疾人为代表的弱势群体同样是作为平等的社会主体而存在的。在资本主义的视阈下,残疾人因为劳动能力弱于健全人,所以在物的占有方面也少于健全人,从而造成了其在资本主义生产关系下经济地位的弱势。然而,就经典作家们的分配正义观而言,在未来的共产主义社会当中,财富的分配是以"按需分配"的方式进行的,人与人之间的禀赋固然存在差异,但是每个人的需要都能得到应有的满足,在代替了资产阶级旧社会的共产主义社会中,"每个人的自由发展是一切人的自由发展的条件"[5]。由此可见,经典作家们所谈论的人没有任何内在和外在的差别作为前提条件,而经典作家们所追求的人的权利也并非资本主义生产关系下利己式的"人权",而是使一切人都能够拥有自由而全面发展权利的普遍人权。可以说,在马克思主义的视阈下,人是大写的,人没有任何社会地位的差别,而只有自身个性的充分张扬以及人类尊严的充分彰显。

人的二重性存在境遇决定了实现残疾人共同富裕的双重意蕴。在马克思看来,人是灵与肉的二重性存在。他指出:"人双重地存在着:从主体上说作为他自身而存在着,从客体上说又存在于自己生存的这些自然无机条件中。"[6]一方面,人是自然存在物,人诞生于自然也生存于自然之中,人的身体便是离人最近的自然,这决定了人不可能脱离自然属性而存在。但是,另一方面,人又不仅仅是自然存在物,人不甘于受到外在规律的束缚,而总有一种"形上的冲动"。人生而自由,却无往不在外在规律的枷锁之中,而面对外在规律的枷锁产生的超越渴望则是人之为人尊严所在的具体体现,也是人区别于动物的重要特质。然而由于种种原因,残疾人所受到的外在束缚远多于健全人,这便使得残疾人外在束缚与内在超越性间的张力更加突出,残疾人更渴望冲破外在的枷锁,获得实现自由而全面发展的积极空间。因此,要评价一个社会在何种程度上彰显了残疾人的尊严,不仅要着眼于物质层面,更要着眼于精神层面。实现残疾人共同富裕,需要我们更加重视人的精神超越的维度。

人的此种二重性存在境遇,决定了人不仅追求物质上的充沛,更追求精神上的充盈,追求实现自我超越。残疾人作为社会的重要一员,在实现共同富裕的过程中不能仅着眼于满足其物质层面的需求,实现物质层面的共同富裕,更要着重满足残疾人精神层面的需求,实现精神层面的共同富裕。习近平总书记曾经指出:"我们说的共同富裕是全体人民共同富裕,是人民群众物质生活和精神生活都富裕。"[7]这一论述阐明了实现共同富裕的价值指向是包含着残疾人在内的全体社会成员,而实现共同富裕的价值内涵则包含了物质生活和精神生活两个层面。

同时,人的二重性存在境遇,决定了人不仅是一个满足于自然欲望的受动客体,更是追求自我实现的能动主体。马克思曾指出:"人不仅仅是自然存在物,而且是人的自然存在物,就是说,是自为地存在着的存在物,因而是类存在物。"[8]这说明,人不是一种原子式的存在,而是一种社会存在物。也就是说,人不是作为个体而生存的,而是作为"类"而生存的,人作为一种自为的存在,其超越性要通过"类"的力量来实现。"人的本质不是单个人所固有的抽象物,在其现实性上,它是一切社会关系的总和。"[9]这就决定了人一方面需要通过社会来满足自身的需求,另一方面人也需要在社会中实现自身的价值。

正因为如此,习近平总书记指出:"残疾人是社会大家庭的平等成员,是人类文明发展的一支重要力量,是坚持和发展中国特色社会主义的一支重要力量。"[10]这就要求我们在实现残疾人共同富裕的过程当中,不能仅仅将残疾人作为公共政策的受动客体,仅让其享有社会发展的积极成果,而应同样将残疾人作为经济生活、社会生活的能动主体,让残疾人"在实践中证明自己思维的真理性,即自己思维的现实性和力量"[11],让其创造社会发展的积极成果,并在此过程当中实现自身价值。

总之,一切以人民为中心是中国共产党最大的初心,也是党的理论与实践的出发点,而马克思关于人的二重性理论则不仅给予了这一理论和实践以明确的参照,更赋予了实现残疾人共同富裕问题以双重意蕴——一方面,实现残疾人共同富裕不仅要着眼于物质层面,也要着眼于精神层面;另一方面,实现残疾人共同富裕不仅要将残疾人视为社会生活的受动客体,也要将残疾人视为社会生活的能动主体，在物质与精神文明的齐头并进、主体与客体的双向互动中实现残疾人共同富裕，并以此助推建成社会主义现代化强国的伟大实践。

2. 实现残疾人共同富裕的严峻现实

我国目前有超过8500万残疾人，约占我国人口的6.34%，实现这一庞大群体的共同富裕，既是中国式现代化道路的应有之义，也是对我国社会治理体系与治理能力的重大考验。反观现实状况，真正实现残疾人共同富裕，还有许多短板需要补齐，要使残疾人共同富裕之路与社会主义现代化道路齐头并进，还有很多工作需要我们扎实推进。

当前我国社会的不平衡、不充分发展所带来的问题同样存在于实现残疾人共同富裕的实践过程中。习近平总书记在党的十九大报告中指出："中国特色社会主义进入新时代，我国社会主要矛盾已经转化为人民日益增长的美好生活需要和不平衡不充分的发展之间的矛盾。"[9] 同样，残疾人对美好生活的向往也与残疾人事业不平衡、不充分的发展之间存在着矛盾。这要求我们从不平衡不充分的发展现状入手，以人的二重性存在境遇为重要参照，着力解决残疾人事业发展中存在的不足，以推动实现残疾人共同富裕。

2.1 从物质文明层面来看，实现残疾人共同富裕还存在一些亟待解决的问题

首先，残疾人的收入普遍偏低。马克思曾将吃喝穿住等需求的满足视为第一个历史活动，以表明对人的基本需求的满足的重要性。而在当今社会，只有取得足够的收入，才能够保证自身的基本需求。据统计，2018年全国残疾人家庭人均年收入为16112.3元[13]，而同期全国居民人均可支配年收入为28228元[14]，残疾人家庭人均年收入仅为全国人均可支配收入的57.1%。实际上，与健全人相比，残疾人因为各种原因，需要更多收入才能满足自身基本生活需要，而整体相对较低的收入给残疾人实现自身基本生活需要造成了一定的困难。毫无疑问，人的基本需求的满足，是实现共同富裕的基本要求。

其次，残疾人转移性收入规模较低。在反贫困专家阿玛蒂亚·森（Amartya Sen）看来，"贫困的本质在于'可行能力'的丧失与剥夺，可行能力指个体改变自己以融入社会的最基本能力，如认知能力、判断能力、应对

挑战的能力、创新的能力等等，贫困者如不具备基本能力，其结果往往是陷入贫困泥潭而无法自拔。"[15] 残疾人由于种种原因，普遍存在"可行能力"欠缺的现象，这就使得残疾人取得工资性收入的能力相对较低，需要转移性收入加以补充。而事实上，2018 年全国残疾人家庭人均转移性年收入为 7784.4 元[16]，月均不足 700 元。可以说，我国目前对残疾人的社会保障力度仍有提升空间。

再次，残疾人间收入差距较大。统计数据表明，2018 年我国残疾人家庭人均年收入的城乡差距为 11048.4 元，按收入五等份分组残疾人家庭低收入户与高收入户的差距为 32271.7 元[17]。可以说，目前我国残疾人家庭收入的城乡差异以及高低收入差异都比较大，集中体现了当前我国发展不平衡、不充分的现实状况。

最后，无障碍设施建设规模有待扩大。不平衡、不充分的发展在无障碍设施建设方面体现得较为突出。一方面，当前我国无障碍设施建设规模不够，许多公共场所的相关配套设施还较为缺乏，这体现了无障碍设施的建设还不够充分。另一方面，当前我国无障碍设施分布较不均衡，在城市，特别是一线城市中，无障碍设施的普及率比较高，但是在三四线城市及农村地区，无障碍设施的普及率还相对较低，这体现了无障碍设施的建设还不够平衡。

总体来说，实现残疾人共同富裕，在物质层面还存在着较多问题。这主要是我国目前发展的不平衡、不充分的现实状况所导致的。但是，这种发展的不平衡和不充分性，事实上在残疾人发展事业当中体现得更为明显。这说明，从物质层面而言，实现残疾人共同富裕要从当前我国社会主要矛盾入手，解决好残疾人事业发展不平衡、不充分的问题。

2.2 就精神文明层面而言，实现残疾人共同富裕还有一些短板需要补齐

2.2.1 残疾人文化产品规模较小，质量有待提高

我国残疾人群体庞大，其中视力、听力障碍者占据了相当比例。这一部分残疾人都需要通过特殊的表达方式以达到学习、交流的目的，但是在我国，相关出版物的规模仍然比较小，种类也不够丰富。以盲文出版物为例，其在内容上"以盲人日常工作中需要的实际操作类图书为主，特别是以各类教材为主。在中国盲文出版社出版的盲文图书中，不同阶段的教材就占到盲文版总册数的 75%。休闲类、经济类、工具类的盲文版图书则十分欠缺"[18]。就数量而言，盲文出版物"每种印数最多 1000—2000 册，少则几十册，而有助

于盲人学习的盲文基础教育和职业教育教材少,更新慢"[19]。可以说,这一出版量难以满足我国 1700 万视障者的精神生活需要。同时,残疾人文化产品在质量方面同样有待提高,不少优秀文化作品没有供视力、听力障碍者所用的版本,现有的作品也存在质量参差不齐的状况。这一现状从客观上限制了残疾人对美好精神生活需要的追求,也构成了在精神文明层面实现残疾人共同富裕的显著障碍。

2.2.2 残疾人公共文化设施建设规模不足

公共文化设施是开展文化活动的重要场所,也是实现残疾人精神文明共同富裕的重要阵地。但是,从现实状况来看,当前我国残疾人公共文化设施仍然较少,难以满足残疾人的精神生活需要。具体而言,目前我国"省、地(市)、县三级公共图书馆共设立盲文及盲文有声读物阅览室 1174 个"[20],相比较之下,当前我国公共图书馆总量为 3196 家。也就是说,仅有约三分之一的公共图书馆设立了盲文及盲文有声读物阅览室。在我国公共图书馆数量整体不足的情况下,盲文及盲文有声读物阅览室更显不足。同时,可供视力、听力障碍等残疾人使用的影剧院等场所在我国同样不足。可以说,如果公共文化设施无法覆盖到残疾人,那么残疾人实际上是被排除在社会文化活动之外的,这实际上为在精神文明层面实现残疾人共同富裕造成了极大的障碍。

2.2.3 残疾人文化专业人才队伍建设有待加强

若想有数量充足、质量过关的残疾人文化产品,归根结底还要依靠一支水平过硬的残疾人文化专业人才队伍。但是,一方面,由于残疾人文化产品在创作中具有一定的特殊性,需要具有专门的职业技能,提高了专业人才的进入门槛;另一方面,由于残疾人文化产业从业人员收入普遍不高,上升渠道不够宽广,造成了专业人才发展空间受限。这一现实状况造成了文化创作者进入残疾人文化创作领域的意愿不够强。同时,残疾人自身参与残疾人文化创作领域的人员数量同样不足。残疾人是最了解自身文化需求的,想要创作出受到残疾人广泛欢迎的文化产品,还需要靠残疾人自身的力量。然而,当前我国残疾人文化艺术团体数量较少,特别是民间团体数量更有待增加。在社会主义市场经济条件下,只有充分发挥市场主体活力才能够充分满足残疾人精神生活需要,仅仅依靠官方的公益性残疾人文化艺术团体显然无法覆盖全部残疾人的精神生活需要。总体而言,残疾人文化专业人才队伍建设一方面受限于有限的发展空间,另一方面也受限于残疾人自身较弱的从业意愿和群体观念。

2.2.4 全社会的残疾人观念也亟待转变

实现残疾人的共同富裕，既需要依靠全社会的力量，也需要依靠残疾人自身的力量。但是，从观念上看，无论是在社会层面还是在残疾人自身，都需要崭新的观念来面对实现残疾人共同富裕的实践。社会层面上对残疾人的认知还存在着偏差，认为残疾人仅仅是公共福利政策的受益者，其共同富裕的实现只能通过经济发展的溢出效应来实现，甚至还存在着一些"社会达尔文主义"的观点。而残疾人自身也在一定程度上接受了社会上的普遍观点，认为自身富裕的实现需要更多地依靠外在的帮助，从而降低了自身的劳动意愿。

事实上，共同富裕的实现还是需要依靠残疾人自身的力量。实现残疾人共同富裕，不仅是实现物质和精神层面的富裕，更是实现观念层面的富裕，只有包括残疾人在内的整个社会将残疾人当作社会的平等主体，实现残疾人共同富裕的理想才能够真正照进现实。事实上，实现残疾人共同富裕关键在于主体层面。从残疾人家庭人均年收入来源构成来看，残疾人家庭人均转移性收入为 7784.4 元，而工资性收入为 5914.7 元[21]。这一数字说明，当前残疾人更多依靠各类补贴收入而非劳动收入来维持生计。在马克思看来，自由自觉的劳动是人类实现自身幸福的钥匙，人只有通过劳动才能实现自身的自由而全面的发展。残疾人若不能参与劳动，实现共同富裕的根基便不够牢固。只有通过劳动，残疾人共同富裕的实现才能够得到根本性保障和可持续发展。

总体来说，实现残疾人共同富裕，无论是在物质层面还是在精神层面都有着较为严峻的现实状况亟待改善。实现残疾人共同富裕不能仅从客体维度入手，在物质和精神层面提质增量，还要从主体维度入手，实现全社会和残疾人自身观念的变革，而重中之重在于让残疾人作为平等的社会主体参与全部社会生活。

3. 实现残疾人共同富裕的实践路径

在实现残疾人共同富裕的过程中，不能仅将实现残疾人共同富裕问题等同于在物质层面提升残疾人的社会保障力度，而要将其作为一项多层次、多维度的系统工程加以对待。从实践层面而言，实现残疾人共同富裕要着力做好以下工作。

3.1 以完善的残疾人社会保障体系确保残疾人的基本生存权利

如前所述,从物质文明层面看,目前残疾人的人均收入同我国平均水平还存在着较大的差距,而实现残疾人共同富裕则首先要从提升收入入手。虽然残疾人收入普遍较低的问题仅依靠社会保障的力量在短时间内确实无法得到根本性的解决,但是若想维护好残疾人的基本生存权利,还是需要完善的社会保障体系来兜底,使残疾人的基本生存权利得到有效保障。具体来说,要完善残疾人社会保障体系,首先要扩大残疾人保障体系规模,缩小残疾人收入同我国居民人均收入之间的差距;然后要建立完整细致的残疾人生存状况台账,针对残疾人自身及其家庭状况采取保障措施,实现精准助残。

3.2 以均等化的残疾人基本公共服务来保障残疾人更便捷的生活

从物质文明层面来看,除收入之外,残疾人公共服务的不足同样是实现残疾人共同富裕的重要障碍。当前我国残疾人公共服务同样存在着不平衡、不充分的状况。一方面,残疾人公共服务总体规模不足,难以保证残疾人的日常生活需要;另一方面,残疾人公共服务建设多集中在发达地区,而不少偏远地区及农村地区则少有残疾人公共服务布局。在谈到共同富裕问题时,习近平总书记特别强调了实现基本公共服务均等化是推动实现共同富裕的重要内容之一[22]。因此,在实现残疾人共同富裕的过程中,实现残疾人基本公共服务均等化同样是重要任务。具体而言,要实现残疾人基本公共服务均等化,首先要扩大投入力度,解决残疾人基本公共服务总量不足的问题,特别要加大在偏远地区以及农村地区的投入,以改善当前残疾人公共服务分布不平衡的现状;其次要建立长效保障机制,确保残疾人基本公共服务能够长期有效运行,以避免因后期投入不足造成相关设施、服务废弃的情况发生;最后还要根据不同地区残疾人的不同状况灵活调整残疾人基本公共服务建设方向,以使其能够真正惠及更多的残疾人。

3.3 以丰富的残疾人文化产品来改善残疾人精神生活相对匮乏的窘境

从精神文明层面看,文化产品数量不足、质量参差不齐,使得残疾人出现了精神生活相对匮乏的窘迫状况。在谈到共同富裕问题时,习近平总书记曾特别提到了精神生活的共同富裕。这说明在实现残疾人共同富裕的过程中,实现精神生活的共同富裕是一个重点问题。从具体实践层面来看，要以丰富的残疾人文化产品来改善残疾人精神生活相对匮乏的窘境，首先要扩大公共财政投入，丰富残疾人文化产品的种类以及发行数量，保障残疾人基本精神生活需要；其次要激发市场主体活力，通过补贴、税收减免等方式，鼓励市场主体进入残疾人文化产业，实现政府、市场主体与残疾人三方的良性互动，丰富残疾人文化产品创作渠道，提高残疾人文化产品质量；再次要善用以《马拉喀什条约》为代表的为残疾人提供便利的各类文件，将更多来自国外的优秀作品引进来，扩大我国残疾人文化产品的供给量，并推动我国优秀作品走出去，为世界残疾人事业贡献中国力量。

3.4 以强大的残疾人文化专业人才队伍来不断扩大残疾人文化产品的供给

残疾人在精神层面面临窘迫境遇的根本原因在于文化专业人才队伍规模不足且无法吸引到足够多的人才。人是文化产品的创造者，只有拥有了规模与质量兼备的文化专业人才队伍才能创造出足够多可以满足残疾人精神生活需要的产品。文化诞生于人同时也塑造着人，残疾人的文化产品不能仅仅依靠他人来创造，更要依靠自身的力量创造。就实践路径而言，要建设强大的残疾人文化专业人才队伍，首先要提高残疾人文化专业人才收入，以吸引更多人才参与残疾人文化事业；其次要拓宽残疾人文化人才上升渠道，以留住更多人才在残疾人文化领域长期发展；同时也要鼓励更多残疾人参与残疾人文化事业，因为残疾人最了解自身所需所想，更能创造出符合自身需要的优质文化产品。

3.5 以崭新的残疾人价值观念赋予残疾人平等的社会主体地位

目前在社会上对残疾人存在着不少偏见，同时存在着"包括残疾人在内的弱势群体自我发展能力不足，弱势群体的福利依赖和长期形成的贫困文化难以扭转"[23]的现实状况。实现残疾人共同富裕，除了需要在物质和精神层面用力，丰富残疾人的物质、精神生活，也同样需要使残疾人作为平等的社会主体参与社会生活的方方面面。具体而言，一方面要实现全社会的观念变革，将残疾人视为平等社会主体而非单纯的社会公共政策的受益对象；另一方面，残疾人要摆脱对自身"弱势"的认知，将自身视为平等社会主体，摆脱长期形成的贫困文化的束缚。人是社会存在物，不仅要追求物质和精神生活的丰沛，同样也要追求社会认同与自我价值的实现。因此，实现残疾人价值观念的变革，赋予残疾人平等的社会主体地位，对于实现残疾人共同富裕尤为重要。

3.6 以积极的残疾人创业就业扶持政策来推动残疾人实现全面发展

实现残疾人共同富裕需要观念上的变革，但是依据马克思历史唯物主义的观点，在经济基础与上层建筑的双向互动关系中，经济基础具有决定性作用。依据此观点，要实现残疾人价值观念的变革，还是需要依靠残疾人经济地位的提升。残疾人价值观念的变革与残疾人经济地位的提升看似一个一而二、二而一的问题，但实际上，劳动是破解这一逻辑循环的钥匙。在马克思看来，人是通过劳动来确证自己的本质的，劳动是人实现自由而全面发展的桥梁。因此，实现残疾人共同富裕的根本在于让残疾人参与劳动。事实上，由于现代化进程的逐步深入，脑力劳动在生产中发挥着越来越重要的作用。在黑格尔看来，"一个人在特定的环境内，若欲有所成就，他必须专注于一事，而不可分散他的精力于多方面"[24]。残疾人由于自身原因，在很多方面都受到了限制，但从客观上说，这更有利于其"专注于一事"。从这一角度来看，残疾人比健全人更能适应脑力劳动的需要。因此，残疾便等于丧失劳动能力的陈旧观念应当摒弃，残疾人应当更多地参与劳动。所以，在实践层面应该给予残疾人创业更多的政策帮扶，同时也要鼓励残疾人就业，并对雇用残疾人的企业给予相应的政策鼓励，为残疾人创造更多的就业机会。只有残疾人充分参与生产活动，其经济地位才能彻底提高，其价值观念才能根本转变，其实现共同富裕才有更加坚实的保障。

3.7 以全面的残疾人教育制度保证共同富裕的长期实现

教育是实现残疾人共同富裕的重要切入点，也是共同富裕长期实现的重要保障。一方面，教育是实现精神文明共同富裕最重要的抓手；另一方面，教育也有助于培养更为全面的劳动者，有助于物质文明共同富裕的实现。从具体实践角度来说，首先要做到残疾人群体义务教育的全覆盖，保证每位残疾人及其子女都能够接受高质量的基础教育；其次要扩大残疾人群体高等教育入学规模，保证有更多的残疾人及其子女能够接受更高质量的高等教育；再次要加强残疾人职业教育建设，保证残疾人群体能够更加充分地参与社会劳动,以此实现自身价值;同时还要深入开展残疾人教育的相关研究工作,残疾人群体的教育有其特殊性,这就需要深入开展相关研究工作;最后要实现残疾人终身教育,保证残疾人群体在物质文明和精神文明层面都能够把握时代方向,紧跟时代需要。

3.8 以精准的残疾人后代优惠政策来实现共同富裕的代际传递

关于实现残疾人共同富裕的问题要以动态的视角来看待,不能仅着眼于残疾人自身的共同富裕问题,更要解决残疾人后代的共同富裕问题,处理好残疾人后代的先发劣势问题,阻断残疾所带来的贫困的代际传递。具体来说,制定残疾人后代优惠政策要摸排了解残疾人家庭具体状况。残疾状况不一定会遗传给后代,因此对于不同的残疾人家庭状况要给予不同的优惠措施。对于残疾人家庭的健全子女,应当在升学考试以及就业中给予与其家庭状况相应的优惠政策,而对于不幸遗传父母残疾的后代则要以更大力度、更加全面的补贴和优惠政策阻断残疾导致的贫困的代际传递,确保残疾人后代同样能够享受到共同富裕的积极成果。

总而言之,实现残疾人共同富裕是一项系统性工程,具有长期性特征。一方面,实现残疾人共同富裕需要从物质和精神、客体与主体等方面加以考量,既需要依靠残疾人自身的力量来推动,也需要依靠整个社会实现现实与观念上的变革来促进,这就使得实现残疾人共同富裕成为一项系统性工程。另一方面,在当今世界,资本主义生产关系仍在全球范围内占据主导地位,导致贫富差距问题仍是一个长期性的问题。贫富差距问题的长期性也导致了实现残疾人共同富裕问题的长期性。在此意义上,实现残疾人共同富裕任重道远。

参考文献:

[1] 习近平致信祝贺中国残疾人福利基金会成立30周年[N]. 人民日报,2014-03-22(01).

[2] 习近平. 扎实推动共同富裕[N]. 人民日报,2021-10-16(01).

[3] 马克思,恩格斯. 马克思恩格斯文集:第5卷[M]. 中共中央马克思恩格斯列宁斯大林著作编译局,译. 北京:人民出版社,2009:9—10.

[4] 马克思,恩格斯. 马克思恩格斯文集:第3卷[M]. 中共中央马克思恩格斯列宁斯大林著作编译局,译. 北京:人民出版社,2009:433.

[5] 马克思,恩格斯. 马克思恩格斯文集:第2卷[M]. 中共中央马克思恩格斯列

宁斯大林著作编译局,译.北京:人民出版社,2009:53.

［6］马克思,恩格斯.马克思恩格斯文集:第8卷［M］.中共中央马克思恩格斯列宁斯大林著作编译局,译.北京:人民出版社,2009:142.

［7］同［2］.

［8］马克思,恩格斯.马克思恩格斯文集:第1卷［M］.中共中央马克思恩格斯列宁斯大林著作编译局,译.北京:人民出版社,2009:211.

［9］同［8］501.

［10］习近平.更加勇敢地迎接生活挑战更加坚强地为实现梦想努力［N］.人民日报,2014-5-17（01）.

［11］同［8］500.

［12］习近平.决胜全面建成小康社会夺取新时代中国特色社会主义伟大胜利:在中国共产党第十九次全国代表大会上的报告［N］.人民日报,2017-10-28（01）.

［13］厉才茂,冯善伟,杨亚亚,等.2019年全国残疾人家庭收入状况调查报告［J］.残疾人研究,2020（2）:75—81.

［14］中华人民共和国2018年国民经济和社会发展统计公报［J］.中国统计,2019（3）:8—22.

［15］骆岭楠,唐大程."后扶贫时代"贫困边缘群体的困境与扶持路径思考［J］.社科纵横,2020,35（11）:81—85.

［16］同［13］.

［17］同［13］.

［18］杨昆.《马拉喀什条约》背景下我国无障碍出版物的发展［J］.出版参考,2022（04）:5—9+14.

［19］侯耀东.加强盲文出版专业人才队伍建设研究［J］.残疾人研究,2022（1）:72—76.

［20］朱永新:进一步促进盲文书籍的出版和丰富［N］.人民日报,2021-07-20（7）.

［21］同［13］.

［22］同［2］.

［23］张九童,张梦欣,厉才茂.残疾人共同富裕研究:理论视域与未来指向［J］.残疾人研究,2022（1）:4—16.

［24］黑格尔.小逻辑［M］.贺麟,译.北京:商务印书馆,1980:174.

迈向整体性治理：
残疾人实现共同富裕的制度逻辑与现实路径

朱健刚[1]　严国威[2]

【摘　要】新中国成立以来，我国残疾人群体的利益诉求正从底线型向发展型转变，残疾人群体实现共同富裕成为我国残疾人事业发展的全新挑战和重大机遇。整体来看，我国促进残疾人共同富裕的制度逻辑和实践路径围绕着保障基本生活、维护公民权利、促进社会融合、提升可行能力四个层面逐步推进，并最终指向实现残疾人的全面发展。本文认为，保障残疾人权利平等、机会均等地参与经济社会的高质量发展并共享发展成果是当前我国残疾人群体走向共同富裕的核心内容，其中的关键环节应当是以整体主义视角来持续增强残疾人实现共同富裕的可行能力。为此，我国残疾人事业应该从自成一系迈向整体性治理。针对当前我国残疾人事业面临的体制机制障碍，本文认为应当从观念基础、领导体制、社会参与、新技术应用等方面持续推进整体性治理体系建设。

【关键词】残疾人；共同富裕；整体性治理

党的二十大报告指出要把实现人民对美好生活的向往作为中国式现代化建设的出发点和落脚点，而实现共同富裕是中国式现代化的重要特征。为此，

基金项目：国家社科基金重大项目"残疾人社会组织活力的社会机制研究"（21 & ZD182）

作者单位：1. 南开大学残疾人事业发展研究中心　天津　300072

2. 中山大学残疾人事业发展研究中心　广东省残疾人事业发展研究会　广州　510275

作者简介：朱健刚　教授　博士生导师。主要研究方向：公益慈善、社区发展、残疾人社会政策

严国威　秘书长。主要研究方向：社会组织、残疾人社会政策

本文原载于《残疾人研究》杂志2022年第4期。

二十大报告提出将完善分配制度、实施就业优先战略、健全社会保障体系、推进健康中国建设以及增强公共服务的均衡性和可及性，作为扎实推进共同富裕的重要制度举措。这其中，完善残疾人社会保障制度和关爱服务体系，促进残疾人事业全面发展，成为衡量我国共同富裕水平的重要尺度。新中国成立以来，我国残疾人群体的利益诉求正从底线型向发展型转变。当下及未来一段时期，残疾人群体实现共同富裕成为中国残疾人事业发展的核心主线。中国残疾人事业在七十余年的发展历程中，逐步从慈善驱动的临时性救济转向权利为本的制度化保障[1]，从保障残疾人基本生活转向促进残疾人全面发展[2]，从残疾人工作自成一系转向残疾人事业全面融入国家发展大局[3]，这也昭示着我国促进残疾人共同富裕的制度逻辑必将从分散走向整合。但同时，我国残疾人事业发展依然不平衡不充分，残疾人社会保障和公共服务中碎片化治理的问题也仍旧存在。本文首先阐释残疾人实现共同富裕的基本内涵，然后梳理我国促进残疾人共同富裕的制度实践，在此基础上进一步讨论其背后的观念变迁，进而指出当前制约我国残疾人实现共同富裕的体制机制障碍，并基于整体性治理的理论视角提出相关对策建议。

1. 残疾人共同富裕的基本内涵

当前，国内学术界关于残疾人共同富裕的讨论层出不穷，对其基本内涵大体形成了如下共识：

一是国民经济实现高质量发展，让残疾人共同富裕的物质基础更加殷实。国民经济发展到能够保障残疾人的物质丰富、精神富足和生活宽裕，这是残疾人实现共同富裕的首要前提。郁建兴和任杰将发展性、共享性、可持续性视为实现共同富裕的三个关键元素，其中的发展性就是指经济总量增强并为社会福利分配提供财税保障[4]。何文炯和潘旭华认为促进经济发展和做好风险管理是实现共同富裕的两项核心工作，而不断优化资源配置、持续增加社会财富最为基础[5]。

二是收入分配制度协调配套，让残疾人生活状况与社会平均水平的差距显著缩小。在经济实现高质量发展的基础上构建初次分配、再分配、三次分配协调配套的基础性制度安排，充分彰显公平正义，是促进残疾人共同富裕的核心举措。因而，学者们将为残疾人提供基本保障并有效缩小与其他群体之间的收入差距，做好经济发展中的风险管理，作为共同富裕的基础性制度建设的重要方向[6]。

三是基本公共服务公平可及，让残疾人实现共同富裕的可行能力持续增强。残疾人共同富裕不应单纯依赖政府福利和公益慈善，更要着力促进基本公共服务均等化，实现包括残疾人在内的全体人民机会均等、健康公平和全面发展[7]，从客观环境和主观能动性两方面提升残疾人实现共同富裕的可行能力。因而，有学者将共同富裕诠释为通过补偿和矫正某些制度性因素导致的不平等，让全体人民有机会、有能力均等地参与经济社会高质量发展并且共享发展成果[8]。付鹏伟和葛忠明主张在迈向全体人民共同富裕的道路上探讨残疾人社会福利应当聚焦生产力和生产关系的变革，而其中的重点是促进残疾人的全面解放[9]。关信平将去障碍作为增强残疾人实现共同富裕的可行能力的基本路径，而提高基本公共服务均等化水平、加强残疾人能力建设是其主要着力点[10]。

由上述内容可见，残疾人共同富裕是一项复杂的系统工程，涉及了经济、政治、社会、文化等多方面国家基本制度。更为重要的是，在对美好生活的向往上，广大残疾人的利益诉求正在从保障基本生活的底线型诉求转向谋求全面发展的发展型诉求。这决定了促进残疾人共同富裕的制度实践必须妥善处理好残疾人的多层次需求。可以说，残疾人实现共同富裕的核心内容就是保障残疾人权利平等、机会均等地参与经济社会高质量发展并共享发展成果，从而将残疾人生活状况与社会平均水平的差距缩小至合理区间；其关键环节是推动基本公共服务均等化，从整体主义视角持续增强残疾人实现共同富裕的可行能力。这也要求残疾人治理深度融入国家发展大局，迈向整体性治理的新道路。

2. 残疾人共同富裕的制度实践

强调基本公共服务的均等化，增强残疾人实现全面发展和共同富裕的可行能力，是中国残疾人事业发展的时代要求。新中国成立以来，残疾人群体的利益诉求逐渐从底线型向发展型转变，我国残疾人社会福利制度的目标定位也从国家本位逐渐转向需求本位[11]。大体来说，我国促进残疾人共同富裕的制度实践正围绕着保障基本生活、维护公民权利、促进社会融合、提升可行能力四个层面逐步推进，并最终指向推动残疾人全面发展。

2.1 以社会保障体系建设保障残疾人基本生活

生存权和发展权是首要的基本人权，兜底保障残疾人基本民生也就成为残疾人实现共同富裕的先决条件。随着近代中国逐步确立起现代国家制度，传统的以善会善堂救济和官商临时赈济为主要形式的残疾人慈善救济逐渐向近代社会福利转型，由西方传教士、本土实业家及地方政府举办的救济院、麻风病院、教养工厂、特教学校等社会福利机构在保障残疾人基本生活方面发挥了重要作用[12]。新中国成立初期，伤残军人安置问题则加快推动我国建立了残疾人社会救济制度。例如，新中国成立前夕通过的具有临时宪法性质的《中国人民政治协商会议共同纲领》和新中国成立初期颁布的《革命残废军人优待抚恤暂行条例》等法律法规，均明确规定政府应当帮助参加革命战争的残疾军人谋生立业。国家通过改造和新建各类社会福利机构，集中收养或安置无依无靠的重度残疾人、残疾孤儿、残疾老人、精神残疾人和残疾军人。符合条件的农村残疾人则由人民公社等集体经济组织给予"五保"待遇，并在生产和生活方面给予适当照顾。

在改革开放前，我国保障残疾人基本生活最主要的载体是各类社会福利机构，因而残疾人社会福利的相关制度实践被学者概括为"居养型"社会福利政策[13]。相关制度实践侧重于通过各类补缺性和临时性的社会救助措施来兜底保障残疾人的基本生活，却忽视了残疾人的更多的经济性和服务性需求[14]。虽然福利工厂以集中就业的方式保障了残疾人的劳动就业权，特教学校以集中就读的方式保障了残疾人的受教育权，在一定程度上提升了残疾人的生存能力，但是这种集中居养于社会福利机构或者封闭性家庭的社会福利模式往往导致残疾人被隔离于社会之外。

改革开放以来，建立和完善多层次的残疾人社会保障体系成为我国残疾人事业发展的主线，残疾人及其家庭逐步享有更多元更高质量的社会救助、社会福利和社会保险待遇。在社会救助方面，我国按照"普惠+特惠"的原则，将符合条件的残疾人和残疾人家庭全部纳入最低生活保障或特困人员救助供养范围，并在医疗救助、急难救助以及基本住房保障等方面给予政策倾斜。在社会福利方面，我国在2015年全面建立困难残疾人生活补贴和重度残疾人护理补贴制度，这成为国家层面首个残疾人专项福利补贴。在社会保险方面，国家对重度残疾人参加城乡居民基本养老保险和医疗保险提供个人缴费资助，并对残疾人个体工商户和安置残疾人就业单位的社会保险进行补贴，部分城市试点推进长期护理保险制度并积极探索残疾人意外伤害保险等商业保险制度。全面建成小康社会、决胜脱贫攻坚以及乡村振兴等国家战略的部署实施，更推动了我国残疾人社会保障体系建设向纵深化发展，并将加强残疾人基本民生兜底保障纳入国家发展大局，在制度设计、政策安排、项目实施上给予重点支持。

2.2 以权益保障体系建设维护残疾人公民权利

残疾人共同富裕显然不能停留于基本民生兜底保障层面，其核心内容应当指向保障残疾人权利平等、机会均等地参与经济社会的高质量发展并共享发展成果，而这离不开残疾人公民权利等基础性权利的建构。确立和维护残疾人的公民权利不仅将促进残疾人共同富裕的相关举措纳入制度化和法治化的发展轨道，更是将残疾人共同富裕从传统的慈善救济上升为普遍意义上的公民权利，由此推动残疾人从被动接受转向主动享有。

改革开放以来，随着人道主义被确立为残疾人事业发展的理论基础，社会权利模式和整合模式等现代残障观念也开始为各方所接受，残疾人权益保障体系建设逐步加快，残疾人共同富裕的制度逻辑从慈善观念主导的社会救济转向人道主义主导的权益保障。1982 年修改的《中华人民共和国宪法》首次将国家和社会保障残疾军人生活，帮助安排残疾公民劳动、生活和教育纳入公民基本权利范畴。1990 年出台的《中华人民共和国残疾人保障法》明确规定残疾人在政治、经济、文化、社会和家庭生活等方面享有同其他公民平等的权利，推动中国残疾人事业驶入了依法发展的快车道。自此之后，我国逐步形成了以《中华人民共和国宪法》为核心，以《中华人民共和国残疾人保障法》为主干，以《残疾预防和残疾人康复条例》《残疾人教育条例》《残疾人就业条例》《无障碍环境建设条例》等为重要支撑的残疾人权益保障法律法规体系。2007 年，我国政府签署了联合国《残疾人权利公约》，将促进残疾人充分和平等地享有一切人权和基本自由的发展目标融入我国残疾人权益保障体系建设之中。

在此过程中，我国残疾人事业从临时性社会救助发展为综合性社会事业，从自成一系转向融入国家发展大局。这表现在三个方面：一是加快推进了残疾人组织体系建设。1988 年，中国残疾人福利基金会、中国盲人聋哑人协会和联合国残疾人十年中国组织委员会秘书处合并组建中国残疾人联合会，拉开了我国推进省市区（县）三级残疾人组织建设的序幕。二是高规格编制了残疾人事业发展规划。1991 年，国务院批转国家计委（现国家发展改革委）、中国残联等 16 个部门制定的《中国残疾人事业"八五"计划纲要（1991—1995 年）》，将残疾人事业从社会救助拓展至包含康复、教育、就业、社会保障、权益保障、文化体育、无障碍环境建设等领域的综合性社会事业。此后每五年都会编制事业发展规划。三是加快完善了残疾人事业领导机制。1993 年，国务院残疾人工作协调委员会正式成立并在 2006 年更名为国务院残疾人工作委员会，全国县级以上人民政府也完成同级配置。残疾人工作委员会在法律上被确立为政府部门之间协调解决残疾人工作中重大问题的领导机构，这一部门设置进一步将残疾人事业纳入政府职责并融入国家发展大局。

2.3 以社会支持体系建设促进残疾人社会融合

社会融合是残疾人与其他公民共建共享经济社会高质量发展的本质要求，也是残疾人实现共同富裕的必经之路。在推进残疾人社会保障体系和权益保障体系建设的同时，我国逐步树立了以"平等、参与、共享"为内核的残疾人社会融合理念，着力为残疾人参与社会发展创造便利化条件和友好型环境。

在共同富裕的背景下，促进残疾人就业被视为残疾人实现社会融合的主要目标和途径。随着残疾人的社会保障权、劳动就业权和基本康复权等基本权益被正式确立，缩小残疾人生活状况与社会平均水平的差距不再仅仅依靠单向度的社会救济，各类融合社会保障权和劳动就业权的多种形式的就业增收机制成为促进残疾人共同富裕的重要路径。2015 年中共中央、国务院印发《关于打赢脱贫攻坚战的决定》，国务院印发《关于加快推进残疾人小康进程的意见》，将残疾人扶贫纳入国家精准扶贫战略，推动残疾人和全国人民共同迈入全面小康社会。2016 年，国务院印发的《"十三五"加快残疾人小康进程规划纲要》首次将"残疾人家庭收入增长率"列为五年规划核心指标之首。2018 年，全国残疾人家庭收入状况调查制度正式建立，为促进残疾人就业增收提供了基础支撑。为适应经济社会的转型发展，以及残疾人多层次的就业与康复需求，我国残疾人就业模式日益多元，集中就业、分散按比例就业、灵活就业和自主创业并存的残疾人多元化就业格局初步完善。随着传统的福利工厂逐步从行政导向的"事业"转型为市场导向的"企业"，旨在促进残疾人社会融合的工作整合型社会企业逐步兴起，政府和社会力量积极通过各种举措促进残疾人参与市场竞争，残疾人就业支持的重心从以庇护性就业为导向的集中就业逐步转向以支持性就业为导向的融合就业。

受到社会融合理念的影响，社区康复、融合教育等残疾人社会政策也迅速发展。在残疾人康复方面，随着《残疾预防和残疾人康复条例》《残疾人社区康复工作标准》等法规政策的出台，整合基层卫生医疗机构、基层民政部门、基层残疾人组织、社区两委、社会组织、残疾人家属等多元力量的社区康复服务，被正式确立为残疾人康复服务体系的重要组成部分。不同于传统的医学康复，社区康复以残疾人社会融合为最高目标，强调社区在残疾人发展中的基础作用[15]。在残疾人教育方面，以"完全接纳"为内核的融合教育理念成为我国特殊教育的主导理论，随班就读为残疾儿童少年进入普通学校接受义务教育开辟了新途径，并逐渐发展成为我国特殊教育的主体形式[16]。2014 年颁布的《特殊教育提升计划（2014—2016 年）》首次在国家政策文件中使用"全纳教育"一词，2017 年修订的《残疾人教育条例》明确规定积极推进融合教育，将公平融合确立为我国残疾人教育发展的重要方向。

当前我国形成了党委领导、政府负责、社会参与、残疾人组织充分发挥作用的残疾人工作体制，扶残助残社会风尚基本形成。我们由此看到，残疾人群体与社会建立起了更多联结，由社区邻里、基层残联、社会组织等多元力量所组成的残疾人社会支持网络开始发展起来。在促进残疾人社会融合的过程中，老龄协会、残疾人专门协会、残疾人福利基金会、助残社会组织、慈善组织等社会组织结合各自优势，在筹集慈善资源、提供专业服务、搭建信息平台、参与政策制定、维护合法权益、推进社会倡导等方面发挥了积极作用。随着残疾人的社会保障体系和社会支持体系建设逐步加快，残疾人在教育、劳动就业、文化体育、婚姻家庭等方面的社会融合水平得到显著提升。与此同时，赋权增能、分配正义等残疾人发展性需求也开始受到各方关注，积极塑造着我国促进残疾人共同富裕的制度逻辑。

2.4 以公共服务体系建设提升残疾人可行能力

促进残疾人全面发展和共同富裕被确立为"十四五"时期残疾人保障和发展的主线，保障残疾人平等权利、增进残疾人的民生福祉、增强残疾人自我发展能力成为其重要内容。在党中央和国务院做出支持浙江高质量发展建设共同富裕示范区的重大战略决策部署后，中国残联发文支持浙江先试先行，为促进残疾人共同富裕提供省域范例。在此背景下，通过完善残疾人公共服务体系，为提升残疾人实现共同富裕的可行能力提供制度性补偿，将是我国残疾人事业发展的重中之重，同时也构成了我国促进残疾人共同富裕的关键环节。整体来看，增强残疾人自我发展能力的核心是回归整体主义，从客观环境和主观能动性两方面持续提升残疾人的可行能力。

自从党的十六届六中全会提出推进基本公共服务均等化以来，我国残疾人公共服务体系建设逐步加快，成为增强残疾人可行能力的重要路径。2008年修订的《中华人民共和国残疾人保障法》新增了"社会保障"和"无障碍环境"两个专章，以更好地保障残疾人平等地充分参与社会生活。在继2012年国务院颁布《无障碍环境建设条例》之后，《无障碍环境建设法（草案）》于2022年提请全国人大常委会初次审议，这是我国首次就无障碍环境建设制定专门性法律。2010年，我国正式将残疾人社会保障体系和服务体系建设纳入国家总体规划并予以优先发展，为残疾人权利平等、机会均等地参与社会生活提供了基础保障。"十二五"和"十三五"时期国家基本公共服务规划均设置了残疾人基本公共服务专章，"十四五"时期国家公共服务规划在推进基本公共服务均等化的同时要求扩大普惠性非基本公共服务供给，为未来一段时期我国残疾人公共服务体系建设提供了战略指引。

我国残疾人公共服务体系建设在强化政府部门的基本公共服务兜底保障职责的同时，大力支持市场主体和社会组织参与基本公共服务供给并在普惠性非基本公共服务供给中发挥主体性作用，同时调动残疾人家庭自我服务的积极性，这成为在残疾人迈向共同富裕的道路上推进整体性治理的生动呈现。2008年中共中央、国务院印发的《关于促进残疾人事业发展的意见》首次提出"政府主导、社会参与，国家扶持、市场推动"的残疾人事业发展原则，2014年中国残疾人联合会、民政部印发的《关于促进助残社会组织发展的指导意见》则首次在部委层面对培育发展助残社会组织进行了专项部署。2016年，中共中央办公厅、国务院办公厅印发的《关于改革社会组织管理制度促进社会组织健康有序发展的意见》将提供助残等公益服务的公益慈善类社会组织列为重点培育、优先发展的四类社会组织之一，实施直接登记制度。随着当前我国加快推进国家治理体系和治理能力现代化以及将第三次分配政策纳入基础性制度安排，为助残社会组织提供残疾人服务、增进残疾人福利、促进残疾人平等参与社会生活和共享社会发展成果创造了前所未有的重大历史机遇。

总体而言，改革开放以来，我国残疾人社会福利制度的底层逻辑出现了发展性福利和整体性治理的转向，超越了政府部门的大包大揽和分部式管理以及传统的单向度福利供给。残疾人事业更加彰显包容性、发展性、整体性治理的特征。当下围绕着共同富裕,中国残疾人事业正迈向一个整体性治理的新阶段。

这里,值得说明的是:中国特色残疾人事业发展实践路径的变迁也是一个观念变迁的过程,即人们在认识残疾人和对待残疾人的问题上发生了从传统观念向现代观念的根本转变[17]。20 世纪中叶以来,随着残障研究的兴起,西方学术界理解残障的理论模式几经嬗变,深刻影响了社会公众的残障观念以及政府部门的制度实践。我国残疾人事业迈向整体性治理,折射出的恰恰是残障研究范式从个体主义向整体主义的转移。

国内外的残障研究主要受"社会融合"和"普同权利"两大范式影响。社会融合范式强调残疾人的特殊性,主要从残疾人个体的生物 - 心理机能和残疾人群体所处的社会政治经济环境来理解残障的形成过程以及消除障碍的可能路径。它侧重于倡导社会各界理解和包容作为社会少数群体的残疾人以实现残疾人的社会融合,主要理论模式包括医学模式、社会模式和整合模式。普同权利范式则认为每个人在生命历程的某一阶段都有遭遇障碍的风险,力图从社会权利和生命历程等理论视角,消解社会各界对残疾人作为社会少数群体的刻板印象和权利不对等格局。该范式将残疾人从社会少数群体拓展到普遍意义上的社会公民,将构建无障碍社会视为包括残疾人在内全体公民的一种基本社会权利和健康风险管理,形成了残障研究中的社会权利模式和普同模式。如果说社会融合范式是从消除残疾人歧视的角度增进社会的包容性的话,那么普同权利范式则是从消解残疾人概念的角度推进全民健康风险管理。这种理解残障的整体主义视角,在推进残疾人事业现代化、构建全民健康治理体系的当下颇具启发意义,也应当成为促进残疾人共同富裕的重要观念基础。

3. 制约残疾人共同富裕的现实挑战

在上述实践和思潮的影响下,需要认识到残疾人实现共同富裕仍然面临诸多体制和机制障碍,主要包括:

3.1 残疾人基本生活水平仍然显著滞后于全国社会经济发展总体水平,残疾人就业增收面临结构性挑战

全国残疾人家庭收入状况调查显示,残疾人家庭人均年收入始终只有社

会平均水平的50%—60%，其中工资性收入和财产性收入分别仅占社会平均水平的35%—40%和14%—19%，而转移性收入为社会平均水平的1.5—1.7倍。这说明当前我国残疾人就业增收水平总体偏低，并且过度依赖城乡居民最低生活保障、困难残疾人生活补贴和重度残疾人护理补贴等残疾人社会保障措施[18]。与此同时，受到社会观念、经济下行以及新冠肺炎疫情等多重因素的叠加影响，当前残疾人劳动权益受侵害现象依然时有发生。适合残疾人特点的就业岗位开发较少，在岗残疾人待遇偏低且相当一部分人处于不稳定状态。残疾人就业保障金的制度效用出现异化，企业内部残疾人就业挂靠现象屡见不鲜，部分党政机关、事业单位、国有企业也未能带头落实按比例安排残疾人就业的职责，这直接导致我国加快出台了《机关、事业单位、国有企业带头安排残疾人就业办法》《关于完善残疾人就业保障金制度更好促进残疾人就业的总体方案》等相关政策法规。

3.2 残疾人基本公共服务不平衡不充分，残疾人实现共同富裕的可行能力提升水平受限

建立健全多层次全周期的残疾人公共服务体系是增强残疾人实现共同富裕的可行能力的重要制度举措，但是当前我国残疾人公共服务体系建设依然面临诸多短板，承载能力、服务内容及服务标准与残疾人多层次、个性化需求之间存在较大差距。受到资源配置不足、队伍建设滞后、专业基础薄弱以及发展理念陈旧等多方面因素的影响，康复服务、托养照护、融合教育、支持性就业、文化体育生活、无障碍环境建设等残疾人基本公共服务尚不能完全满足目标人群的需求。这其中，城乡之间、区域之间残疾人基本公共服务不平衡不充分的问题表现得更为明显，经济欠发达地区尤其是农村地区的残疾人服务能力较为薄弱，成为制约残疾人实现共同富裕的关键环节。与此同时，当前我国残疾人服务业的产业化建设水平总体偏低，尚未形成高效的开发、设计、制造、销售全链条，残疾人非基本公共服务尤其是更高层次的生活服务难以得到有效满足。

3.3 残疾人共同富裕的整体性治理机制有待继续完善，残疾人共同富裕的社会基础较为薄弱

这首先表现为地方政府残疾人工作委员会的统筹协调作用还未能充分发挥，同级政府相关职能部门与残疾人联合会的协同治理效能较为有限，尤其在残疾预防与康复、社会保障、无障碍环境建设、文化体育服务等方面缺乏

更为常态和高效的数据共享和工作协同机制。其次是残疾人社会组织总体规模和发展水平较为有限。慈善事业在促进残疾人共同富裕中更好发挥第三次分配作用的基础制度建设尚未正式落地，疫情期间残疾人社会组织纾困帮扶政策也未能全面铺开，部分残疾人社会组织的生存举步维艰。残疾人社会组织内部就业辅导员的基础保障和能力建设尚处于起步阶段，工作整合型社会企业的资质认定和配套保障措施同样不够健全[19]，残疾人支持性就业的发展相对滞后。此外，残疾人专门协会和基层残疾人组织在内部治理、人才培养、能力提升、经费保障等方面面临较大挑战，残联系统的群团改革工作也有待进一步扎实推进。最后是社会公众甚至残疾人家属对残疾人全面发展的偏见根深蒂固，残疾人支持性就业和融合教育中依然存在不少家长式作风，阻碍了残疾人的自主表达和自主选择。

4. 促进残疾人共同富裕的对策建议

针对我国残疾人共同富裕所面临的现实挑战，中国残疾人事业亟须综合上述残疾人事业发展的不同层面和维度，实现整体性治理。整体性治理理论是 21 世纪初叶由希克斯等学者提出的新理论。它被认为是继传统官僚体制、新公共管理之后公共行政学的第三波典范[20]，旨在回应新公共管理对政府运作所带来的部门化、碎片化和裂解性问题。不同于前两种公共行政学典范，整体性治理将政府运作的核心聚焦于解决人民的生活问题而非解决政府的行政问题，即以人民生活需求为中心。而解决人民的生活问题不仅需要单一政府职能部门的努力，更需要政府各职能部门的协作，以及公私部门的合作。传统官僚制和新公共管理基于个体主义的方法论，容易导致公共服务领域出现严重的碎片化和部门自我中心主义，而整体性治理理论成为传统的合作理论和整体主义思维方式的一种复兴[21]。基于这一整体性治理的理论视角，本文对促进残疾人共同富裕提出如下对策建议：

4.1 确立以残疾人发展性需求为中心的制度逻辑，构建残疾人共同富裕的观念基础

推动残疾人社会福利制度建设回归以残疾人生活事件为中心的发展路径，把满足残疾人美好生活需要作为残疾人工作的落脚点。在全社会树立以平等、参与、共享为内核的现代文明社会残疾人观，并基于此构建促进残疾人共同

富裕的制度逻辑。在兼顾残疾人生存性需求和经济性需求的同时进一步聚焦残疾人的发展性需求，将持续提升残疾人实现共同富裕的可行能力作为相关制度设计的出发点。

4.2 推动政府部门从分散管理转向整体性治理，完善残疾人共同富裕的领导体制

残疾人共同富裕是一项复杂性治理问题，这决定了其无法依靠单一功能性政府部门单打独斗，而必然要走向整体性治理的发展道路。整体性治理主张各级各类政府部门从分散走向集中、从部分走向整体、从破碎走向整合，推动政府部门的运作以社会问题而非管理过程为导向，公共服务的供给以公民需求而非管理职责为导向，从而从根本上解决政府管理碎片化和公共服务空心化的问题[22]。因而，在促进残疾人共同富裕的过程中，应当健全党委领导、政府负责的残疾人工作领导体制，进一步明确政府有关部门的残疾人工作职责，以人民政府残疾人工作委员会为枢纽、以残疾人生活事件为中心打造多种类型的跨部门联席会议机制、专门工作小组以及数据信息共享平台，不断提升政府部门的协同治理效能。

4.3 推进多元参与的残疾人公共服务体系建设，培育残疾人共同富裕的社会基础

加快推进残疾人事业治理体系和治理能力现代化，支持和引导市场主体、社会力量、残疾人家庭在残疾人公共服务体系建设中发挥更大作用。一方面，加大助残社会组织扶持力度，通过扩大政府购买助残服务范围和规模、健全财政性资金扶持机制、落实财税优惠政策等措施，鼓励社会力量兴办残疾人服务机构和设施，为更多残疾人提供医疗救助、康复服务、特殊教育、托养照料、社会工作等社会服务；另一方面，加快发展残疾人服务业，推动各类市场主体参与残疾人服务业中的辅助器具、无障碍产品研发与制造以及其他生活服务，加快制定残疾人服务业行业规范和技术标准，更好地满足残疾人对美好生活的需求。

4.4 提升残疾人事业发展中的信息化应用水平，强化残疾人共同富裕的技术支撑

贯彻落实创新驱动发展战略，强化残疾人服务中的新科技应用。一方面，推进生命健康、人工智能等科学技术应用于残疾人服务领域的基础性研究，大力扶持智能化辅助器具、康复设备、无障碍终端设备、盲文数字出版等领域新技术推广;另一方面,进一步落实将残疾人基本公共服务项目纳入各地政务服务平台,实现残疾人基本公共服务事项在线办理。与此同时,还要通过建设残疾人服务数据协同平台,推动相关政府部门、残疾人联合会、社会组织以及市场主体实现残疾人服务大数据的联通共享。

参考文献:

[1] 杨立雄.中国残疾人福利制度建构模式:从慈善到社会权利[J].中国人民大学学报,2013(2):11—19.

[2] 刘婧娇,王笑啸,郭琦.残疾人社会福利的中国道路:1921—2021[J].残疾人研究,2021(4):3—14.

[3] 厉才茂.中国特色残疾人事业的历史方位(中)[J].残疾人研究,2018(2):14—20.

[4] 郁建兴,任杰.共同富裕的理论内涵与政策议程[J].政治学研究,2021(3):13—25.

[5] 何文炯,潘旭华.基于共同富裕的社会保障制度深化改革[J].江淮论坛,2021(3):133—140.

[6] 同[5].

[7] 张来明,李建伟.促进共同富裕的内涵、战略目标与政策措施[J].改革,2021(9):16—31.

[8] 同[4].

[9] 付鹏伟,葛忠明.残疾人共同富裕的三重逻辑[J].残疾人研究,2022(2):22—32.

[10] 关信平.当前我国推动残疾人共同富裕的社会政策主要议题[J].残疾人研究,2022(2):12—21.

[11] 刘婧娇.从国家本位到需要本位:中国残疾人社会保障的目标定位转向[J].社会科学战线,2018(7):233—239.

[12] 相自成.中国残疾人保护法律问题历史研究[D].北京:中国政法大学,2004.

[13] 姚进忠,陈蓉蓉.中国残疾人社会福利70年:历史演进和逻辑理路[J].人文杂志,2019(1):1—10.

[14] 杨立雄.中国特色残疾人事业发展道路:成就与未来[J].群言,2022(7):37—40.

[15] 郭悠悠,刘林.残疾人社区康复的历史与现状[J].中国农业大学学报(社

科学版),2011(1):154—161.

[16] 谢正立,邓猛.中国融合教育本土化发展与反思[J].现代特殊教育,2020(22):3—8.

[17] 厉才茂.中国特色残疾人事业的历史方位(上)[J].残疾人研究,2018(1):4—11.

[18] 程凯.促进残疾人事业全面发展 扎实推进残疾人共同富裕[J].残疾人研究,2022(2):3—11.

[19] 朱健刚,严国威.从庇护性就业到支持性就业:对广东省残疾人工作整合型社会企业的多个案研究[J].残疾人研究,2019(1):48—57.

[20] 彭锦鹏.全观型治理:理论与制度化策略[J].政治科学论丛,2005(23):61—100.

[21] 胡象明,唐波勇.整体性治理:公共管理的新范式[J].华中师范大学学报(人文社会科学版),2010(1):11—15.

[22] 孙迎春.现代政府治理新趋势:整体政府跨界协同治理[J].中国发展观察,2014(9):36—39.

当前我国推动残疾人共同富裕的社会政策主要议题

关信平

【摘　要】 在全面建成小康社会之后，我国残疾人事业发展的主要目标将从促进残疾人全面小康提升到促进残疾人共同富裕。要将残疾人共同富裕纳入全国和各地区共同富裕的进程，进一步缩小残疾人收入和实际生活与社会平均水平的差距，在残疾人事业的各个方面都有新的突出进展。残疾人共同富裕的基本路径是各方面的去障碍，主要着力点是夯实对残疾人各方面的基本保障，扩大残疾人公共服务，提高基本公共服务均等化水平，以及加强残疾人能力建设等。应该加强和优化残疾人社会政策，充分发挥社会政策在残疾人共同富裕道路上的作用，包括基本生活保障、维护平等权利与机会、增能服务等方面的重要作用。为此，要合理确定总体福利水平，优化福利结构，合理运用再分配原则，注重社会服务质量并推行积极的社会政策。当前的重点工作包括进一步完善残疾人社会政策体系，实行积极去障碍的残疾人社会政策，进一步提高对残疾人社会政策的资源投入，加强和优化多元主体的作用，以及进一步优化残疾人社会政策的资源分配和福利供给结构。

【关键词】 残疾人；共同富裕；社会政策

基金项目：国家社科基金重大项目"当前我国普惠性、基础性、兜底性民生建设研究"（20ZDA068）

作者单位：南开大学残疾人事业发展研究中心　天津　300071

作者简介：关信平　教授　博士生导师。主要研究方向：社会政策、社会保障、社会工作

本文原载于《残疾人研究》杂志2022年第2期。

走共同富裕道路是社会主义的本质要求，而促进困弱群体的共同富裕是其重要任务之一[1]。其中，残疾人共同富裕是全国人民共同富裕既不可分割又具有特殊意义的重要组成部分。残疾人作为一类特殊群体，需要得到政府、社会的保护和支持，同时也应该并且可以对全国人民的共同富裕做出积极贡献。推动残疾人共同富裕，可以为我国共同富裕发展道路提供新的认识和理论实践的视角[2]。要更好地推动残疾人走共同富裕道路，首先要具体分析残疾人共同富裕的目标和要求，并在此基础上探寻如何更好地发挥社会政策的作用。

1. 残疾人共同富裕的基本目标、要求与路径

残疾人共同富裕是全国人民共同富裕行动的一个重要方面，应该基于共同富裕的总体目标、要求和路径，设定残疾人共同富裕道路的具体目标、要求与路径。

1.1 残疾人共同富裕的目标

残疾人共同富裕的阶段性目标的确定，有两个重要的基础：一是前一阶段我国残疾人全面小康的成果，二是现阶段全国人民共同富裕的基本目标。

首先，现阶段我国残疾人共同富裕的基本目标是在实现残疾人全面小康的基础上向前推进。经过努力，我国如期完成了《国务院关于加快推进残疾人小康进程的意见》[3]和《"十三五"加快残疾人小康进程规划纲要》[4]中规定的残疾人全面小康的任务，如期实现了"全面建成小康社会，残疾人一个也不能少"的目标。在此基础上，下一阶段促进残疾人共同富裕的目标就应该是"共同富裕道路上残疾人一个都不能掉队"[5]。要进一步将残疾人共同富裕纳入全国和各地区共同富裕的进程，进一步提高残疾人的收入和生活水平，缩小与社会平均水平的差距，并在残疾人事业的各个方面都有新的突出进展。为此，国务院印发了《"十四五"残疾人保障和发展规划》[6]，开启了推动残疾人共同富裕的新征程。

其次，残疾人共同富裕的目标要与全国和各地区共同富裕的目标及进程相协调。残疾人共同富裕是全国人民共同富裕的重要组成部分。要理解残疾人共同富裕的目标，首先要理解全国人民共同富裕的基本目标。简而言之，一是富裕，二是共同。既要通过全体人民的共同努力来实现财富的快速增长，

又要通过合理的市场机制和社会政策等行动来实现财富的相对公平分配。全国人民共同富裕是一个长期性的过程，在每个阶段都应该有阶段性的目标。目前我国居民收入差距仍然较大，在现阶段我国还面临较大的发展压力和许多严峻的挑战，很难全面实现高水平的财富公平分配。从长期看，要通过不断完善社会主义市场经济体系和加强社会政策，在发展中逐步缩小收入和财富分配差距。近期重点要逐步增大民生保障和社会服务，逐步缩小收入分配和实际生活方面的差距，形成有助于财富分配与财富生产相互促进的制度体系。

基于上述情况，现阶段我国推动残疾人共同富裕的基本目标主要包括两个方面。一方面，残疾人要高水平地分享全国人民共同富裕的成果，共同富裕不能忽略残疾人，更具体地看，推动残疾人共同富裕，重点是要把帮助困难残疾人过上有质量的生活作为长期任务，不断增进残疾人的民生福祉，提升残疾人的获得感、幸福感、安全感[7]。要逐步缩小残疾人群体的收入和实际生活水平与全国平均水平的差距，以及残疾人群体内部的差距。同时，还要不断提高残疾人参与市场经济、获得公共服务、融入社会生活等方面的水平。另一方面，在共同富裕的道路上，残疾人不能只处于被动地位，作为受益者分享好处，而是要充分发挥主体作用，既努力实现自身高水平发展，也为全国人民的共同富裕做出贡献。

1.2 残疾人共同富裕的基本要求

首先，残疾人共同富裕是长期性方向与阶段性目标相结合的渐进性共同富裕。在长期方向上要逐步缩小残疾人在经济和社会各个方面与全国平均水平的差距，但这一目标要逐步实现。未来只能随着经济社会的发展而逐步减小残疾人各方面水平与平均水平的差距。在现阶段，根据现实情况制定残疾人共同富裕的阶段性目标，应将主要的着力点放到夯实对残疾人各方面的基本保障，扩大残疾人公共服务，提高基本公共服务均等化水平，加强残疾人能力建设等方面。其次，残疾人共同富裕包括了物质共同富裕和精神共同富裕。后者包括努力提高残疾人文化教育水平、改善精神面貌、增强发展动机，以及扩大社会融合等。再次，残疾人共同富裕要求走积极的共同富裕道路，要更加重视通过残疾人自己的努力来实现共同富裕，而政府和社会的作用主要是为残疾人的发展提供必要的条件和强力的支持。最后，残疾人共同富裕应该是包容性和融入性的共同富裕。政府和社会应该将残疾人包容进全社会共同富裕道路的行动体系中,向残疾人全方面开放机会,提供普惠性服务,并帮助他们克服特殊的困难。残疾人应该积极融入共同富裕的国家建设行动体系,积极参与经济、政治、文化、社会和资源环境保护等方面的行动。

1.3 推动残疾人共同富裕的基本路径

推动残疾人共同富裕的基本路径是加快残疾人去障碍行动。与其他人相比,残疾人共同富裕最大的困难是因其自身和外在的各种因素而面临更多的障碍。因此,推动残疾人共同富裕的基本路径是通过各种方式帮助残疾人去障碍。在过去全面建成小康社会的进程中,我国在残疾人去障碍方面已经取得重大进展,但从共同富裕的要求看,目前我国残疾人仍然面临许多障碍,还需要持续开展去障碍行动。其主要内容:一是要通过更好的无障碍设施建设、康复服务和辅具生产与配给等行动来实现在基本活动方面的去障碍。二是要通过更加完善的法制体系、公共服务和社会支持来进一步实现残疾人在教育、就业、社会参与等方面的障碍,即权利平等、机会均等方面的去障碍。三是要通过进一步加强全社会关怀残疾人的文化氛围,提倡积极的助残意识与行为,推动社会文化环境方面的去障碍。四是残疾人自身要进一步自强自立,努力克服过分依赖和动机不足而导致的发展障碍,从而推动残疾人自身思想观念方面的去障碍。五是要通过更好的教育培训来大力推动残疾人发展能力方面的去障碍。其中,重点是要提升残疾人的科学技术素质,以更高的科技素养来克服身体功能方面的短板。在现阶段网络快速发展的背景下,尤其要大力推动去除残疾人面临的网络信息技术障碍。

残疾人去障碍要通过各种方式开展。一是保护性去障碍,即通过向残疾人提供更多的社会保护,帮助他们在各个方面去障碍。保护性去障碍不仅是要弥补残疾人因自身的生理功能缺陷而遇到的障碍,更重要的是要防止残疾人在经济、政治、文化、社会各个方面遭到排斥。保护性去障碍要落实到各个方面,包括在基本生活方面对特殊困难残疾人的保护性待遇与服务,以及对残疾人参与教育、就业、社会活动等方面权利的保护。二是增能性去障碍,即通过提高残疾人自身的能力而使其能够克服各种障碍。从发展的角度看,增能性去障碍是更重要的去障碍途径,因为只有通过提升自身的能力,残疾人才能持续性和跨越性地融入国家和地区经济社会发展。通过积极开发残疾人的优势、潜力,能弥补和超越其原本能力欠缺而导致的障碍。尤其在科学技术越来越重要的发展条件下,积极开发残疾人的科学技术与文化能力,能够取得重要的去障碍效果。更具体看，增能性去障碍又包括机会去障碍、能力去障碍和动机去障碍，即向残疾人提供更多的机会、更多的能力建设服务及更多的动机激励，从客观和主观两方面入手，全面提升残疾人的能力。三是辅助性去障碍，即通过向残疾人提供更多更好的辅助性设施及服务来帮助他们克服各方面的障碍。从全社会范围看，人类的发展就是通过开发一个又一个技术设施来不断克服行动障碍，使我们跑得更快、飞得更高、游得更深、看得更远、算得更准。残疾人也需要通过各种更高水平的辅助性设施达到去障碍，包括更高水平的无障碍设施、更高水平的辅具和更高水平的康复服务等。这一过程需要通过市场机制和社会政策的共同作用，推动在助残领域的科学技术创新，推动最新科学技术成果更多地投入残疾人无障碍设施建设及康复辅具开发生产，并使其全面惠及广大残疾人。

2. 社会政策在推动残疾人共同富裕中的主要作用与基本要求

综上所述，推动残疾人共同富裕是一套综合性的行动体系，实现它，既需要完善市场机制，也需要加强和完善社会政策。残疾人共同富裕需要残疾人获得超出平均水平的发展速度，但残疾人作为一类具有特殊困难的群体，在激烈的市场竞争中，如果仅靠自己的力量，平等发展都很困难，要达到超常发展的目标就更难，因此需要得到政府、社会更多的保护和激励。政府通过制定实施社会政策来保障残疾人基本权益和促进残疾人发展是当今世界各国普遍的做法。各国政府普遍建立了残疾人社会政策体系，在满足残疾人基本需要、维护残疾人合法权益、促进残疾人平等参与和发展等方面发挥着重要的作用。在我国过去推动残疾人全面小康的行动体系中，社会政策发挥了重要的作用，取得了突出的成就和经验。在未来推动残疾人共同富裕的进程中，还需要更加积极地制定和实施社会政策。为此，首先要明确进入推动共同富裕的新阶段后，我国残疾人社会政策应该重点在哪些方面发挥作用，有何新要求和具体行动。

2.1 社会政策在推动残疾人共同富裕行动中的多层次作用

残疾人社会政策的基本目标是通过公共行动保障残疾人的基本权利，增进残疾人福利保障，增强其能力，促进其发展。其主要内容涉及残疾人事业的众多领域，包括残疾人基本生活保障、生活照料、受教育权利、就业促进、健康服务、无障碍环境、康复与辅具、残疾预防、体育文化、精神生活等各个方面。具体来看，残疾人社会政策可以在多个方面发挥促进残疾人共同富裕的作用。

一是通过优化社会政策来向有需要的残疾人提供更好的基本保障，以满足其所需要的基本收入和基本服务。这一层面的社会政策包括通过更具包容性的社会保险和更大覆盖面的福利补贴，向经济困难残疾人提供更好的基本收入保障；向有需要的残疾人提供更加普惠的照料服务，包括托养服务和长期照料服务；为更多的城市残疾人提供公租房和租金补贴，为农村困难残疾人提供住房改造补贴；推动更加普及和更高质量的无障碍设施建设，以及更高质量、更具可及性的辅具生产和分配等方面的政策。

二是通过更多的社会政策干预来确保残疾人平等获得发展的权利和机会。在这一层面，社会政策要更加着眼于以各种保护性措施和必要的辅助性服务对冲残疾人的生理弱势，包括在重要的考试和职业晋升中给予保护性加分，从而确保残疾人最终能公平地在各种竞争中获得机会资源。其中最重要的是要确保残疾人平等获得优质教育资源、提高就业质量的机会，以及在收入和晋升竞争中被公平对待的机会。

三是通过制定和实施相关的社会政策来加快促进残疾人的增能与发展。在这一层面，社会政策要更加重视从优势视角出发，致力于通过更好的社会服务帮助残疾人弥补其能力短板，积极培育、增强和发挥其优势能力，包括促进高质量的残疾人康复服务和辅具生产发展；促进更多的残疾人接受高等教育和高新技术的职业培训，以获得更高的职业成就；培育和支持各行各业残疾人才的发展，加快缩小残疾人人力资本水平与全社会平均水平的差距，直至完全消除这一差距。为此，不仅要有更高水平的残疾人社会政策，同时还要积极培育残疾社会工作专业服务体系并支持助残志愿服务等方面的行动。

总而言之，残疾人社会政策应该在多个层面为推动残疾人共同富裕发挥更加积极的作用，形成更加完善和更高质量的残疾人社会政策行动体系。当代各国残疾人社会政策行动大致都会随着经济的发展而逐步提高。在我国，随着残疾人事业发展目标从全面小康提升到共同富裕，残疾人社会政策行动也应该逐步提升层次。共同富裕的道路也是我国走向发达国家之路，在此过程中包括残疾人社会政策在内的整个社会政策都应该逐步转向更高的标准。

2.2 推动残疾人共同富裕对残疾人社会政策的基本要求

第一，与其他社会政策领域一样，残疾人社会政策要合理确定其总体福利水平，即在残疾人事业领域政府公共服务和社会公益服务投入的资源总量，一般以在此领域的政府财政投入加社会公益慈善资源占全国或地区生产总值的比例作为衡量标准。只有残疾人社会政策总体福利水平高于全面建成小康阶段的水平，才能使残疾人社会政策在促进残疾人共同富裕中有效发挥作用，并最终达到目标。

第二，残疾人社会政策还要重视建构合理的福利结构。所谓福利结构，是指在社会政策主体、对象、内容等各个维度上的比例和协调关系。残疾人社会政策是一个复杂的行动体系，包括多元的主体，面向众多不同的对象，具有各类不同的保障和服务内容的行动体系，应该在各个方面都达成合理的比例和协调的关系。在主体方面，应加强政府与社会力量的合作与协调，以及各级政府和部门之间的分工合作；在对象方面，应注意兼顾面向全体残疾人的普惠性保障与服务，以及面向各类残疾人和特殊困难残疾人的兜底性保障与服务；在项目内容方面，应兼顾残疾人教育、就业、康复、辅具、预防等方面的保障服务内容。建构合理的福利结构，既是为了使有限的资源在实际运用中发挥更大的作用、获得更大的效益，又是为了使公共资源的负担和受益更加公平。

第三，残疾人社会政策还应该重视合理运用再分配原则。再分配既是社会政策的基本功能，又是对社会政策的基本要求。但是，社会政策中的再分配是一个复杂的、涉及众多不同利益群体的、具有广泛社会影响的事情，需要有合理的力度和恰当的机制。社会政策的再分配既体现在公共资源的筹集阶段（纳税或捐赠等），也体现在公共资源的分配和使用中（福利对象与福利内容结构等）。社会政策的再分配力度应该达到合理的水平，既要实现对弱势者（如困难残疾人）的有效保护，又要对整个残疾人群体的发展起到积极的促进作用；既要通过社会政策的再分配直接缩小残疾人的收入与实际生活水平的差距，又要起到激励残疾人发展动能，促进残疾人事业全面发展，进而有利于经济发展的长期效果。

第四，残疾人社会政策还应该注重提高各方面保障和服务的质量。随着经济与社会的发展和残疾人对美好生活的向往更加强烈，通过社会政策向残疾人提供各项保障和服务也应该逐步提高质量。残疾人社会服务质量体现在残疾人事业发展的各个方面，重点在于提高残疾人的受教育质量、就业质量、健康服务质量、康复及辅具服务质量等。残疾人保障和服务质量的提高不仅对促进残疾人共同富裕至关重要，而且也是我国新时期高质量发展的重要内容，应该给予足够的重视。

第五，残疾人社会政策应该遵循积极的社会政策原则。在共同富裕的道路上，社会政策不仅要保障残疾人的基本需要，缩小其收入和生活差距，而且要促进其全面发展，因此必须实行积极的社会政策，以更好地培育和调动残疾人的能力。积极的社会政策既要体现在微观层面，也要体现在宏观领域。在微观层面，社会政策要提升残疾人能力，扩大其机会，激励其动机，从而达到促进残疾人发展的目标。在宏观领域，积极的社会政策要在满足残疾人需要和推动残疾人发展的同时，对经济发展做出贡献。为此，要将福利原则与市场机制相结合，将提升残疾人的人力资本、扩大残疾人的消费需求等纳入社会政策的目标，以便在转变经济发展的背景下对我国双循环模式下的经济发展起到积极的推动作用，在更高的层次上实现经济与社会的协调共赢。

3. 当前我国推动残疾人共同富裕的社会政策重点议题

在我国，各级政府长期以来通过制定和实施各项社会政策，积极促进残疾人事业发展。经过多年的发展，已经形成一套较为完整的残疾人社会政策体系。各级政府通过直接投入公共财政资源和广泛调动社会资源，积极推动残疾人事业发展，取得了重大进展。面对未来促进残疾人共同富裕的新目标，我国残疾人社会政策面临着新的挑战和新的要求，需要各级政府从以下一些方面进一步加强和优化残疾人社会政策。

3.1 进一步完善残疾人社会政策体系

残疾人社会政策是一个行动体系，它以各种恰当的方式去满足残疾人的需要，并从多个方面促进残疾人的发展。要使残疾人社会政策在促进残疾人共同服务中发挥重要作用，首先要进一步完善政策体系。目前，我国社会政策对残疾人的覆盖还存在一些不足。一是许多社会政策领域对残疾人的覆盖还存在缺陷，残疾人在接受正规教育、获得医疗保障和健康服务、获得就业机会，尤其是高质量的就业机会，以及参与社会保险等方面还存在一定直接的或间接的障碍。例如，我国残疾人接受高等教育的比例一直严重偏低[8]。

尽管近年来有所提高，但在2021年全国也仅有14559名残疾人被普通高等院校录取①，远低于全国同龄人的录取比例。残疾人的高校录取比例反映出残疾人接受各级教育的总体质量水平偏低，说明残疾人教育政策和相关服务还存在很多短板。此外，在一些公共设施建设和全民普惠性社会服务提供中没有公平地照顾到残疾人的需要。二是我国社会政策各个方面针对残疾人的特殊保护和扶持力度还不够，这是残疾人社会政策存在问题最多的方面，表现在对残疾人的教育促进、就业扶持、特殊社会保险、特殊住房保障等方面保护和扶持的力度不够。三是专门针对残疾人的保障和服务发展水平还不够高，包括无障碍设施建设、康复服务和辅具生产与提供、残疾预防服务等方面的内容不够完整，发展不够均衡，水平还不够高。

在促进残疾人共同富裕的进程中，首先要针对上述问题进一步完善残疾人社会政策体系，有多个层次的要求。一是积极推动残疾人公平参与全民普惠的公共服务体系。应该系统地梳理当前还有哪些领域可能对残疾人造成直接或间接的障碍，尤其在融合教育、社会保险、就业服务等领域。应有针对性地采取具体措施加以改革，力争在短期内做到让所有残疾人都能公平地受益于各项社会政策。二是要加快完善专项残疾人社会政策体系，让残疾人在各个方面的困难都能够得到解决。为此，应该认真梳理残疾人生活各个方面存在的需要，通过需求调查和比较研究等方法寻找目前我国残疾人社会政策的缺漏和不足，并根据实际需要和条件尽快完善。三是提升现有残疾人社会政策的目标，从过去以满足基本需要为目标提升到以提高质量和缩小差距为目标。并且，要按照新的目标梳理现有各项社会政策中对残疾人待遇和扶持不够之处，包括特殊教育、就业保障、康复服务、辅具供给、无障碍环境建设、残疾人福利、残疾预防等方面。要使各项政策从过去较为单纯的权利保障向更高质量服务发展，不仅要维护残疾人各方面的基本权利，还要通过更多更好的服务来消除残疾人平等获得资源与服务的物理障碍、技术障碍、制度障碍和文化障碍，并提升残疾人各方面的能力，使各项残疾人社会政策能够在改善残疾人教育、就业、社会保障、社会参与等方面发挥更大的作用。

3.2 实行积极去障碍的残疾人社会政策

从长期角度看，推动残疾人共同富裕的主要动力在于通过全面提升残疾

---

① 中国残疾人联合会.2021年残疾人事业发展统计公报.2022年3月31日.中国残联网站.https://www.cdpf.org.cn/zwgk/zccx/tjgb/0047d5911ba3455396faefcf268c4369.htm.

人自身发展能力以促进其去障碍进程。因此，制定和实施残疾人社会政策要着眼于积极去障碍。所谓积极去障碍，简单地说，就是以提升残疾人发展能力来促进其去障碍，并且将残疾人去障碍发展与全国和地区经济、社会发展紧密关联起来。

一是要在宏观政策层面将残疾人社会政策与我国现阶段经济与社会发展的目标密切结合起来，通过全面去障碍行动来提升残疾人在新的经济、科技与社会发展中的主体地位，鼓励残疾人为社会做出更大的贡献。要纠正将残疾人社会政策和国家与社会对残疾人所提供的帮助单纯视为负担的观念。要充分认识到残疾人蕴藏着巨大的发展潜力，而残疾人社会政策则是通过去障碍以开发这种潜力的必要途径和手段。要认识到，通过相关的社会政策的去障碍行动以提升残疾人的人力资本和消费能力，对于我国转变经济发展方式和促进双循环经济发展具有重要的推动作用；通过去障碍以提升残疾人社会地位、促进残疾人社会参与和推动残疾人事业发展，对推动我国社会建设、促进社会和谐和推动社会事业的整体发展具有重要的基础性意义。

二是通过积极的社会政策来消除残疾人发展的各种外部障碍，为残疾人的发展创造更好的环境。在教育方面，应从基础教育到高等教育，从融合教育到特殊教育，都为残疾人提供更多的机会，并且要为残疾人接受教育提供更好的辅助性条件，以更好的社会服务来帮助残疾人克服接受教育的各种困难，全面提高残疾人接受各级各类教育的质量，提高残疾人参加考试竞争的能力，争取在不太长的时间里快速扭转目前残疾人接受高等教育的人数和比例过低的局面。在就业方面，应该将政策目标从过去保障就业机会扩展到促进就业质量，重点着眼于向残疾人提供更高质量的就业机会。要将残疾人就业质量提升情况纳入残疾人就业促进政策的考核指标，并采取具体措施加以落实。为此，各级党政机关、事业单位、人民团体和高科技企业应该起好带头作用，率先在录用、待遇、晋升等方面向合格的残疾人公平地敞开大门，并为残疾人的就业和发展提供更多更好的社会服务，包括就业方面更好的无障碍环境、更高质量的辅具供给、更高质量的就业培训等。

三是各项社会政策要进一步聚焦于开发提升残疾人内在的发展潜力，努力消除残疾人发展的内在障碍。现代社会的发展，尤其是科技的大发展，为残疾人的发展提供了越来越好的外部空间。但是，还需要努力消除残疾人内在动力等方面的障碍，积极开发和大力提高残疾人自身发展潜力，使之更加有效地与各种有利的外部条件相结合，只有这样，残疾人才能获得真正的发展。提升残疾人内在发展潜力要从观念转变、能力提升和动机激励等层面展开。首先，要让包括残疾人在内的全社会都更加重视残疾人发展，进一步普及"平等、参与、共享"的残疾人发展理念和积极保护的原则，尤其要让广大残疾人充分认识到自身具有的潜力。其次，要大力推动残疾人能力提升，积极开展残疾人能力提升工程，通过更好的康复与辅具、教育与培训、健康服务、大众传媒、社会网络等，全面提升残疾人的人力资本和社会资本，促进残疾人在当代科学技术、文化艺术、社会参与等方面能力的提升，消除或大幅度减少残疾人面临的"数码鸿沟""社会排斥"等现象。再次，要进一步激发残疾人自我发展的内在动力，进一步增强广大残疾人自强自立的精神，使他们将社会的帮扶与自身的努力相结合，更好地利用外部提供的各种机会，通过自我发展来实现美好生活的愿景。

四是要处理好残疾人社会保护与动机激励的关系，完善"积极保护"的政策机制。作为一类特殊的弱势群体，一方面，残疾人因其身体功能的某种缺陷而会遇到更多的困难，因而需要政府和社会的保护；另一方面，残疾人又具有巨大的潜能，应该加以激励。如何合理处理保护与激励的关系是残疾人社会政策理论与实践中的焦点。传统的福利主义思想更多地将残疾人看成弱者，因而强调对其提供各种保护，而新自由主义的观点则更加强调残疾人自身的能力与责任，主张将保护降到最低，主要通过激励去提升其能力。应该看到，这两种极端的思想都不利于残疾人和残疾人事业的发展。作为一个特殊的群体，残疾人既需要保护，也需要激励，应该将保护与激励协调起来。首先，要针对不同的残疾人实行不同的保护－激励，对重度残疾人和高龄残疾人等潜能较低的，需要提供较多的保护，以确保其基本需要，并使其生活达到一定的水平；而对大多数具有一定潜能的残疾人则应该更多地提供增能激励措施。其次，应该针对残疾人不同方面的能力而实施不同的保护－激励组合。针对其残疾的功能，需要进一步加强保护；而针对其他方面的正常功能，则需要进一步提升其能力，使之成为优势功能并激励其发挥动机。再次，要将对残疾人的保护与激励融为一体。要充分认识到，加强残疾人社会保护的目标是促进其增能，而增能也是为了达到更好的保护目标。在社会政策实践中要重视通过保护性福利达到增能和激励的目标，又通过增能和激励来实现更加积极的保护。

3.3 进一步提高对残疾人社会政策的资源投入

制定和实施残疾人社会政策是一套宏大的社会工程和行动体系，需要大量的资源投入。残疾人事业发展所需的资源来自各个方面,既有政府公共财政的投入,也有在政府规制下企事业单位和其他各方社会力量的责任分担,还有各种慈善资源和非营利服务的贡献等。其中政府的公共财政投入应该起到重要的基础性作用。我国各级政府公共财政在残疾人社会政策领域的资金投入主要体现在全国公共财政预算支出中的"残疾人事业"支出类别,以及分别归属其他类别的"特殊学校教育""康复辅具(假肢矫形)""伤残抚恤""康复医院""精神病医院"和"精神卫生机构"等几个科目上。2020年,全国公共财政在上述几项合计的预算支出总额为1023.49亿元,比十年前的2010年增长了289.6%,翻近了两番①。其较高的增长率主要得益于2015年以后我国全面建立了残疾人"两项补贴"制度,以及过去十年中我国在残疾人脱贫方面财政投入的增加。但是,即使有了过去十年的快速增长,目前我国在残疾人社会政策方面的总体投入水平仍然很低。2020年全国公共财政在上述几方面的预算支出额仅占全国公共财政预算支出总额的0.42%,仅占全国国内生产总值(GDP)的0.1%②。这一数据与发达国家相比还有很大差距。例如,欧盟国家2019年公共财政对残疾人提供的社会保护待遇占GDP的2.1%③。2017年经济合作与发展组织(OECD)国家对残疾人和疾病患者的现金待遇的公共支出占GDP的1.6%④。相比之下,我国在残疾人事业方面的公共支出水平还低很多。

政府公共财政支出安排要服从党和政府总体发展目标,要从经济社会发展和人民群众的实际需要出发。过去十年中我国在残疾人事业发展方面的公

---

① 全国公共财政的数据来自2020年和2010年财政部的《全国一般公共预算支出决算表》。财政部网站:http://yss.mof.gov.cn/2010juesuan/201107/t20110720_578444.htm 和http://yss.mof.gov.cn/2020zyjs/202109/t20210917_3753571.htm。

② 全国公共财政的数据来自2020年财政部的《全国一般公共预算支出决算表》;国内生产总值的数据来自国家统计局的《中国统计年鉴(2021)》,中国统计出版社,2021年。

③ 欧盟国家对残疾人社会保护的公共支出数据来自欧盟统计局(EUROSTAT):"Tables by functions, aggregated benefits and grouped schemes – in % of the GDP – Disability", https://ec.europa.eu/eurostat/databrowser/view/spr_exp_gdp/default/table?lang=en。

④ OECD国家的数据来自OECD统计网站(OECD. STAT) "Social Expenditure – Aggregated data: Public expenditure on disability and sickness cash benefits, in % GDP", https://stats.oecd.org/index.aspx?lang=en。

共财政支出不断增长,有效地支持了党和政府大力推进残疾人全面小康的进程。但是,迄今为止公共财政支出水平仍仅能维持保障残疾人最基本的需要和维持残疾人事业发展的最低要求,很难满足促进残疾人共同富裕的要求。在下一步的发展中,要推动残疾人事业从全面小康到残疾人共同富裕战略目标的提升,还有大量的工作要做,需要更大力度的财政支持。一方面,残疾人共同富裕将要求更大规模和更高水平的公共行动体系,势必需要更多的资源投入。另一方面,我国民间慈善事业和其他社会力量的社会公益资源调动能力总体较弱,因此在较长时期内,政府公共财政投入仍将发挥重要的基础性作用。为了撬动各类市场和社会资源,即使是在政府公共资源与市场和社会资源组合中,也需要政府有更多的投入。因此,各级政府应该按照党和国家"在发展中提高保障改善民生水平"的要求,以促进残疾人共同富裕为目标,本着"尽力而为、量力而行"的原则,根据实际需要和财力条件,逐步提高各级公共财政对残疾人事业的投入水平,以更大的资源力度支持和推动残疾人共同富裕。

3.4 加强和优化多元主体在推动残疾人共同富裕中的作用

残疾人事业是需要多元主体共同推动的宏大社会事业。从多元主体责任角度看,要大力推动残疾人共同富裕,一是要更好地发挥多元主体的作用,二是要加强各类主体之间的合作与协调。

首先,各级政府应该在推动残疾人共同富裕的行动体系中担负主要的责任,在残疾人社会政策制定、行动规划、组织体系建设、资源供应、组织协调等方面发挥更加重要的作用。同时,在政府体系内部,应该进一步优化各级政府之间和相关部门之间的分工与合作。一方面,各级政府之间应该达成更加有效的责任分工。中央政府在宏观政策制定、财政转移支付、地方经验总结和推广及其他制度供给方面应该发挥更加积极的作用。地方各级政府除了更好地履行资源供给、政策实施的责任之外,还应该积极探索政策和制度创新,既有效地针对本地区的特殊需要而采取行动,又为全国性政策的改进提供实践样板。另一方面,政府各相关部门之间要有更加合理有效的分工合作。残疾人事业及相关社会政策的制定与实施涉及多个政府部门,各个部门之间在残疾人社会政策制定与实施中的高效合作也是推动残疾人共同富裕的必要条件。各级政府残工委和各级残联组织要在党组织领导下,进一步发挥好牵头与协调作用,强化和优化残疾人事业发展的部门协调机制,推动残工委成员单位更加积极地参与残疾人社会政策的制定与实施，使政府部门更加重视残疾人社会政策。各级政府残工委和残联尤其要重视在残疾人教育、就业、康复与辅具、社会福利、住房、无障碍设施建设、残疾预防、残疾人相关国际事务等领域的政策制定、资源投入和政策实施，并重点协助发改、财政、编制等部门加强残疾人社会事业发展规划、财政投入和组织体系建设。

其次，各类社会力量在促进残疾人共同富裕中也应该发挥更加重要的主体作用。在当今世界各国，各类社会组织都在残疾人事业发展中发挥着不同程度的作用。在我国，基层群众性自治组织、社会组织和企事业单位等社会力量也在残疾人事业发展中发挥着作用。但总体上看，我国助残社会力量还需要进一步加强、规范和协调。一方面，我国助残社会力量需要大幅度加强。当前我国民间社会公益事业的总体规模还不够大，助残社会力量就更弱。2021年全国共有90.1万个登记的社会组织（含社会团体、民办非企业单位和基金会）①，平均每1554人有1个社会组织。但同年全国只有2997个助残社会组织②，占社会组织总数不到1%。平均每2.8万名残疾人才有1个助残社会组织。同时，残疾人社会组织的活力不足[9]，在发展中还面临着许多内在的和外部的障碍[10]。要让社会组织在推动残疾人共同富裕中发挥重要作用，还需要大力加强其建设，包括进一步扶持助残社会组织的发展，进一步提升其资源调动能力、服务提供能力与服务质量。同时，还应该进一步加强基层群众性自治组织和各类企事业单位在残疾人事业发展中的作用，进一步积极推动助残志愿服务，并重点发挥好基层残疾人协会的作用。另一方面，我国的助残社会组织还应该进一步加强规范化建设，包括加强和优化内部治理结构、行业自律规范体系和政府监管与社会监督制度体系，以加强助残社会组织长期可持续发展，并优化其发展环境。再一方面，需要进一步加强各类社会力量之间以及社会公益事业与政府社会政策之间的分工、合作与协调，包括将助残公益事业纳入政府残疾人事业发展规划、残疾人社会政策制定和实施的行动体系，使各种资源和力量能够更好地协调，各方面行动能更好地衔接，以提高资源的综合使用效益和行动效率。

---

① 民政部.2021年4季度民政统计数据.2022年3月18日.民政部网站.http://www.mca.gov.cn/article/sj/tjjb/2021/202104qgsj.html.

② 中国残疾人联合会.2021年残疾人事业发展统计公报.2022年3月31日.中国残联网站.https://www.cdpf.org.cn/zwgk/zccx/tjgb/0047d5911ba3455396faefcf268c4369.htm.

3.5 进一步优化残疾人社会政策的资源分配和福利供给结构

要使我国残疾人社会政策在促进残疾人共同富裕中发挥重要作用，还需要进一步优化其资源分配和福利供给结构。

首先，在资源分配方面要更加注重均衡性和公平性。长期以来，我国社会政策的资源投入和福利水平存在着城乡之间、地区之间和不同人群之间的不均衡，这些不均衡在残疾人事业发展中也存在。过去十多年来，随着各级政府在社会政策各个领域逐步推进"基本公共服务均等化"，各方面的不均衡比过去有了较大的好转。但目前在残疾人事业发展方面，城乡之间和地区之间仍存在明显的不均衡。以康复服务为例，2020年东部六省市（北京、天津、上海、江苏、浙江、广东）平均每万名已办证残疾人有4.6个康复机构、109.7名康复机构工作人员，而西部十一省区加新疆建设兵团平均每万名已办证残疾人只有2.2个康复机构和61.5名康复机构工作人员①，表现出明显的东西部地区间差异。此外，残疾人社会组织发展也有很明显的区域不均衡性[11]。还需要进一步加强残疾人社会政策资源分配的均衡性和公平性。应该正视的一个现实情况是，残疾人事业发展存在的地区和城乡差距主要是地区和城乡之间经济发展、人均收入及地方政府财力的差异导致的，很难在短期内消除或大幅度缩小。我国经济更加均衡地发展的同时应该带动残疾人事业更加均衡地发展，同时也应该在制定和实施残疾人社会政策的过程中加强政策干预调节，通过中央和省级财政的转移支付来重点支持财政困难地区的残疾人事业发展，逐步缩小地区和城乡差距，实现更加均衡的残疾人事业发展。

其次，应该更加注重优化残疾人社会政策的福利供给结构。一是在残疾人社会政策对象方面，首先要重点加强困难残疾人兜底保障与服务体系建设，织密残疾人基本保障安全网，完善残疾人兜底性民生保障体系，扩大覆盖面，提高水平，扩充服务，使其能够在共同富裕过程中充分发挥"提低"的作用。其中，要进一步推动残疾人"两项补贴"的"扩面提标"，提高困难残疾人基本康复辅具保障水平[12]。还要根据实际需要和资源条件逐步加强普惠性残

---

① 中国残疾人联合会编，《中国残疾人事业统计年鉴（2021）》，中国统计出版社，2021年9月。根据表3-2，表4-1-4，表4-1-5中的数据计算。其中，"东部六省市"包括北京、天津、上海、江苏、浙江、广东，"西部十一省区"包括内蒙古、重庆、四川、贵州、云南、西藏、陕西、甘肃、青海、宁夏、新疆。

疾人民生建设，让广大残疾人都能受惠于各项社会政策，获得必要的社会服务，在共同富裕的道路上更好地发挥"强中"的作用。二是在残疾人社会政策的保障和服务内容方面，首先做好基础性的残疾人民生建设，提高全体残疾人的基本发展条件。为此，要不断完善政府的残疾人基本公共服务清单，并不断提高对保障和服务质量及水平的底线要求。在此基础上根据需要和条件，并结合市场和社会资源，发展更高水平的服务项目，既更好地满足当前广大残疾人高水平的服务需要，也为未来残疾人社会服务的总体发展打下基础并引领方向。

参考文献：

［1］王思斌．困弱群体的参与性共同富裕与社会工作的促进作用［J］．社会工作，2022（1）：1—8，100．

［2］顾磊．程凯：残疾人共同富裕要强调共建共享［N］．人民政协报，2022－05－10（010）．

［3］国务院．关于加快推进残疾人小康进程的意见（国发〔2015〕7号）［EB/OL］．(2015－01－20)．http：//www.gov.cn/zhengce/content/2015－02/05/content_9461.htm．

［4］国务院．"十三五"加快残疾人小康进程规划纲要［EB/OL］．(2016－08－03)．http：//www.gov.cn/zhengce/content/2016－08/17/content_5100132.htm．

［5］王晓慧．共同富裕"不能让残疾人掉队"［N］．华夏时报，2021－12－7（003）．

［6］国务院．"十四五"残疾人保障和发展规划［EB/OL］．(2021－07－08)．http：//www.gov.cn/zhengce/content/2021－07/21/content_5626391.htm．

［7］高蕾．把帮助困难残疾人过上有质量的生活作为长期任务：访中国残联主席张海迪［N］．新华每日电讯，2022－03－04（004）．

［8］任伟宁，孙岩，葛明明，等．残疾人高等教育入学机会现状分析及对策［J］．现代特殊教育，2018（18）：19—25，30．

［9］陈成文，陈静，王勇．残疾人社会组织活力：测量指标构建及其政策意义［J］．江苏社会科学，2021（6）：89—97，242．

［10］李健，李苗苗，马小红．残疾人社会组织发展现状、问题与对策建议［J］．残疾人研究，2020（3）：24—30．

［11］同［10］．

［12］徐建中．在新的历史起点上推动残疾人福利工作更高质量发展［J］．社会福利，2021（2）：15—16．

促进残疾人共同富裕的实现路径研究

何文炯　胡晓毅

【摘　要】 残疾人共同富裕是全体人民共同富裕的重要组成部分，在推进共同富裕的进程中，残疾人是一个需要特别重视并给予特别支持的群体。从残疾人的特殊性出发，残疾人走向共同富裕的基本途径，一是帮助残疾人增强发展能力，二是为残疾人发展创造适宜的环境，三是减轻残疾人个人和家庭的支出负担，四是建立对残疾人适度倾斜的收入分配机制。据此，现阶段促进残疾人走向共同富裕的重点，一是逐步落实因材施教的残疾人教育原则，二是稳步推动残疾人就业创业帮扶的精准化，三是完善残疾人"两项补贴"制度，四是积极探索对残疾人适度倾斜的初次分配实现机制，五是全面加强残疾预防和残疾人康复。

【关键词】 残疾人；共同富裕；实现路径

共同富裕是社会主义的本质要求，是中国式现代化的重要特征，是全体人民的共同期盼。实现共同富裕，是要让人民群众普遍富裕起来，要不断缩小城乡之间、区域之间和人群之间的差距，包括收入差距、财产差距、公共服务差距和人的发展能力差距等。实现共同富裕，是前无古人的宏大伟业，是长期持续奋斗的伟大实践。在这一过程中，重要而艰巨的是乡村，是西部，是农民，还有一个特殊的群体——残疾人。改革开放以来，我国经济持续发展、社会全面进步，残疾人的生活状况和发展环境逐步改善，其成就有目共睹。同时应当看到，与健全人群相比，残疾人群有许多特殊的困难，因而残疾人依靠自身力量走向富裕的难度更大。在扎实推进共同富裕的征程中，需要选

作者单位：浙江大学公共管理学院　浙江杭州　310058
作者简介：何文炯　教授。研究方向：社会保障、公共服务和残疾人研究
　　　　　胡晓毅　博士生。研究方向：健康保障和残疾人研究
本文原载于《残疾人研究》杂志2023年第1期。

择适宜的路径、采用有效的方法，并辅之以特殊的制度和政策，才能使残疾人与健全人一起走向共同富裕。

1. 残疾人共同富裕的重要性

早在新中国成立之初，国家就提出要逐步实现共同富裕。在全面建成小康社会之后，国家进一步提出"扎实推动共同富裕"。在这样的背景下，如何让残疾人富裕起来，成为国家发展的一个重大课题。

1.1 残疾人实现共同富裕任重道远

改革开放以来，国家采用适宜的体制机制，实现了国民经济的持续快速发展和社会事业的全面进步，使人民群众有了更多的发展机会，生活水平普遍得到改善，同时国家通过组织实施一系列扶贫脱贫计划，有效地消除了绝对贫困。在这一过程中，广大残疾人得到了实实在在的好处，残疾人这一特殊群体的生活状况和社会境遇在整体上得到显著改善，部分残疾人获得了良好的发展。"十三五"时期，国家全面加强了对残疾人的基本民生保障力度，尤其是加大了对残疾人的社会救助力度，进一步健全了残疾人福利补贴制度。以国务院《关于加快推进残疾人小康进程的意见》（国发〔2015〕7号）为基础，我国逐步扩大最低生活保障范围，使符合条件的残疾人可以单独立户纳入最低生活保障范围，建立困难残疾人生活补贴和重度残疾人护理补贴制度，推进残疾人就业保障，促进残疾人就业。通过提高民生保障力度，加大财政转移支付，有力兜底残疾人基本生活，残疾人绝对贫困的现象基本消弭。

同时应当看到，发展不平衡、不充分的问题明显存在，我国经济实力有待提增，老百姓的生活水平有待提高，残疾人的生活水平更需要提高。事实上，残疾人的收入水平不高，与健全人的差距还不小。根据《2019年全国残疾人家庭收入状况调查报告》，2018年全国残疾人家庭人均年收入为16112.3元[1]，而据国家统计局发布的《中华人民共和国2019年国民经济和社会发展统计公报》，2018年全国居民人均可支配收入为30733元，残疾人家庭人均年收入只有全社会平均水平的52.43%，残疾人群体的收入水平与全社会居民相比差距明显。即使是在经济发展水平相对较高、残疾人各类保障政策落实较好的浙江省，残疾人收入与全社会平均水平也有一定的差距。2020年，浙江省城镇残疾人家庭人均可支配收入为40681元，全省农村残疾人家庭人均可支配收入为 26906 元，而浙江全省城镇和农村居民人均可支配收入分别为 62699 和 31930 元，分别是城镇残疾人和农村残疾人家庭人均收入的 1.54 倍和 1.18 倍。

1.2 残疾人富裕是全民共同富裕的应有之义

共同富裕是要让全体人民普遍地富裕起来，其中自然包含全体残疾人，而且共同富裕所追求的是所有人都能够公平地拥有物质丰裕和精神富足的生活[2]。然而，残疾人是一个庞大的群体，如果这个群体富裕不起来，则全体人民共同富裕的目标就难以实现。事实上，我国是一个人口大国，残疾人口规模巨大，2021 年全国持证残疾人数为 3804.91 万人。值得注意的是，持证残疾人只是残疾人群体中的一部分。根据中国残联公布的数据，按第六次全国人口普查全国总人口数及第二次全国残疾人抽样调查所得我国残疾人占全国总人口的比率和各类残疾人占残疾人总人数的比率推算，2010 年末，全国残疾人总人数就已经达到了 8502 万人[3]，约占当年全国总人口的 6.34%。事实上，由于对持证政策了解不够或者受到观念的影响不愿申领残疾人证等，许多残疾人没有领取残疾人证，这个庞大的群体没有被列入残疾人数统计之范围，因而这个群体目前还未得到应有的关注和相应的保障及服务。还值得注意的是，残疾人不仅本身有许多困难，而且还会影响到其家庭的发展，所以受到残疾影响的群体更为庞大。在推进共同富裕的进程中，需要充分注意到残疾人及其家庭的发展问题，并制定相应的制度和政策。

1.3 残疾人走向共同富裕需要特别的帮助

残疾人是一个具有特殊困难的群体，人力资本积累相对不足，因而依靠自身力量实现致富的困难较多。从根本上看，残疾人身体功能上的缺陷使得他们在接受教育、就业、融入社会等方面有诸多障碍。尤其是精神残疾和智力残疾人存在认知、情感和行为障碍，严重影响了他们的日常生活。根据《中国残疾人事业统计年鉴（2022）》，我国精神残疾和智力残疾人共 761.9 万人，占持证残疾人总数的 20.02%。同时，我国还有 199.59 万的多重残疾人，他们同时具有两种或两种以上的残疾，参与生产生活更加困难。残疾程度较高的残疾人，甚至失去了劳动能力。

保障残疾人能够权利平等、机会均等地参与经济社会的高质量发展并共享发展成果是当前我国残疾人群体走向共同富裕的核心内容[4]。然而，残疾使得残疾人的认知能力、劳动能力受限,因此,在长期的社会生活中,残疾人无法像正常人那样受到教育、参加工作,残疾人的受教育程度和自主就业层次都相对较低。从目前来看,残疾人主要从事农业种植业、养殖业和传统加工业以及通过灵活就业获得收入,这两类就业残疾人分别占就业残疾人总数的 48.79% 和 28.39%,见表 1。

表 1　2021 年全国就业残疾人就业结构

就业形式	人数(万人)	占比(%)
按比例就业	81.8	9.28
集中就业	26.8	3.04
个体就业	63.5	7.20
公益性岗位就业	14.8	1.68
辅助性就业	14.3	1.62
灵活就业	250.3	28.39
从事农业种养加	430.1	48.79

就业层次不高导致残疾人的收入水平不高,收入稳定性也较差,残疾人就无法像正常人那样以工资性收入为主要生活来源,更加需要家庭和社会的支持。从残疾人的收入结构可以看出,与以工资性收入为主要收入来源的全社会居民不同,转移性收入是残疾人的主要收入来源。根据《2019 年全国残疾人家庭收入状况调查报告》[1],2018 年,全国残疾人家庭人均年收入的主要来源是转移性收入,占残疾人人均年收入的 48.3%。

残疾,使得残疾人身体功能受损,就业相对困难,收入不高,甚至可能丧失劳动能力,无法参加工作获得收入。与此同时,残疾还提高了残疾人的生活成本,康复、医疗、托养照护支出进一步加重了他们的生活负担。残疾人对生活环境无障碍化的需求较高,残疾人住房的无障碍改造也需要更多的成本。根据《2019 年全国残疾人家庭收入状况调查报告》,2018 年全国残疾人家庭人均年支出为 10936.3 元,其中医疗保健支出占 26.3%,同年全社会居民医疗保健支出只占人均消费性支出的 8.8%,残疾人人均医疗保健支出是全国居民人均医疗保健支出的 1.4 倍。残疾人的消费主要用于食品烟酒和医疗保健,两项消费共占残疾人支出的 67.2%,与全社会居民相比,消费的结构比较单一。

表2　2018年全国残疾人与城乡居民消费性支出结构比较

消费构成	残疾人		城乡居民	
	金额（元）	百分比（%）	金额（元）	百分比（%）
人均消费性支出	10246.6	100	21559	100
食品烟酒	4190.7	40.9	6084	28.2
医疗保健	2697.0	26.3	1902	8.8
居住	902.1	8.8	5055	23.4
交通通信	907.5	8.9	2862	13.3
教育文化娱乐	566.0	5.5	2513	11.7
衣着	464.5	4.5	1338	6.2
生活用品及服务	364.6	3.6	1281	5.9
其他用品及服务	154.1	1.5	524	2.4

因此，我们应当充分认识到，虽然通过提高基本民生保障水平，残疾人绝对贫困问题得到了有效解决，但是，残疾人在共享社会发展成果方面还存在诸多障碍，残疾人的生活质量有待提升。由于残疾等级和残疾类型不同，不同残疾人融入社会所面临的困难也有较大差异，导致残疾人群体对保障的需求更加复杂。残疾人对于就学就业、医疗康复、照护托养、无障碍等多方面的需求迫切需要得到更加精准、更加充分的保障。

2. 残疾人的特殊性与实现共同富裕的基本路径

共同富裕的要义，一是富裕，二是共享，核心是人的全面发展。结合到残疾人实现共同富裕，需要从残疾人增收致富、残疾人共享社会发展成果、残疾人自身全面发展等方面设置发展目标，研究实现这些目标的具体路径，并为此创造必要的条件，这就需要从残疾人的特殊性分析入手。

以往的研究表明，由于客观因素的制约，与健全人相比，残疾人的受教育程度相对较低，人力资本积累相对较少，所掌握的劳动技能相对较弱，从总体上看，残疾人的就业率较低，因而这个群体的收入水平也较低。同时，由于生理、心理等方面的缺陷，残疾人在医疗、康复和照护方面的费用要比健全人更高，也就是说他们的生活成本更高。在这双重因素的作用下，残疾人的生活困难程度就更高一些，生活质量更低一些。此外，残疾人参与社会活动的能力相对较弱，因而他们在社会生活中的相关诉求无法得到充分表达，这就使得他们部分权益受损的可能性更大一些。基于这样的理解，在推进共同富裕的进程中，需要通过以下途径为残疾人这个特殊群体提供有效的支持，以帮助残疾人与健全人一起走向共同富裕。

2.1 帮助残疾人增强发展能力

按照现行社会财富分配规则，社会成员对社会的贡献越多，其所得到的财富就越多，反之得到的财富就越少。而这种社会贡献的大小，很大程度上取决于个人的能力和机会。因此，人的发展能力是很重要的，用经济学的术语来表达，这就是人力资本。然而，从社会群体的比较看，残疾人是一个人力资本相对较低的群体。所以，推进共同富裕，需要帮助残疾人提高人力资本积累，增强其发展能力。

事实上，由于残疾人的发展能力相对较弱，这个群体所能获得的社会财富相对较少。受自身生理或心理等因素影响，并受社会环境的制约，残疾人在就学方面受到影响，这个群体的实际受教育年限相对较短，教学效果也受到一定影响，同时，他们参与各类社会活动并得到锻炼的机会也相对较少。总体上看，残疾人在生活自理能力、认知能力和劳动能力等方面都受到限制，因此就业层次相对较低，收入水平也相对较低。

从共同富裕的目标出发，提高残疾人群体的发展能力，才能使具有劳动能力的残疾人群体持续地增加财富，走上富裕之路，并实现自身的发展。而残疾人发展能力的提高，需要有效的普通教育和专业技能培养，并通过适宜的社会化劳动和各类社会活动参与进行锻炼。据此，需要在残疾人教育、技能培训和社会活动参与等方面下功夫，并为之创造必要的条件。当然，这种条件的创造需要相当的成本，而这种成本的投入与产出的考量，不能仅以当前的数据为基础进行简单的加减计算，而是要把经济效益、社会效益结合起来，把眼前与长远结合起来。实行过程中，既要尽力而为，又要量力而行。

2.2 为残疾人发展创造适宜的环境

在任何时代和任何社会，任何一个人的发展，不仅需要个人的能力，而且还需要适宜的环境，这种环境包括自然的和社会的多种因素。对残疾人而言，由于自身生理或心理等方面的影响，其个人的发展能力相对较弱，发展受环境的影响更大，因而在社会文明程度不断提高的进程中，需要为残疾人发展创造更好的环境。

一是就业支持。社会成员如果有稳定的就业，就有持续的收入，就能够养家糊口并获得发展的机会，这就是可持续生计。这一点对于残疾人而言尤为重要。因为有稳定的收入来源，残疾人就能够自立，能够增强自信心，能够为社会发展做出贡献，从而提高对生活和社会的信心。但是，在就业机会具有竞争性的社会中，残疾人总体来说处于弱势，因而需要为其就业提供必要的帮助，这里的关键是在一定的条件下为残疾人提供相对独立的通道。例如，政府通过相应的法规，要求各类用人单位按一定的比例安排残疾人就业，尤其是要求公共部门和国有企业带头执行这一规则。

二是创业支持。现代社会中，应当鼓励有条件的社会成员创业，为其施展才华提供舞台，使其能为社会做出更多贡献，包括为其他社会成员创造就业机会、为社会创造更多的财富。残疾人群中也有一批适合创业的人才，他们在创业方面的成功，会有更重要的示范效应。但是，残疾人创业会比健全人遇到更多的困难。因此，国家应当特别重视，除了一般社会成员创业的扶持政策之外，还需要给予其特殊的政策，例如企业注册登记、信贷服务等方面的支持，由此产生的成本增加则由政府承担。

三是劳动保护。劳动者在劳动过程中面临多种风险，因而需要有一系列风险保障机制。残疾人参与社会劳动，可能会遇到更多的风险，即便与健全人面临同样的风险，他们遭遇风险事故的可能性或严重程度也会更高一些，例如职业伤害风险、失业风险、疾病风险、过早身故等。因此，对于残疾人而言，劳动就业相关的基本风险保障制度应当予以特别的注意，并在相关的项目中予以一定的倾斜和优惠。

四是无障碍环境。由于生理和心理等方面的因素，残疾人在家庭生活中和参与社会生活、社会劳动时会遇到各种障碍，因而需要为其提供相应的无障碍设施，同时要有相应的社会规则和人文环境，使之能够感受到人文的气息和社会的温暖。例如，通过家庭无障碍改造，使残疾人有室内基本生活之便利；通过社区和公共设施的无障碍建设，为残疾人出行和参与社会活动提供便利；通过学校设施和工作场所设施的改造，适应残疾人就学和劳动的需要。

2.3 减轻残疾人个人和家庭的支出负担

一般地说，共同富裕可以通过提高低收入群体的收入水平来实现，也可以在保障生活质量的同时，通过降低低收入群体的生活成本来实现。如果既能够增加收入，又能够减少支出，则更为理想。就残疾人这个特殊群体而言，他们往往收入不多，但是支出更多，因为他们可能有一些特殊的刚性支出。尤其是缺乏劳动能力的残疾人，他们不仅没有劳动收入，而且支出是实实在在、不可缺少的。由《2019年全国残疾人家庭收入状况调查报告》可见，残疾人群的消费总体水平低，但其医疗保健支出很高，人均医疗保健支出是全社会居民的1.4倍。更重要的是，这项支出与各自的总支出相比，残疾人群是26.3%，而全人群是8.8%，这两项比率差之甚远。

残疾人群收入低，但有较高的刚性消费支出。基于共同富裕的目标，国家需要通过健全基本公共服务制度，使残疾人在享受普通社会成员应有的基本公共服务的基础上，另外享有若干特殊的服务项目，使其个人或家庭的支出负担降低。例如，对于没有劳动能力因而没有收入来源的残疾人，为其提供基本生活、基本医疗、基本康复和基本照护等全方位的保障和服务。对于其他残疾人，需要根据其残疾类型、残疾程度和家庭情况提供相应的服务，包括：提供公共康复服务，使残疾人减少康复支出；提供医疗公共服务，提高残疾人基本医疗保障待遇；提供残疾人基本医疗保险、基本养老保险保费补助；提供公共照护服务，以减少其照护服务支出，等等。

2.4 建立对残疾人适度倾斜的收入分配机制

现行社会财富分配主要基于社会成员的贡献，即"以贡献论英雄"。在这种分配规则之下，残疾人会相对不利，因为受制于诸多客观因素，残疾人对生活的贡献可能相对较小。在推进共同富裕的进程中，对于这样的分配规则需要进行适当的改进和完善。事实上，社会成员出生时，都应当拥有一份自然资源，而这种资源从理论上讲是人人均等的，尽管它难以被清晰地刻画。但是，现行分配规则往往忽视这个因素，而是主要看社会成员对于自然资源的利用与开发，利用越多、越好、越有效的社会成员，就被认为是对社会贡献越大的人，因而可以得到更多的社会财富。于是，就有了人与人之间财富占有的差距，残疾人往往被列入贡献较小者的行列，其得到的社会财富必然比较少。

在社会财富分配规则难以实现根本性转变的背景下，我们可以依照共同富裕的思路，在某些特定的环节建立某种有益于残疾人增加收入和财产的机制。这里有两种基本的途径。第一种途径是通过转移支付来实现。例如，利用公共财政资金，给低收入残疾人提供一定的资金补助，以维持其基本生活并使之逐步改善生活状况；政府通过公共服务机构或通过购买相关服务，向困难残疾人提供其所需要的服务，以改善其生活状况；政府通过一定的公共政策，使残疾人有更好的发展机会，如就业扶持、创业支持和社会参与等。表面上看此类支持不涉及金钱，但这些政策都来源于公权力，都有含金量，可以折算成为资金，资金则来自税收。第二种途径是在某些项目的初次分配环节设置对残疾人适当倾斜的分配机制。例如，农村集体经济组织由本组织中的农民个体组成，这类经济组织除了参与劳动者可以得到薪酬之外，还会对组织成员进行分红，但这种分红往往是按照股权平分的。但是，这里需要注意两个因素：一是残疾人参与集体经济组织劳动的机会相对较少，因而得到劳动报酬的机会就少；二是集体经济组织的股权确定，受多种因素影响，某些方面可能对残疾人不利，因此如果按照股权简单分配红利，残疾人的利益可能受损。所以，在农村集体经济红利分配时，应充分考虑残疾人的特殊困难，建立对残疾人适当倾斜的分配机制。

3. 现阶段促进残疾人走向共同富裕的重点

基于上述研究，促进残疾人走向共同富裕，必须着眼于增强残疾人自身发展能力，着眼于为残疾人发展提供更多的机会，着眼于降低残疾人的经济负担，着眼于初次分配机制的创新。在扎实推进共同富裕的进程中，应当进一步加强对残疾人的社会支持，优化制度政策设计并创新体制机制，使之适应于共同富裕的进程。现阶段，需要在以下几个方面持续努力。

3.1 逐步落实因材施教的残疾人教育原则

众所周知，教育是提高人力资本的基本途径[2]，提高残疾人的发展能力离不开教育。新中国成立以来，尤其是改革开放以来，残疾人教育得到重视和加强。国务院颁布实施了《残疾人教育条例》，并采取一系列有效的措施，使残疾人受教育水平持续提高，我国残疾儿童义务教育入学率达95%以上。由于接受了系统的基础教育和各类专业化训练，许多残疾人不仅实现了自身的良好发展，而且为国家的经济发展和社会进步做出了积极的贡献。

同时应当看到，残疾人教育还存在诸多问题，与共同富裕的要求不相适应。一是基础教育方面，尽管残疾儿童的义务教育入学率已经较高，但教育的质量不容乐观。有的残疾儿童号称初中毕业，但所学知识没有掌握，生活自理能力极弱。事实上，部分残疾儿童由于残疾程度较高，虽然具有某个学校的学籍，但实际上没有能够在学校持续接受教育，这可能是因为学校缺乏适合残疾儿童学习的条件，如康复服务设施与技术等，也可能是因为送教上门机制不到位，送教上门的频率较低。在教育过程中，要格外关注不同年龄段残疾人的教育需求。尤其是0—6岁的残疾儿童，他们需要接受学前教育以便更好地与义务教育衔接，同时他们也处在康复的重要阶段，要实现教育与康复并重[5]。二是职业技能教育方面，公共服务支持力度不够，尤其是缺乏有针对性的残疾人教育培训服务。总之，面向残疾人的基础教育和职业技能培训服务都缺乏精准性，与因材施教的要求差距甚远。当然，真正的因材施教需要较高的成本，包括资金、设施设备和师资，这就需要有相应的投入。然而，从国家长远发展和实现共同富裕的要求看，需要逐步落实因材施教的原则，持续不断地推进残疾人教育从数量增加到质量提高的转变。

一是逐步开展对残疾儿童教育需求的个性化评估。应当注意到，与健全儿童相比，残疾儿童由于残疾等级、残疾类型的不同，在学前教育、义务教育和高中教育等各个教育阶段都会呈现出特殊的教育需求。我国已经积累了对残疾儿童和青少年开展融合教育的经验，融合教育在本土化之后，我国在融合教育的教育安置、师资建设等方面都做了有益探索[6,7]。但是，从"随班就读"走向"融合教育"还需要建立更加完善的机制。仅仅将特殊儿童简单安置在普通学校，无法实现真正的融合。全面推进融合教育的基础是发现和识别残疾儿童的不同需要。因此要尽快组织专业人士，学习借鉴国际先进经验，提出一套符合我国国情的残疾儿童教育需求评估办法，在各地逐步实施。在科学评估的基础上，实行分类施教。即以评估的结果为基础，通过个性化、个别化教育，完善融合教育课程体系，提出适合残疾儿童的培养方案，并配备相应的师资、服务人员和其他条件，提高教育质量，真正实现因材施教。考虑到成本和客观条件的限制，培养方案的设计可以逐步从简略到完整，并在实践中不断完善和进步。

二是逐步改善学校的残疾儿童教育条件。目前，各级各类教育机构的设施设备建设基本上只为健全的受教育对象服务，很少考虑到残疾人受教育的需要。为此，应当根据残疾人受教育的需要，尤其是融合教育的需要，在特殊教育机构之外的部分教育机构配备适合残疾人受教育的设施设备和软件。相应地，需要增加这类教育机构的财政预算（事实上，目前的财政预算基本没有考虑这个因素），并且改进对这类教育机构的考核规则，如升学率等核心指标。

3.2 稳步推动残疾人就业创业帮扶的精准化

凡有劳动能力的社会成员，都需要通过自己的劳动获得社会财富并实现个人的发展。对于残疾人而言，如果没有劳动能力，国家需要通过有效的基本公共服务，保障其基本需要和基本尊严，并逐步提高服务水平；对于有劳动能力的残疾人，国家需要根据其具体情况，有针对性地提供就业或创业帮扶，使他们能够自食其力甚至实现更好的发展，这是残疾人实现社会融入的最有效的途径。多年来，国家重视残疾人就业创业，给予了积极的支持并产生了良好的效果。但是应该看到，残疾人的就业比率和就业质量都还不够高，相应地，残疾人的收入水平也比较低，与共同富裕的要求还有较大的差距。为此，需要重点关注以下几个方面。

一是创新残疾人就业创业帮扶机制。多年来，关于残疾人就业创业的支持，各地已经有大量探索实践，并形成了一系列有效的经验和做法。基于劳动力市场的变化和共同富裕的要求，对于残疾人就业创业的支持，需要有新的思路和新的办法。例如，帮助残疾人通过互联网实现就业，通过与快递行业合作推进残疾人就业，鼓励发达地区用工企业在欠发达地区设立帮扶性就业基地以扩大残疾人就业，健全师傅带徒弟机制提高残疾人技能以稳定劳动关系并增加残疾人收入等。此外，要创新残疾人就业创业服务手段，把就业创业需求、就业岗位供给等各类信息资源整合起来，提高对接的效率和精准度。政府就业部门对行之有效的创新经验予以鼓励支持并及时推广。

二是有效落实残疾人按比例就业政策。得益于改革开放和社会主义市场经济体制的建立，成千上万的社会成员获得了发展机会，广大残疾人也从中受益。但应该看到，政府在某些方面可调控的资源也受到一定限制，某些用人单位在安排残疾人就业方面缺乏自觉性。为此，要逐步完善并有效落实残疾人按比例就业的相关规则，例如按照不同行业对劳动力的使用情况确定不同的安置名额，以区别劳动密集型与否，从而均衡各类用人单位的任务。同时，全面落实国家机关、事业单位和国有企业带头安置残疾人就业，为全社会做出应有的示范。

三是完善残疾人就业保障金使用规则。在实行残疾人按比例就业政策的同时，国家建立了残疾人就业保障金制度，即由未达到残疾人就业安置数量的用人单位缴纳相应的费用，用于残疾人就业帮扶。从这些年来的实践看，这项制度已经发挥了一定的积极作用，但是目前这项资金并非全部用于残人就业帮扶，而是主要用于残疾人基本保障和服务等方面。尽管都是用于残疾人事业，但与其初衷并不相符。从逻辑上讲，残疾人就业保障金应当全部用于残疾人就业帮扶，而残疾人基本保障和相关服务的资金，应当由财政另行安排。事实上，我们现在对于残疾人就业的帮扶明显不足，所以应当尽快让这项资金回归其本位，同时必须认真研究如何使用好这笔资金。

3.3 完善残疾人"两项补贴"制度

2015年，国家建立了残疾人"两项补贴"制度，提高了残疾人的基本保障水平，我国残疾人保障服务由此开始从救助型向福利型、从补缺型向普惠型转变[8]。从最近这些年的实施情况看，"两项补贴"给经济困难残疾人和失能程度较高的残疾人缓解了困难，发挥了积极的作用。但随着时间的推移和政策环境的变化，该项制度遇到一些新的问题，亟待完善。

一是落实中央财政支付责任，统一全国最低标准。目前，残疾人"两项补贴"制度没有清晰地刻画中央财政的责任，也没有明确全国统一的最低标准，这就使得各地的补贴标准不同，尤其是在经济发展相对滞后、财政能力不强的地区，其补贴标准很低，实际发挥的作用较弱。建议积极创造条件，设立"两项补贴"的全国最低标准，并明确这部分资金由中央财政承担，鼓励各地根据自身财力在此基础上适当提高。

二是建立"两项补贴"标准的自然增长机制。残疾人"两项补贴"制度实施以来，其补贴标准在许多地区基本上没有变化，这就使得该项制度的实际效应开始下降。事实上，无论是残疾人的基本生活成本还是失能照护服务成本都在增加，这从最近几年的CPI指数变化情况可以看出。如果"两项补贴"的标准一成不变，则制度的目标就难以达成。建议建立与物价水平挂钩的自然增长机制，以确保其购买力不下降，进而确保制度目标的实现。

3.4 积极探索对残疾人适度倾斜的初次分配实现机制

为了让残疾人与健全人一起走向共同富裕，需要对残疾人有更多的政策倾斜，不仅帮助他们提高发展能力，而且为他们提供更多的发展机会、给予有效的保障。这里既有通过发展实现富裕的意味，也有让残疾人共享社会发展成果的因素。一般把面向全体社会成员的基本公共服务和面向残疾人的特殊公共服务作为共享的重要途径，但是从目前的收入分配格局看，仅仅通过公共服务和公益慈善等再分配途径还难以解决实现残疾人共同富裕的目标。因此，需要积极探索初次分配中残疾人除了劳动所得之外的利益分配实现机制。

近年来,部分地区探索在农村集体经济利益分配时引入农民利益联结机制。例如,浙江省安吉县"两入股三收益"是村集体与社会资本合作,以优质项目经营为核心,以环境可持续发展为前提,采用村集体资本入股的形式,拓展村集体经济和村民增收渠道,带动当地发展和农户增收的一项工作,其中蕴含着一种农民利益联结机制。所谓"两入股"指的是以村庄资产和资源对项目进行入股,"三收益"则是指租金、股金、薪金三种增收渠道。这一做法,不仅为自然资源丰富的农村地区提供了实现高质量发展的新思路,而且可以通过有效的农民利益联结机制推动共同富裕。

尤其值得注意的是,在这一过程中,他们对包括困难残疾人在内的低收入群体有所优惠。以股权分红为例,根据章程,通过相关法律和民主程序,实行按股分红,同时突出对低收入群体的帮扶和救助,提倡按照不低于其他股民 1.5 倍享受分红。除此之外,有的村集体还专门在集体经济收益增加部分安排了固定比例的资金,专门用于低收入群体的就业帮扶,让其更多更充分地享受集体经济发展的成果,实现包容性发展,缩小人群收入差距。此类做法,如果能够得到推广,则残疾人参与国有经济和集体经济利益初次分配的实现机制可以逐步建立。

3.5 全面加强残疾预防和残疾人康复

有效的残疾预防和残疾人康复能够减少残疾,不仅有益于提高全社会的健康水平,进而增强人民群众的幸福感,而且能够增加劳动力数量,提高全社会的劳动生产力,促进经济社会高质量发展,从而创造更多的社会财富。长期以来,国家重视残疾预防,全社会一直在努力,但残疾预防和残疾人康复的任务依然不轻。因此,要有效实施《国家残疾预防行动计划(2021—2025 年)》,并在以下几个方面继续努力。

一是全面普及残疾预防知识并提高预防能力。当前,自然生态、社会环境变化,科学技术进步,人们的生产和生活方式改变,人口结构变化,致残的因素也在发生变化,残疾预防面临新的形势。要以先进的科学和技术研究成果为基础,培育残疾预防专业技术人员,同时编制残疾预防科普读物,组织科普骨干队伍,介绍通俗易懂、易学易会的残疾预防技术和方法,并通过有效的渠道加以普及推广,尤其是面向儿童、青少年、新婚夫妇、孕产妇、婴幼儿家长、老年人、高危职业从业者等重点人群,开展有针对性的残疾预防知识普及；面向伤病者、残疾人等，加强康复知识宣传普及，着力提升其康复意识和能力。

二是加强生育缺陷干预。有研究表明，新生儿出生缺陷率高是我国婴儿死亡和残疾的重要因素，进而严重影响出生人口素质。随着生育政策的调整，高龄产妇将会增加，出生缺陷问题将更加严峻。因此，必须采取综合防治措施，全面落实三级预防措施，加强生育缺陷干预，持续有效实施生育缺陷干预工程，全面实行新生儿疾病筛查和0—6岁儿童残疾筛查。在加强监督管理、规范防治服务的同时，还要加强出生缺陷干预技术和方法的研究。

三是提高残疾人康复服务水平和精准度。康复是帮助残疾人恢复或补偿功能、提高生存质量、增强劳动能力和社会参与能力的重要途径。随着经济社会的发展，残疾人康复的需求进一步增加，康复服务的项目增多，服务要求提高。为此，要加强康复科学和技术研究，不断提高残疾人康复服务的专业化水平，把康复服务作为现代服务业的重要一行，培育康复专业队伍，使残疾人康复与经济高质量发展有机结合起来。与此同时，要提高残疾人康复服务的精准性，加强农村和基层社区的康复服务及其指导力量，加强残疾儿童康复救助，全面实施残疾儿童抢救性康复工程。

参考文献：

[1] 厉才茂，冯善伟，杨亚亚等. 2019年全国残疾人家庭收入状况调查报告［J］. 残疾人研究，2020，38（02）：75—81.

[2] 郑功成. 共同富裕与社会保障的逻辑关系及福利中国建设实践［J］. 社会保障评论，2022，6（01）：3—22.

[3] 蔡昉：提高人力资本归根结底要靠教育［J］. 人民日报，2020年1月.

[4] 朱健刚，严国威. 迈向整体性治理：残疾人实现共同富裕的制度逻辑与现实路径［J］. 残疾人研究，2022，48（04）：3—10.

[5] 乔庆梅. 中国残疾儿童社会福利：发展、路径与反思［J］. 社会保障评论，2018，2（03）：123—132.

[6] 谢正立，邓猛. 中国融合教育本土化发展与反思［J］. 现代特殊教育，2020（22）：3—8.

[7] 赵斌，冯诗瑶，张瀚文. 融合教育本土化发展的内涵、理论基础与实践探索［J］. 中国特殊教育，2022（12）：9—15.

[8] 何文炯等. 中国残疾人津贴制度研究（上）［J］. 残疾人研究，2012（1）：32—38.

以时间银行推动残疾人共同富裕的思考与启示

陈 功 索浩宇 张承蒙

【摘 要】"促进残疾人全面发展和共同富裕"是"十四五"时期残疾人事业发展的重要任务。残疾人"平等、融合、共享"目标的实现,需要全社会的共同参与以及残疾人自身发挥积极作用。时间银行基于广义互惠交换理念,作为一种社会治理的平台和创新机制,通过志愿服务回馈长效机制,实现公益资源供需匹配。国内外时间银行助残扶残研究与实践显示,时间银行超越了以往的单向志愿助残机制,承认残疾人价值,能够促进残疾人的社会参与、构建新社会支持体系以及高效调配助残公益资源,在我国新时代残疾人事业发展中具有独特优势和广阔前景。要依托时间银行构筑"人链、服务链和资源链"体系,为残疾人赋能增权,在调动最广泛公益资源的基础上,打造残疾人自助、互助和共助服务体系,最终实现残疾人全面发展和共同富裕目标。

【关键词】时间银行;助残志愿服务;共同富裕;残疾人

基金项目:国家社科基金重大项目"中国特色养老服务体系建设研究"(20ZDA076)
作者单位:北京大学人口研究所 北京 100871
作者简介:陈 功 教授 博士生导师。研究方向:社会老年学、人口健康、残疾调查和统计分析
　　　　　索浩宇 博士研究生。研究方向:社会老年学、社会工作与社会政策、时间银行
　　　　　张承蒙 博士研究生。研究方向:碳行为、技术社会影响力、慈善与非营利治理
本文原载于《残疾人研究》杂志2022年第2期。

前　言

《"十四五"国民健康规划》和国家卫生健康委员会最新通报显示，当前我国人均预期寿命达到 77.93 岁，人均预期寿命的中位数达到 79.40 岁。然而，我国健康预期寿命状况却不容乐观，2018 年底这一数值仅为 68.7 岁，从平均水平上看，老年人可能存在 8 年的带病带残生存期。平均预期寿命的提高与人口老龄化现象相伴相生，带残生存期的延长促使残疾老年人以及老年残疾人增多，对基本公共服务的供给、促进社会包容和社会融合、增进全体人民福祉和共同富裕目标的实现带来一定的影响和挑战。但挑战与机遇并存，一方面，改革开放带来经济社会发展等物质红利的同时，也使得每个人的平均预期寿命得以延长，个体的可支配时间增多，时间成为一种资源。如何高效分配和利用"时间红利"，撬动形成新的人力资源，成为时代需求和现实命题。另一方面，残疾老龄化现象也使得对健康和福祉、长期照护和服务、促进平等参与和共建包容性的需求增加，从而孵化了相关服务机构的发展，助残志愿服务等也得到了较快发展。

《"十四五"残疾人保障和发展规划》提出，"十四五"时期要"以推动残疾人事业高质量发展为主题，以巩固拓展残疾人脱贫攻坚成果、促进残疾人全面发展和共同富裕为主线，保障残疾人平等权利，增进残疾人民生福祉，增强残疾人自我发展能力"[1]。从共同富裕的目标实现上看，残疾人和老年人均是"一个也不能少"的重要保障群体，促进残疾人的全面发展离不开尊重残疾人的价值、发挥残疾人的作用，"平等、融合、共享"的目标实现，也离不开全体残疾人的共同参与。基于以上的现实需求，我们迫切需要寻找一种新的支持性工具，能够在"平等、互惠"的基础上，以"赋权、增能"为视角，将服务需求者和生产者（提供者）链接起来，在"融合、共享"中推动共同富裕目标的实现。

时间银行是一种基于广义互惠交换的新的分配机制，在国外广泛应用于社会救助、社区融合、医疗服务和互助养老等领域，其概念于 1980 年代由美国学者埃德加·卡恩（Edgar Cahn）提出。卡恩倡导"时间美元"并将其作为一种"社区货币"，在这种模式下，时间银行将"时间"和"公益"挂钩，倡导社区成员积极利用闲散时间，帮助有需要的人，把帮助所付出的时间以虚拟货币的形式存储起来，当自己有需要时可从中支取"已存储时间"[2]。时间银行在美国、英国等地广泛应用于残疾人互助服务和社区融入等环节，在实践中展现了较强的生命力，在我国本土化的过程中，也主要服务于老年人、残疾人等需要特别关心、关注的群体。时间银行的价值理念与"平等、融合、共享"的残疾人观理念一致、内核相似。通过时间银行打造"人链、服务链和资源链"，促进残疾人自助、互助和共助服务体系建设，为促进残疾人全面发展和共同富裕目标的实现提供了重要路径。

1. 当前残疾人共同富裕的研究进展回顾

1.1 残疾人共同富裕是现代化宏伟蓝图的应有之义

习近平总书记在中央财经委员会第十次会议中指出："共同富裕是社会主义的本质要求，是中国式现代化的重要特征，要坚持以人民为中心的发展思想，在高质量发展中促进共同富裕。"共同富裕是以人民为中心的发展思想的深刻体现，这一概念根植于中国近代社会艰难探索的历程，蕴含着全体中国人民对美好生活的共同向往。共同富裕的目标是实现财富和收入的公平分配，使全体人民共享改革发展成果[3]。只有通过社会补偿机制，保障低收入的弱势群体，消除财富的两极分化，才能真正实现共同富裕[4]。改革开放以来，我国在脱贫方面取得了显著进步，贫困人口减少了近8亿，为全球发展贡献了中国力量。脱贫工作展现了中国共产党带领全体人民实现共同富裕的伟大努力，随着我国在2020年全面消除极端贫困，主要的社会关注点正在从绝对意义上的财富和收入转向相对意义上的财富分配和福祉公平。十九届五中全会提出了"全体人民共同富裕取得更为明显的实质性进展"的远景目标，丰富了共同富裕的内涵。习近平总书记进一步指出，我们中国追求的共同富裕"是全体人民共同富裕，是人民群众物质生活和精神生活都富裕，不是少数人的富裕，也不是整齐划一的平均主义"，为当前的共同富裕道路指明了方向。

当前中国有超过8500万残疾人，残疾人作为社会的重要成员，共同参与经济生产和社会生活，是光荣的劳动者和建设者，理应共享改革发展成果，加入共同富裕新征程。但受制于客观条件，在身体功能发挥受限与外界环境支持匮乏的共同作用下，残疾人仍属于弱势群体，在实现共同富裕的道路上面临着更多的挑战。随着老龄化程度的不断加深，残疾老龄化和老龄残疾化趋势愈发明显[5]，残疾人口规模将进一步扩大，如何实现残疾人共同富裕成为应当深度思考的课题。

1.2 残疾人共同富裕的既有理论思考

共同富裕意味着以人民为中心的内涵式发展，残疾人的共同富裕首先要保障残疾人在经济发展中不能掉队；其次是要以不断完善的社会保障为依托，给残疾人提供社会支持；最后要回归到残疾人本位，以优势视角赋能残疾人发挥自主价值。

残疾人面临着非常高的经济贫困风险，而较差的社会经济地位作为一种不利因素，又会作用于其整个生命历程，提高了残疾、慢病发生概率[6]。早在20世纪末，世界银行就关注到残疾贫困问题，指出贫困人群中的残疾人占比达到15%—20%[7]。残疾事件一般会限制人力资源的积累，对就业和收入造成负面影响，"因残致贫"是一种常见现象。有学者基于实证分析，指出残疾人多维贫困指数高于非残疾人，其中教育、医疗保险和卫生设施三个方面的差距，是造成残疾人多维贫困的三个影响最大的指标[8]。就残疾对家庭经济风险的影响来看，作为家庭收入主要来源的男性和中青年发生残疾后，会直接使家庭人均可支配收入、生活水平下降，而家庭中的儿童发生残疾时，残疾对家庭收入的负面冲击最大，因为这会改变家庭中的劳动力配置，使作为主要收入来源的家庭成员不得不因为照料儿童而减少工作时间或放弃更好的工作机会，制约了家庭经济状况的改善。基于既有研究，可以认为，残疾人收入的增加不仅需要增加残疾人的就业机会，而且需要考虑增强残疾人的人力资源，使其获得更强的就业竞争力，并且应当给予残疾人家庭成员更多的就业机会和就业保障。

在关注残疾人收入的同时，也有诸多学者关注了残疾人社会保障和社会服务等相关议题，指出这些议题之于残疾人事业发展和残疾人共同富裕的重要性。残疾人的服务需求中，最迫切的是康复服务，国家已经出台了一系列促进康复的政策文件，如2022年1月国务院办公厅发布的《国家残疾预防行动计划（2021—2025年）》、2021年8月中国残疾人联合会联合多部委印发的《"十四五"残疾人康复服务实施方案》等，以政策兜底残疾人康复服务供给。而随着残疾老龄化和老龄残疾化的趋势不断增强，养老照料和医疗护理逐步成为残疾人公共服务中的短板。实证调研显示，受到文化因素影响，残疾人普遍希望居家养老，但部分高龄残疾人由于没有其他家庭成员，无法享受高质量居家养老服务；且目前缺乏专业化的养老服务机构，普通的养老服务机构中适用于残疾老年人的床位非常稀少[9]。按照《"十四五"国家老龄事业发展和养老服务体系规划》的要求,"十四五"期间,我国将"支持1000个左右公办养老机构增加护理型床位","支持有条件的医疗卫生机构为残疾等行动不便或确有困难的老年人提供家庭病床",为残疾人共享美好生活、享受高质量养老康复服务提供了方向指引。

随着我国经济社会发展迈向共同富裕,残疾人也摆脱了贫困状态,对美好生活的需求结构正从生存型向发展型转变,但残疾人事业仍存在发展不平衡不充分的问题,仍然面临着残疾人家庭陷入长期低收入返贫风险、残疾人社会保障水平不高、公共服务均等化发展滞后、残疾人照料需求难以满足、残疾人自身价值难以发挥等问题。在以特惠扶持实现残疾人脱贫解困的基础上[10],创新残疾人共同富裕路径的重要性和紧迫性日益凸显。

总结来看,残疾人及其家庭对就业、康复、照护等专业和非专业需求已经迎来转型,呈现多层次、多样化特征,需要在政府主导下充分发掘社会各方力量提供支持和介入,不断满足残疾人共建共享幸福美好生活的需要。基于过往的研究和实践,时间银行已被证明是一条共建、共治、共享的社会治理创新路径,可以融入残疾人共同富裕的创新机制。

2. 时间银行助力残疾人共同富裕的可能性

2.1 时间银行价值与扶残助残理念高度契合

时间银行中,会员用服务交换时间积分,时间积分在会员账户上以贷方和借方的形式记录下来,待自己有需要时从中提取被服务时间,在20多年本土化进程中,其概念、模式和运作机制不断被大众认可和接受,在互助养老中运用较为广泛和成熟,并逐步探索成为积极应对人口老龄化的第三条道路[11]。此外,时间银行作为一种治理工具,其功能和外延也在不断扩展,通过志愿服务回馈长效机制,实现公益资源供需匹配,最终目的是实现互惠共济、共建共享的温情社会。时间银行具有五种核心价值①,分别是:

---

① 时间银行的五种价值是根据卡恩教授在其著作"No More Throw-away People: The Co-Production Imperative"中的观点整理而来的,以上五种价值已在国内外研究者的相关研究中得到一致认可。

①资产：我们每个人都有一些能与他人分享且有价值的事物，每个人都可以成为建设者和贡献者。

②重新定义工作：有些形式的工作无法用金钱衡量，例如促进儿童健康、维护和谐的家庭关系、促进社区发展、促进社会公正等。时间积分可以通过奖励、认可和表彰等方式来激发人们投身于这些无法用金钱衡量的工作。

③互惠：双向的帮助会让服务效果更好，"你需要我"变成"我们需要彼此"。

④社交网络：通过互相帮助，可以重构一个充满社会支持、社会力量和人际信任的社区。

⑤尊重：每个人都有价值，都应该获得尊重。

而本土化的时间银行又增加了两种价值，分别是"时间"和"家庭"[12]。从时间银行的价值中，我们可以看到它与残疾人事业相融的可能，可以调配社会慈善资源，促进残疾人共同富裕的实现。在发挥作用的过程中，时间银行不只是解决"残疾人、老年人在晚年可以被照顾和赡养"的问题，更是将残疾人及其家庭作为一种资产和资源，以优势视角来看待残疾人及家庭[13]。时间银行以一种互惠机制作为保障，超越了以往的志愿助残机制，通过赋能家庭，动员家庭在更好承担家庭责任的同时加入互惠团体，进而将残疾人的需求和供给融入整个社会公益圈的资源匹配。

2.2 时间银行能够认可残疾人价值并促进残疾人的社会参与

时间银行自诞生之初就是人力资源开发的工具，还承认那些并非显而易见的劳动价值。如日本的志愿劳动银行，认为家庭主妇的劳动也是有价值的，将做家务、照顾家庭的老年主妇组织起来，进行互相帮助，进而给她们喘息机会。在残疾人实现共同富裕的过程中，时间银行可以促进残疾人及其家庭成员以参与者的角色加入互惠网络以及公益行动，以一种社会化机制，实现残疾人照护资源、社会公益资源调配的效率最大化，改善残疾人自身及家庭成员的身心健康。此外，时间银行赋予成员权利，允许他们通过向他人提供时间来支付他们得到的帮助。除了赚取援助之外，成员能够成为社区的积极贡献者——这反映在时间银行的核心原则中，即每个人都是一种资产，都有可以用来帮助他人的技能。在国外实践中，这一价值观帮助弱势群体（如残疾人、老年人及精神障碍患者）等重新融入所在的社区，在减少社会隔离和孤独感、重构社会信任和社区凝聚力中发挥了重要作用。参与时间银行的残疾人通过发挥自身技能交换服务，能够获得他人的接纳和尊重，在基于互惠的志愿服务中，建立了与其他残疾人及所在社区与居民的链接，能够创新其社会参与途径和提升其社会参与水平。

2.3 时间银行有助于构建新的残疾人社会支持体系

时间银行的运作机制，决定了它是一种社会保障的形式，是对现有社会保障体制的有益补充，以非货币的手段实现了劳务的延期兑付。现有的残疾人社会支持体系较为分散，家庭是残疾人最主要的支持来源，残疾人保障通常被视为家庭责任，社会力量没有发挥应有的效能。这属于一种旧观念，需要代之以国家、社会与家庭共同责任的观念，时间银行就可以成为这样一种实现责任共担的空间和平台。对于成员分散的家庭而言，时间银行能够保存其服务所产生的志愿服务时长记录，使得处于不同地域的家庭成员也能够实现志愿服务回馈的共享，可以缓解家庭成员照护的情感压力和经济负担，为广大残疾人提供一种替代性的照护服务来源。时间银行的劳务存兑机制，有利于培育残障自助组织和推广助残志愿服务，构建一种多元协同的残疾人托养照护模式[15]。跨地域的时间银行，在人口流动日益频繁的背景下，将进一步激发全社会成员参与残疾人事业的热情，构建遍及全国的助残资源流通网络。

2.4 时间银行可以将公益慈善资源引入残疾人事业

中国自古以来就有救济弱者以及民间相互救济的传统，慈善救济、互助互惠中蕴含着的是一种摒弃了利己主义思想的新国民精神。随着社会的发展和新时代的推动，慈善事业作为国家福利事业的重要组成部分，也体现了国家治理现代化的内涵，慈善事业发展客观上能发挥第三次分配的作用，对于实现全民共同富裕意义非凡。

近年来，我国的慈善事业已经取得较大的进步，慈善捐赠平稳增加，从2015年至2020年，我国年度慈善捐赠总额已由1108.57亿上升至1520亿元①。时间银行自身运作过程中，通过整合不同互惠团体间的"公益圈"，可以促进公益慈善资源在社会层面的精准分配。对残疾人而言，时间银行不仅可以将公益慈善引入残疾人事业，还可以构建一套长效助残服务机制。实证

---

① 数据来源：中国慈善联合会发布的《2021年度中国捐赠报告》。

研究表明，助残志愿者的自我认知水平越高、自我效能感越强，越容易持续参与助残志愿服务[16]。时间银行承认所有人的价值，给所有参与者尊严，能够激励更多的社会公众利用闲散时间，参与残疾人事业。

3. 国际经验与中国实践

3.1 国外时间银行参与残疾人服务的典型经验

时间银行概念创始人卡恩提出的五种价值观昭示，应当鼓励社区成员付出时间来帮助或照顾脆弱和弱势群体，残疾人同样可以参与时间银行，提供劳务，并用以交换服务。西芳（Seyfang）等人的研究也指出，时间银行将人们和当地组织聚集在一起，相互帮助，利用以前未开发的资源和技能，重视在市场经济中通常被认为是"无用"的没有得到回报的工作，并重视那些在传统经济中被边缘化的人（如残疾人、老年人以及精神健康患者等）[17]。由此可见，人人都可以作为时间银行的参与者，这种社会创新机制鼓励残疾人等群体开展自助、互助和共助服务，从而培养社会资本和构建新的社会网络，这为推动残疾人共同富裕提供了重要的创新机制。从国外实践来看，时间银行在残疾人自助、互助和社会共助领域取得了一定的突破，在时间银行运行较早的国家，如美国、英国、西班牙等地，这种新的社会互助模式和创新机制正在广泛应用于技能分享、劳务交换、就业创业以及社会交往等方面，通过将残疾人及其家庭、残疾人照护者和专业人士组织起来，开发其本身的价值，鼓励残疾人的社会参与。同时，英国时间银行（Timebanking UK，TBUK）还开发了帮助盲人参与和使用的时间银行软件和盲文手册，为视障群体消除障碍。英国西南时间银行和美国密尔沃基时间交换系统则依托所在社区，开展具体的残疾人自助和互助服务，帮助当地残疾人更好地融入所在社区，通过互助服务无偿或低偿获取市场上难以获得的服务项目以及重新进入工作岗位等。

表1 开展残疾人自助、互助、共助服务的部分国外时间银行案例

	英国时间银行（TBUK）	西南时间银行（Timebanking South West）	密尔沃基时间交换系统（Milwaukee Area Time Exchange）	赋能-时间银行项目（CAPABILITY-TB）
国家及城市	英国斯特劳德（Stroud）	英国普利茅斯（Plymouth）	美国密尔沃基（Milwaukee）	欧洲成员单位分别位于西班牙、希腊、葡萄牙、意大利和奥地利
类型	全国性慈善机构	注册慈善机构	非营利组织（NGO）	非营利组织（NGO）
理念与目标	分享知识和技能、培训和教育，使当地人和组织能够建立和管理时间银行。	将人们聚集在社区中交换时间和技能，为增进人们的福祉做出贡献，减少社会孤立和孤独感。	通过交换时间、技能等，建立安全和充满活力的社区。	赋能残疾人（态度、知识、技能）；制定培训计划，通过时间银行提高残疾人的包容性和参与度。
运行机制	为全国时间银行组织、协调员以及用户提供支持，建设时间银行在线通用系统（Timebank Online 2）；进行社会动员和社会倡导。	不设门槛，18岁以上成年人可免费参与，每个人有5个积分，等时等值。	依托Hour World平台和系统，成员参与时间银行服务获取时间积分，一小时服务等于一积分，可兑换会员服务。	在残疾人及其家庭（亲属）、专业人士等利益相关方的参与下，通过举办工作会议、培训专业人员以及开发在线系统，创建一个鼓励残疾人社会参与、促进社会融合的时间银行系统。

续 表

	英国时间银行（TBUK）	西南时间银行（Timebanking South West）	密尔沃基时间交换系统（Milwaukee Area Time Exchange）	赋能-时间银行项目（CAPABILITY-TB）
服务内容与成效	在大伦敦盲人基金的资助下，开发了适合盲人使用的时间银行软件系统，印制盲文教学资料；制定专项扶持弱势群体参与的政策与监管保护机制。	每周定期举行一次或多次社交聚会，组织活动如音乐课、语言课、园艺课、烘焙课、手工艺课、大声朗读等。	帮助残疾人介绍和寻找工作，提供劳务交换服务，提供服务购买能力（缓解贫困），为残疾人等群体提供长期照护服务。	"创建时间银行的指南"，设计一套"时间银行培训活动"，编制适用于残障人士及其支持者的"培训材料"，开发"CAPABILITY-TB电子培训工具"。

根据表内机构官方网站提供的信息整理。

"赋能-时间银行项目"（CAPABILITY-TB）是以上案例的一个典型代表。遵循联合国《残疾人权利公约》、《欧洲残疾人战略（2021—2030年）》和《欧洲社会权利支柱》条款及理念，其主要目的是鼓励残疾人群体使用时间银行，促进残疾人的自我认识和发现能力，增强残疾人的社区参与；通过促进拥有不同特长和能力的人相互交流，促进相互支持，从而通过时间银行来促进残疾人轻松地且以较低（物质）成本获得商品和服务；该机构在后期开发了一套线上平台系统，并对残疾人使用者开展一般和特定的数字技能培训。

阿米卡（Amica）组织是"赋能-时间银行项目"首批合作对象，自2020年11月加入起，入驻项目平台并对残疾人用户和培训师、协调员的时间银行开展前期培训。阿米卡遵循的价值观包括尊严和对人的尊重、社会承诺、捍卫权利、服务对象满意度、网络和团队合作、透明度、全民参与、创新和创造力、平等和质量把控等。该组织相信，个体必须被视为个人和社会的存在，而不受自身局限性的影响。在这个社会中，每个人都应受到尊重，残疾人是独一无二的，具有多样性。这与卡恩提出的时间银行五种价值中的"尊重：承认并认可每个人的价值"高度一致，也是鼓励残疾人开展自助和互助服务的一个重要基础。该组织鼓励残疾人及其家庭、专业人士和志愿者等利益相关方共同参与，提供社会关怀服务、多学科评估和跟进、儿童保育、日托、住宿、培训、就业、休闲、体育和获得文化、康复、个人和家庭支持等，促进残疾人独立生活、社会参与，提高生活福祉。此外，该组织章程规定的目标中也包括对物理环境的无障碍改造和通用设计，认为消除物理障碍是残疾人社会参与与社会融合的前提和基础[①]。

从服务内容上看，阿米卡提供残疾人个人支持服务和企业就业支援服务。个人支持性服务的具体流程是：残疾人与其家庭一起，将个体情况、能力、技能、物理环境中的困难和他们的需求一起反馈给阿米卡，由阿米卡将信息进行记录和整理，经线上匹配后，反馈给残疾人最适合的工作岗位或就业机会。在此过程中，基于信息技术和多学科的评估被应用于分析个人所拥有的能力和优劣势。同时，阿米卡以小组或个人的形式，进行包括物理、言语治疗等在内的康复和个人、家庭支持，以此增进残疾人的自我照顾能力，扩展其社会技能，从而为与社会建立新的链接打下基础。阿米卡拥有多个职业中心，残疾人可在专业培训师的介入下，寻找个人和职业兴趣，挖掘自身潜能和价值并在职业环境中进行重新工作前的适应性训练。此外，阿米卡还为残疾人家庭提供了相关支持性服务，主要包含日托、安排护理员、庇护所以及育儿托管等方面支持。阿米卡拥有的就业开发中心全年开展职业技能培训，并颁发相关职业证书。在残疾人进入普通劳动力市场后，阿米卡还将继续跟进，提供支持、陪伴和个性化跟踪。在企业就业支持服务方面，该平台运用独有的信息化匹配优势，为相关企业推荐合适的残疾人员工，且平台开放、服务免费。

国外时间银行参与残疾人服务的实践表明，一方面，时间银行为帮助低收入群体享受公平普惠的基本公共服务、促进残疾人就业和保障残疾人权益提供了创新机制和平台；另一方面，以时间银行推动残疾人自助、互助和共助，也有助于建设"平等、参与、融合、共享"的邻里关系和包容性社会。

3.2 中国本土化时间银行参与残疾人服务实践案例

时间银行概念自 1998 年引入我国，最早在上海市虹口区提篮桥街道开始

---

① 资料来源：阿米卡组织发布的西班牙语出版物 Memoria Descriptiva，2021 年。

实践探索，在20多年的本土化进程中，时间银行呈现出一种互助养老与志愿服务的混合形态。整体上看，互助养老时间银行是本土化实践中最基础和最广泛的功能。但随着残疾老龄化和老龄残疾化交织日益普遍，基于本地化发展的时间银行也开始越来越多关注居住在社区、需要帮助的困难群体，通常以空巢、独居、孤寡老年人、失能老年人以及残疾人为主。这种社区帮扶行动在时间银行理念推动下，由过去单纯的"利他"转向长效志愿服务激励机制的"互惠"，由过去少数活跃志愿者的结对行动转变为全员全天候参与，基于时间银行线上供需匹配和在线记录系统的广义互惠交换行动。此外，时间银行除了开展助残志愿服务外，也衍生出基于"平等、接纳、尊重"的残疾人自助和互助服务。借助时间银行平台，残疾人参与社区服务和社区治理，从传统"受助者"的角色向"参与者"角色转变。比较典型的案例有南京市姚坊门时间银行开展的助残志愿服务行动和北京市思诚时间银行开展的残疾人自助小组两种模式。具体如下：

表2　我国部分助残时间银行机构案例①

	南京市姚坊门时间银行	北京市思诚时间银行
所在地区	南京市栖霞区尧化街道	北京市东城区朝阳门街道
管理归属	政府主导、社会组织运营	社会组织运营
运行主体	南京市栖霞区姚坊门慈善基金会、南京市姚坊门彩虹社会工作服务中心（NGO）	北京市思诚社区公益基金会（NGO）
运行机制	运行管理：总行—分行机制，通过时间银行进行志愿者管理，搭建社区互助体系。兑换机制：721模式（70%换服务，20%换慈善超市生活物品、10%可折算现金补贴志愿服务成本）。	构建社区公益服务时间银行O2O系统平台，完善志愿服务激励机制，线上线下联动，建立时间银行的公益生态系统。

---

① 根据北京大学人口研究所第1—4轮全国时间银行调研访谈整理，特别感谢中国老年学和老年医学学会志愿与公益分会及相关单位对调研和案例搜集给予的大力协助和支持。

续 表

	南京市姚坊门时间银行	北京市思诚时间银行
服务内容	家政服务类、护理类、关爱交流类、外出代办类、维修类、其他类；其中，为残疾人提供上门家政、代购物品、理发、入户访视等服务。	构建"益圈"公益互助平台，以带有公益性质的社区服务为主要服务方向，重点服务社区独居、空巢、高龄老人，残疾人等个人及家庭。
服务成效	搜集辖区内残疾人的信息及需求，建立残疾人数据库，并根据需求形成服务清单。自2014年5月以来，为辖区108名残疾服务对象提供10338次服务。	孵化多支残疾人时间银行自助互助队伍，如"蚁编织小组"，以编织物品为桥梁，为社区提供志愿服务的社区社会组织；新冠疫情期间开展专项行动。

我国各地时间银行因地制宜，吸取本地社区的发展经验，通过政府搭台，广泛动员社会组织及企业力量参与，盘活社区资源，在互助养老的基础上，功能和边界得到了扩展。研究认为，时间银行将逐步凸显出作为公益资源分配手段融入社区治理的趋势。从时间银行推动残疾人服务来看，当前本土化实践探索出现了两种模式，分别是社会共济的助残模式、残疾人自助和互助模式。但大多数时间银行还是从广泛动员社区低龄老年人以及辖区内有时间和意愿的居民开展助残志愿服务，从尊重残疾人价值、赋权增能发挥残疾人作用的自助和互助角度孵化不足。

4. 时间银行助力残疾人共同富裕的思考与建议

4.1 以时间银行打造促进残疾人全面发展和共同富裕的重要机制

当前，人口老龄化已经成为我国基本国情，从生命历程角度看，每个人都面临残疾风险。残疾人事业事关每一个社会成员，扶残助残人人有责。同时，实现残疾人"平等、融合、共享"是残疾人事业现代化的基本路径[18]，时间银行在充分吸收借鉴国内外实践经验的基础上，通过构建人链、服务链、资源链等方式，赋能残疾人并认可尊重残疾人的价值，发展自助、互助和共助服务并高效配置助残资源,成为"促进残疾人全面发展和共同富裕"的重要平台和机制。

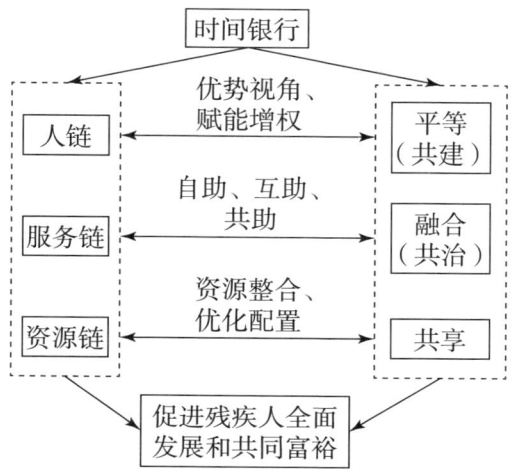

图1 以时间银行促进残疾人全面发展和共同富裕的探索路径

时间银行助力残疾人全面发展和共同富裕,关键在于围绕"以人民为中心"的根本目标,打造残疾人共建、共治、共享的社会参与机制,推动残疾人"平等、融合、共享",最终实现"人人平等、人人参与、人人共享"。

在缩小收入差距方面,时间银行能够通过技能和劳务交换,提升残疾人获得正式和非正式就业的本领,同时在广义互惠中加强社会网络,能够增强个体的社会资本,有助于残疾人的社会融入、就业创业,最终改善其收入分配格局和社会融合状况。

此外,推动残疾人共同富裕需要促进残疾人事业城乡、区域协调发展。共同富裕的目标之一,是通过社会融合,促进人和要素在区域、城乡之间双向自由流动,推进不同群体间公共服务的公平共享。要将传统的城市社区助残志愿服务融入时间银行体系,为残疾人提供更多样化的非正式照料,同时也为残疾人及其家庭提供新的参与社会生产的机会。广大农村地区,要充分借鉴时间银行互惠共享机制,发扬熟人社会互助传统,基于残疾人家庭,打造残疾人自助和互助平台。同时,在城乡协同发展视角下,城市的残疾人事业发展可以通过时间银行汇聚一定的人力和经济资源,通过公益基金、慈善信托等财务救济方式,转化为公益资产流向农村,采取无偿、低偿等方式雇用农村闲散劳动力,开发残疾人公益性岗位,开展照料服务,缓解农村失能老人和残疾人的照料压力。在区域协调的层面,要构建跨区域资源(助残和自助）调配机制，可通过时间银行促进家庭资产和公益资产的跨时空配置和代际流通，为残疾人、老年人等提供更加普惠、公平、可及的服务。

为此，要从顶层设计和制度理念层面创新推动，加强政策支持和制度设计，在全国层面推广时间银行的过程中，向残疾人及其家庭、助残扶残组织和人员进一步倾斜，并以政府购买服务、公益创投等形式，扩大专项试点范围，尤其是在农村地区和中西部经济发展相对薄弱的城市和乡镇，开展时间银行扶残助残探索，将时间银行机制有机融入各项残疾人保障和发展规划的落实过程，围绕残疾人自助、互助和共助，使广大的残疾人及其家庭能够认识时间银行、了解时间银行、加入时间银行，享受到时间银行创新机制带来的便利。

4.2 如何提升时间银行促进残疾人共同富裕的效能

4.2.1 运用优势视角赋权增能，发掘残疾人人力资源

国内外不同类型的时间银行运行实践经验表明，时间银行本着平等、互惠的理念，认为每位时间银行参与者都是有价值的，他们不是被动的受助者，也不仅仅是公益慈善的帮扶对象，残疾人同样拥有可以回报他人的机会和技能，能够发挥积极作用[19]，即每个人都是一种资产，都有可以用来帮助他人的技能。我国倡导的共同富裕是勤劳致富，是在按劳分配基础上的收入公平，残疾人也具有劳动的创造者和享有者双重身份[20]，促进残疾人全面发展和共同富裕，要求我们改变以往"问题视角"的认知和态度，转向以"优势视角"为核心，尊重残疾人的贡献，肯定残疾人的价值。

以时间银行创新残疾人共同富裕路径，要坚持优势视角，赋能残疾人及其家庭。通过时间银行的互惠交换服务，可以帮助残疾人重新认识自己的价值，实现赋权增能。时间银行的出发点在于广义的互惠交换行为，在时间银行中，残疾人可以为不同的社会群体跨越社区开展服务，在与其他社会成员的互动中增强了关系，建立了新的社会联结。此外，时间银行的成员必须考虑他们拥有什么样的技能，因为在接受服务的同时他们也需要确定"自己有什么技能可以提供给别人"[21]。残疾人加入时间银行，能够帮助他们认识到在传统正式就业市场之外的个人技能。本着自立、自强的精神，残疾人参与者可以利用他们的时间积累来发展新的技能，在此过程中开发人力和文化资源[22]。因此，在时间银行创新残疾人共同富裕的路径中，首先要注重优势视角的方法。

4.2.2 吸收借鉴先进经验，建设残疾人时间银行自助、互助和共助服务体系

时间银行的理论内核是"合作生产理论"（Co-production），该理论认为，公共服务应当由服务使用者和生产者共同参与，在专业人员、服务使用者以及家庭和邻居之间以平等和互惠的关系提供公共服务[23]。合作生产主张将人作为资产，利用人们现有的技能和资源相互提供交换服务，从而建立强大和具有支持性的自助、互助网络，促进互惠、相互尊重和建立信任。时间银行是实现这一理念的重要路径之一。在残疾人服务供给过程中，应当充分吸收借鉴发达国家和国内先行试点地区的实践经验，一方面鼓励社会力量开展扶残助残共助服务，另一方面要大力鼓励广大残疾人参与社区治理、日间照料等自助和互助服务。

从内部角度来看，首先应当鼓励残疾人群体借助时间银行开展自助服务，赋予有能力的残疾人志愿者的角色，为他们提供平等参与社区治理和社区服务的机会。其次，应当依托现有残疾人及其家庭组建互助网络，通过技能培训、专业特长介绍等，为他们提供再就业机会和相互支持的服务性劳动，这将有助于加深他们与其他残疾人或同事的伙伴关系，以及他们对社区的归属感[24]，同时互助网络还能为残疾人家庭及其照料者提供临时照料等"喘息服务"，减轻照料者的压力、负担。

从外部角度看，应当依托时间银行广泛开展助残扶残服务，如所在时间银行板块中增加扶残助残爱心专区，通过劳动教育等形式鼓励和支持青年人加入养老助残服务；通过制度化，激励鼓励社会闲散人力资源为残疾人提供非正式支持，鼓励形成全社会共同关心、支持残疾人的良好氛围。最终内外联动，打造一个完整的时间银行公益服务链，将政府、市场、社会、家庭等力量予以整合，通过政府主导、市场协作、社会参与、家庭赋能以及个人行动的方式，通过共建共治，打造残疾人自助、互助和共助服务体系，最终实现人人参与、人人共建、人人共享。

4.2.3 有机融入社区治理，以时间银行推动助残资源整合和优化配置

时间银行的关注点在于培育社区的善意和善行，通过不同的社会小团体的交流合作，慈善意识会从有限的重点区域延伸到全社会的每个角落，营造面向新时代的助残扶残氛围。时间银行旨在建设政府、市场之外的分配机制，在市场经济尚未高度发达、政府角色与责任有限时，能够充分调动社会力量开展互惠互助服务，在扶贫济困中扮演重要角色。时间银行延续了中国传统

文化中互助团结、扶危济困的精神，在互助养老、志愿服务、社区治理中可以发挥出重要作用。时间银行正在成为汇聚社会资源的重要力量、社会治理的创新载体。当前我国助残组织和资源分配在一定程度上还比较分散，尤其是基于社区的精准服务网络尚未建立，助残志愿服务仍然是单向的供给，因此，需要将时间银行融入现有的社区治理体系，以社区治理的大平台，将专业化、非专业化的助残公益服务进行链接，通过政府、市场和社会力量的合作进行精准供需匹配。

同时，无障碍环境建设尤其是信息无障碍的升级和改造，是保障残疾人参与时间银行、促进资源汇聚和共享的重要基础条件。时间银行不仅是一种机制、运行模式、组织，还是一种信息技术和软件平台。结合大数据、区块链技术，时间银行在需求识别、供需匹配、时间价值评定等方面有了较好的发展。当前我国时间银行发展中，网站、微信小程序及各类 App 等网络信息平台在时间银行实践中的应用取代了以往单纯的纸质记录方式，志愿者招募、登记注册、服务宣传的开展更加便利，但时间银行平台的无障碍、适老化建设相对落后。应吸收借鉴国外时间银行信息平台的建设经验，在推广时间银行信息化平台的同时，要充分考虑到残疾人、老年人等群体的需求，进行必要的信息融合，以无障碍升级和适老化改造为重点，针对视力障碍者、听力障碍者等残疾人群体，同步开发特殊需求定制版系统及配套指南，真正实现共享共融的建设目标。

参考文献：

[1] 国务院关于印发"十四五"残疾人保障和发展规划的通知 [EB/OL]. (2021-7-21) [2022-4-20]. http://www.gov.cn/zhengce/content/2021-07/21/content_5626391.htm.

[2] 北京大学，中国红十字基金会. 中国时间银行发展研究报告 [R]. 2021.

[3] 程恩富，刘伟. 社会主义共同富裕的理论解读与实践剖析 [J]. 马克思主义研究，2012 (06)：41—47, 159.

[4] 景天魁，毕天云. 论底线公平福利模式 [J]. 社会科学战线，2011 (05)：161—167.

[5] 陈功，张旭. 北京市残疾人基本服务状况及需求分析 [J]. 残疾人研究，2016 (02)：73—79.

[6] 杨立雄. 中国特色残疾人经济保障研究 [J]. 残疾人研究，2018 (03)：25—34.

[7] Palmer, M. (2011). *Disability and poverty : A conceptual review.* Journal of Disability Policy Studies, 21 (4), 210-218.

[8] 廖娟. 残疾与贫困：基于收入贫困和多维贫困测量的研究 [J]. 人口与发展, 2015, 21 (01): 68—77.

[9] 孔伟艳, 曾红颖, 李璐, 范宪伟. 精准补齐基本公共服务短板——以四川省汶川县残疾人养老服务为例 [J]. 宏观经济管理, 2020 (07): 78—85.

[10] 程凯. 精准扶贫战略为贫困残疾人带来机遇 [J]. 行政管理改革, 2016 (05): 13—17.

[11] 陈功. "时间银行" 助力构建老龄社会治理新格局 [J]. 国家治理, 2021 (39): 29—34.

[12] 陈功, 黄国桂. 时间银行的本土化发展、实践与创新——兼论积极应对中国人口老龄化之新思路 [J]. 北京大学学报 (哲学社会科学版), 201754 (06): 111—120.

[13] 陈功, 索浩宇, 张承蒙. 共建共治共享的社会治理格局创新——时间银行的可行路径分析 [J]. 人口与发展, 2021, 27 (01): 16—24.

[14] 张承蒙, 周林刚, 牛原. 内涵式增权与外生性赋能：社会资本视角下的残疾人社会支持网络构建 [J]. 残疾人研究, 2020 (01): 72—80.

[15] 张承蒙. 助残非营利组织的志愿者续留意愿影响因素研究 [D]. 深圳大学, 2020.

[16] Seyfang, G. (2006) "Harnessing the potential of the social economy? Time banks and UK public policy"; International Journal of Sociology and Social Policy 26 (9/10) pp. 430–443

[17] 厉才茂. 新时代残疾人事业发展的 "五个必须" ——深入学习习近平总书记关于残疾人事业的重要论述 [J]. 残疾人研究, 2018 (04): 3—10.

[18] Collom, E.. (2008). Banking time in an alternative market: A quantitative case study of a local currency system.

[19] 张九童, 张梦欣, 厉才茂. 残疾人共同富裕研究：理论视域与未来指向 [J]. 残疾人研究, 2022 (01): 4—16.

[20] Boyle, D. and Harris, M. T. (2009), *The Challenge of Co–Production*, NESTA, London.

[21] Dubois, E. A., Schor, J. B., & Carfagna, L. B. (2014). *New cultures of consumption in a Boston time bank*. In J. B. Schor, & C. J. Thompson (Eds.), Sustainable lifestyles and the quest for plenitude: Case studies of the new economy 95–123.

[22] Seyfang, G. (2003). "'With a little help from my friends.' Evaluating time banks as a tool for community self–help." Local Economy: The Journal of the Local Economy Policy Unit 18: 257–264.

[23] Yanay–Ventura, G. (2019). *"Nothing About Us Without Us" in Volunteerism Too: Volunteering Among People with Disabilities*. VOLUNTAS: International Journal of Voluntary and Nonprofit Organizations, 30 (1), 147–163.

共同富裕背景下残疾人就业质量统计监测评价指标体系探讨

赵军利[1,2]，黄辫辫[3]，陈功[1]

【摘　要】 在推进全体人民实现共同富裕背景下，促进残疾人实现较为充分较高质量就业具有重要意义，开展残疾人就业质量统计监测评价，能够为政府部门制定和实施残疾人就业质量促进政策提供有力统计支撑。本文在界定残疾人就业质量概念和内涵基础上，构建了我国残疾人就业质量评价指标体系，包括就业环境、经济安全、岗位适配、职业发展、社会融合5个维度和19个二级指标、26个三级指标。并且，根据我国当前政府残疾统计与大数据应用实际，提出了开展就业质量统计监测评价实践的路径。本文明确了残疾人就业质量五方面内涵，构建了残疾人就业质量评价指标体系，对开展统计监测评价实践工作具有一定的参考价值。

【关键词】 残疾人；就业质量；统计监测；评价指标体系

基金项目：全国统计科研重点项目：共同富裕内涵及综合评价指标体系研究（2021LZ34）

作者单位：1. 北京大学人口研究所　国家统计局统计科学研究所　北京　100081
　　　　　2. 国家统计局统计科学研究所　北京　100826
　　　　　3. 国家统计局中国统计信息服务中心　北京　100073

作者简介：赵军利　高级统计师　博士生。研究方向：经济社会统计、残疾人就业、残疾统计

通讯作者：陈　功　所长　教授　博士生导师。研究方向：社会老年学、残疾人口学、社会调查和人口分析

本文原载于《残疾人研究》杂志2023年第1期。

前　言

我国已进入全面建设社会主义现代化国家、推进全体人民实现共同富裕的新发展阶段。习近平总书记强调要"促进残疾人的全面发展和共同富裕"。2021年7月，国务院印发《残疾人"十四五"保障和发展规划》，明确提出到2025年基本形成多形式的残疾人就业支持体系，残疾人实现较为充分较高质量的就业。新发展阶段，在促进残疾人较为充分就业基础上，把就业质量放在民生保障更加突出的位置，体现了以人民为中心的发展理念，是增强残疾人自我发展能力，满足广大残疾人对美好生活的需要，实现残疾人全面发展和共同富裕的根本途径。明确残疾人就业质量的概念和内涵，开展残疾人就业质量统计监测评价，能够为政府部门制定和实施残疾人就业质量促进政策提供统计支撑。构建评价指标体系是开展统计监测评价的关键环节，因此，开展残疾人就业质量评价指标体系研究具有重要的理论和实践意义。

与本文主题相关的文献主要有两类，一是就业质量的概念和内涵。就业质量是个综合性概念，目前学界尚无统一的标准定义，国际劳工组织（ILO）1999年提出的体面劳动理念被普遍认为是就业质量概念的基础[1-3]。学者多从劳动者工作需求及其被满足状况来定义就业质量，认为就业质量是工作组织应满足个人需求的程度[4]。就业质量内涵丰富，通常包括劳动者就业状况、就业能力、劳动报酬、社会保障、劳动保护、劳动关系等方面的水平以及劳动者的感受或评价。不过，已有研究成果中缺乏对残疾人就业质量的明确界定。二是就业质量评价指标体系构建。由于就业质量的多维特征，学者主要通过构建科学系统的多指标体系对就业质量进行评价，就业质量评价主要包括宏观（国家或地区）和微观（劳动者个体）两个层面。从宏观层的就业质量评价看，ILO构建了体面劳动衡量指标体系[5]，联合国欧洲经济委员会构建了就业质量指标体系[6]，赖德胜[3]等构建了我国各地区就业质量指标体系并开展了实际测算。从微观层面看，苏丽锋[7]基于调查数据构建了劳动者个体就业质量评价指标体系并进行测算。已有的残疾人就业质量研究成果稀少，少数学者如张爽[8]、吴忠良[9]基于调查数据开展了残疾人就业质量研究。不过，尚无学者通过构建系统的指标体系开展残疾人就业质量评价研究和实践。

综上所述，已有文献缺乏关于残疾人就业质量内涵及评价指标体系的研究成果。本文在界定了残疾人就业质量的概念和内涵的基础上，构建了残疾人就业质量评价指标体系，根据当前政府残疾统计和残疾人人口大数据应用，提出了开展就业质量统计监测评价实践的路径。本文可能的贡献在于，深化了残疾人就业质量理论研究，明确了残疾人就业质量五方面内涵，构建了残疾人就业质量评价指标体系，为开展统计监测评价实践工作提供了理论支撑。

1. 就业质量评价研究综述

国外学者自20世纪70年代起开始关注就业质量的研究，我国学者在2000年以后兴起了就业质量的研究，在国内外学者和国际组织的持续努力下，就业质量的概念与内涵不断发展和丰富。其中，国际劳工组织的"体面劳动"（Decent Work）、联合国欧洲经济委员会的"就业质量"（Quality of Employment）等概念都具有一定的影响力。党的十八大以来，我国提出"高质量就业"目标，进一步深化了就业质量的内涵。国内外学者和国际组织持续探索研究评价方法，通过构建就业质量评价指标体系，开展对国家、地区和经济体就业质量水平的测度和分析，形成了丰富的实践成果，对促进相关就业政策和法律法规改善、提升劳动者福祉发挥了重要的作用。

1.1 就业质量概念和内涵探讨

明确就业质量的概念与内涵是开展就业质量评价的基础，然而目前仍没有一个统一确定的就业质量定义。国际劳工组织[1]（ILO）1999年提出了体面劳动理念，体面劳动是指在保障劳动者的自由、平等、安全和尊严的前提下，使每个人包括男人和女人、健全人和残疾人、少数族裔等都有机会得到体面的和生产性的工作机会。体面劳动内涵丰富，包括六个维度即工作机会、在自由的条件下工作、生产性的工作、平等的工作、安全的工作和有尊严的工作，前两个维度分别指工作的可获得性和可接受度，后四个维度明确了体面工作的特征。综合来看，体面工作理念体现了就业数量和就业质量的统一，但更加突出了对就业质量的要求，体面的劳动被看作高质量的就业。欧盟指出工作质量是一个包含工作特征和劳动力市场在内的多维度概念。

国内外学者多从劳动者的工作需求及其被满足状况来定义就业质量，认为较高的就业质量意味着，劳动者在工作过程中的工作能力得以充分体现，需求和被满足程度较高，自身价值得到较好的实现。曾湘泉[10]认为就业质量是劳动者从就业中所获得的全面的效用和价值。张凯[11]强调，就业质量是指劳动者的基本需要在劳动过程中能够得到满足的程度，高就业质量即劳动者的基本需要在劳动过程中能够得到满足的程度高。有学者尝试定义高质量就业，赖德胜[12]指出，通常应从以下五个方面来衡量就业质量，即工作稳定性、工作待遇和工作环境、提升和发展机会、工作和生活的平衡度、意见表达和对话机制，高质量就业就是这五个方面达到了高水平。

1.2 国内外主要就业质量评价指标体系

就业质量是一个多维的、综合性的概念，国际组织和学者们通过构建科学系统的指标体系对就业质量进行评价。自体面劳动理念提出之后，国际劳工组织持续开展体面劳动衡量指标研究[5]，并形成了6个维度、11个属性和40个衡量指标的基本框架，其中6个维度即上文所述体面劳动的6方面内涵，11个维度分别是①就业机会，②应摒弃的工作（如童工或强迫劳动），③足够的工作收入与生产性的工作，④合理的劳动时间，⑤工作的稳定性与安全性，⑥就业中机会和待遇的均等，⑦安全工作环境，⑧社会保障，⑨工作与家庭生活平衡，⑩社会对话及劳动关系，⑪体面劳动的经济与社会环境，每个维度用若干指标来进行评价。

联合国欧洲经济委员会构建了"就业质量"指标体系[6]，并于2010年2月完成并发布了加拿大、法国和德国等9个国家的就业质量评价报告。这一指标体系从7个维度对就业质量进行衡量，即就业的①安全保护和道德规范（工作安全、童工和强迫劳动、公平待遇），②收入和福利，③工作时间、工作与日常生活的平衡，④就业安全性和社会保障，⑤社会对话，⑥技能开发与培训，⑦职场人际关系和工作积极性。评价指标数据来自各国家或地区的政府统计数据或官方发布的数据。

从国内学者研究看，学者主要采用综合评价法开展我国各地区或行业就业质量评价。一是分别构建了就业质量评价指标体系，尽管评价维度、评价指标的内容和数量有所不同，但均包括了就业环境、就业状况、工资待遇、社会保障、劳动关系和就业能力等就业质量的主要方面。二是采用主观赋权或主成分分析法等确定了评价维度和评价指标的权重。三是基于政府统计数据或权威调查数据开展测算和分析。赖德胜[3]等测算了我国30个省份（不含西藏）的就业质量指数并进行了特征分析，梁海艳[13]测算了全国和各地区流动人口就业质量得分并做了影响因素分析。

就业质量关系到劳动者个体的福祉，张凯[11]认为评价指标既要包括客观的就业状况指标，也要包括劳动者的主观感受等指标。苏丽锋[7]基于调查数据构建评价指标体系测算个人就业质量指数，评价指标主要涵盖劳动报酬、就业稳定性、工作匹配度、工作强度、职业发展、员工关系、社会保护、职业受尊重程度等，分别采用逐级等权、因子分析法确定的权重合成综合指数。

1.3 残疾人就业质量评价研究

对残疾人就业质量进行专题研究的文献较少，一些学者基于小规模专项调查数据对残疾人就业质量进行分析研究，但并未通过构建系统指标体系进行评价。张爽[8]基于分散按比例就业残疾人问卷调研数据，从分配和谐程度、岗位稳定程度、安全体面程度、就业平等程度、权益保障程度对上海市残疾人就业质量进行评估。吴忠良[9]采用问卷法和访谈法，对就业状况、收入水平及社会支持的关系进行调查，对残疾人就业质量和工作满意度进行评价。

1.4 文献评述

国内外关于就业质量的评价指标体系主要涵盖以下四个方面内容：一是就业的宏观经济社会环境，主要包括经济增长、通胀形势、就业与产业结构的匹配程度、人力资源、劳动生产率、失业率等评价指标。二是劳动者的就业状况，主要包括就业机会、工作稳定性、安全性、劳动报酬、社会保障、工作时间、工作自主性、劳动者的主观评价等指标。三是劳动者的福祉和尊严，主要包括就业的平等性、待遇公平、社会对话、决策参与、权益保障、职业荣誉感等指标。四是劳动者的就业能力与职业发展机会，包括劳动者的人力资本、就业能力与岗位适配程度、技能培训、晋升和职业发展机会，平衡工作和生活的能力、工作积极性等指标。

现有较有影响力的就业质量评价指标体系中，最重要的一部分是劳动者个体就业质量指标，它既反映劳动者在就业全过程中的基本需求和最关切的问题，也能够具体反映劳动者对就业质量多元化的诉求，从中可以发现影响就业质量变化的深层次原因，有助于为政策制定者提供解决问题的路径和方法。评价指标也强调国家（地区）经济发展、就业和社会政策之间的协调关系，能够衡量政府促进就业政策的实施效果，反映改善宏观就业格局和提升就业质量的努力程度和工作成效。

评价指标数据的来源主要有两种渠道，一类是各国家（地区）政府统计数据，这类数据权威性、客观性、可靠性较高。不过，在进行多个国家（地区）评价时，由于不同国家和地区统计方法制度、统计数据质量和公开程度的差异，指标可获得性、可比性、连续性相对较低，导致就业质量评价的部分重要指标可能缺失。另一类是通过开展就业质量专项调查获得数据，特别是从微观层面开展评价时更为普遍。专项调查围绕评价目标设计问卷，通过调查能够获得针对性、实用性强的评价指标数据。不过，由于专门调查耗时费力，调查的规模通常较小，地区和行业的覆盖不够全面，调查数据的质量和代表性容易受到质疑；同时很难开展持续性调查，不易开展持续的观测评价。在评价实践中，需要根据评价的目的、范围、精确度等要求，评估和选择适宜的数据来源渠道。

2. 残疾人就业质量评价指标体系构建

2.1 残疾人就业质量的概念和内涵

相比健全人，残疾人普遍在一般就业市场上缺乏竞争力，不同残疾类型和不同残疾程度的残疾人的就业需求具有显著的差异，除了自身要增强就业能力外，还需要消除就业环境中的物理障碍、身体和心理障碍，在政府部门、企事业单位和社会组织的扶持和帮助下实现就业。因此，残疾人的就业质量既具有一般性特征，也具有一定的特殊性。界定残疾人就业质量内涵，既要明确新发展阶段我国就业质量的政策内涵，也要明确残疾人就业质量的主要影响因素。

我国有关就业促进的重要文件明确了就业质量政策目标和任务要求。其中，2021年国务院印发的《"十四五"就业促进规划》提出，稳步提升劳动者就业质量，使更多劳动者实现体面劳动，并从以下三方面提出了具体目标：一是改善劳动者就业条件，合理增加劳动报酬；营造良好安全的劳动环境，加强劳动者社会保障。二是劳动权益保障进一步加强，健全劳动合同制度，保障劳动关系和谐稳定。三是促进平等就业，努力消除残疾等影响平等就业的不合理限制或就业歧视，增强劳动力市场包容性。残疾人就业质量内涵应充分体现这三项政策目标。

关于残疾人实现较为充分较高质量的就业目标，2021年国务院印发的《"十四五"残疾人保障和发展规划》强调"帮扶城乡残疾人就业创业，帮助残疾人通过生产劳动过上更好更有尊严的生活"，并提出了一系列帮扶政策措施。政策文件进一步明确了残疾人就业的生产性特征、劳动报酬合理、劳动者受到尊重以及生活质量提高等内涵。就业帮扶政策的重点也是提升残疾人就业质量的主要方面，包括拓展残疾人就业创业渠道，提高就业服务质量，完善社会保障，维护残疾人平等就业权益等。

关于残疾人就业质量的主要影响因素，已有研究成果显示，残疾人身体状况、受教育程度、社会保障、社会歧视、就业岗位供给、就业权益保障是影响残疾人就业质量的主要因素。首先，对残疾人就业影响最大的是残疾人身体状况，残疾人的就业率与健全人的差距较大，不同类型残疾人、不同残疾程度的残疾人就业差距较大[14—15]。第二，残疾人人力资本较低是影响就业质量的关键因素。我国残疾人人力资本存量较低，在健康、教育程度、职业技能等方面与健全人总体上存在显著差距，提高残疾人教育水平能有效增加残疾人就业机会和收入[16]，加强残疾人的人力资源开发是提升残疾人就业能力的关键步骤[17]。第三，良好的就业环境是实现残疾人较高质量就业的保障。积极的现代文明社会残疾人观在实践中还没有得到社会和用人单位的广泛认可和真正落实，社会和用人单位仍然更多地把残疾人当成"负担"而不是"人力资源"[18]。社会排斥和就业歧视是影响就业质量最主要的外部因素，社会偏见和歧视直接影响残疾人就业，社会排斥加剧残疾人贫困、失业和低稳定性就业现象突出[19—20]。第四，完善的就业服务体系支撑残疾人就业质量提高。我国残疾人服务体系效能较低，限制了残疾人以就业为媒介将可行能力转化为实际收入[21]，应加强对就业者的个性化服务和就业全过程支持[17]。第五，增加融合就业岗位是残疾人就业质量提高的基础。残疾人就业质量直接依赖于工作岗位和工作环境，政府应鼓励企业主动承担责任，提供各种政府服务促进企业雇用残疾人[22]。第六，加强残疾人就业权益保障是提高就业质量的重要条件。由于缺乏残疾人优先就业的理念，现行法律中反对残疾歧视的规定原则性强但操作性差，反残疾人就业歧视等法律尚存诸多法律空白有待弥补[23]。

综上所述，基于体面劳动理念，根据新发展阶段残疾人就业质量的政策内涵及其主要影响因素，本文认为"残疾人就业质量"应定义为：有充足的工作机会，适宜的工作条件，能够安全地从事生产和服务活动，创造经济或社会效益，获得相应的劳动报酬并受到社会尊重。残疾人就业质量的内涵主要包括以下五方面：

一是充足的工作机会。指对于不同残疾类型和程度的劳动者，都能够匹配合适的工作岗位。政府部门和社会各界通过拓展残疾人就业创业渠道，促进残疾人实现按比例就业、集中就业、公益性岗位和辅助性岗位就业、新就业形态就业等多形式就业。

二是适宜的工作条件。指残疾人的身体状况能够适应的、安全的工作环境，不会导致残疾加重等不良后果。用人单位为残疾职工提供适合身心特点的劳动条件、劳动保护、无障碍环境，以及对岗位职责、工作时间等进行适当调整的合理便利等。

三是平等的就业环境。维护残疾人平等就业权益，完善社会保障，确保不因残疾而受到就业歧视，增强劳动力市场包容性，使残疾人劳动者享有平等的工作、职业教育培训和晋升等发展机会。

四是生产性的工作。残疾人从事生产性工作能够获得与其劳动相适应的劳动报酬，且与健全人实现同工同酬，体现个人劳动价值。残疾人从事生产性工作的独特性在于，部分残疾人在市场化程度高的岗位上工作，同时创造了经济效益和社会效益；部分残疾人就业产生的社会效益大于经济效益，或者主要是社会效益，如公益性岗位、辅助性岗位就业。

五是受到尊重的工作。健全劳动合同制度，保障劳动关系和谐稳定，在工作中有机会参与对其直接产生影响的企业决策，有机会、有途径进行社会对话，表达自己的态度和观点。劳动者具有职业自豪感，能够通过从事该职业产生获得感和满足感。

2.2 残疾人就业质量统计监测评价指标选取原则

如前文所述，开展残疾人就业质量统计监测评价，目的在于量化我国残疾人就业质量水平和变化趋势，检验残疾人就业扶持政策实施效果，衡量残疾人公共就业服务的质量和效率，找出存在的问题和短板，提出促进残疾人就业质量提升的政策措施。参考国际组织、国内外学者的研究成果，本文基于以下原则构建残疾人就业质量评价指标体系：

①科学性原则。科学性是指评价体系的测度指标能够全面、客观、精确反映残疾人就业质量的内涵，各评价指标形成一个系统的有机整体，能够综合反映就业质量的各个方面。同时，评价体系坚持目标导向，具有较强的针对性，即以上文所述开展残疾人就业质量统计监测的评价目的为导向，选择能够反映与党中央、国务院和有关部门就业扶持政策、就业服务工作相关的结果指标，测量就业质量水平的同时反映政策实施成效、存在的问题。

②简约性原则。紧扣残疾人就业质量内涵选取评价指标，数量宜少不宜多，每个维度选取重要程度高的一至两个测度指标，突出重点，避免因选取

③代表性原则。每个评价指标都能准确地反映就业质量某一方面的特征，指标含义清晰明确，相对独立，指标间不存在因果关系或者显著的相关关系。

④可行性原则。每个评价指标必须具有可量化和可获得的特征，数据来源权威可靠、稳定可持续，国家间或地区间具有可比性，有比较坚实的统计基础，或者是通过建立和完善统计制度可获得的数据。

⑤客观指标与主观指标相结合原则。就业质量关系到劳动者个体的福祉，劳动者在工作中的获得感和满意度等主观感受是就业质量重要的测度指标。除有关客观统计指标外，评价指标体系中还应适当加入主观指标。

2.3 我国残疾人就业质量评价指标体系及指标含义

以残疾人就业质量内涵为基础，根据评价指标选取原则，本文从 5 个维度、19 个二级指标和 26 个三级指标来构建"我国残疾人就业质量评价指标体系"（以下简称"评价指标体系"），其中含 6 个主观指标。评价指标体系以反映劳动者个体就业质量的指标为主体，同时涵盖宏观就业环境、就业促进政策、残疾人就业帮扶等主要内容，可用于评价全国和各地区残疾人就业质量。其中，5 个维度即就业环境、经济安全、岗位适配、职业发展和社会融合，每个维度包括若干二级和三级指标，三级指标为能够进行量化测算的统计指标。具体为：

表 1 我国残疾人就业质量评价指标体系

评价维度	二级指标		三级指标			
	序号	指标名称	序号	指标名称	单位	指标性质
1. 就业环境	1	经济和社会发展	1	"三新"经济增加值年增长速度	%	正向指标
			2	中央财政残疾人事业发展补助资金增长速度	%	正向指标
			3	每年新增残疾就业人口增长速度	%	正向指标
	2	就业机会	4	残疾人公共就业服务机构每年平均服务人次数	人次	正向指标
	3	就业服务	5	每年人均职业技能培训投入	元	正向指标
			6	职业辅导员人数增长速度	%	正向指标
			7	长期失业者人数年增长速度	%	逆向指标

续表 1

评价维度	二级指标		三级指标			
	序号	指标名称	序号	指标名称	单位	指标性质
2.经济安全	4	劳动报酬	8	劳动报酬年增长速度	%	正向指标
			9	残疾人劳动报酬占全国平均水平的比重	%	正向指标
	5	社会保障	10	就业残疾人中五险一金参保比例	%	正向指标
	6	法律保障	11	就业人员与单位签订长期合同或无固定期限劳动合同的比重	%	正向指标
	7	工作稳定	12	在岗位工作一年及以上的人员比重	%	正向指标
3.岗位适配	8	工作场所	13	远程办公人员占比	%	正向指标
			14	工作岗位适应性调整满意度*		正向指标
	9	健康适应*	15	劳动者健康状况与工作岗位要求的适应程度*		正向指标
	10	个人能力匹配*	16	个人能力与工作需求的匹配程度*		正向指标
	11	工作强度	17	每周平均工作时间	小时	适度指标
	12	工作自主*	18	工作中在工作内容、进度安排和工作量方面的自主程度*		正向指标
4.职业发展	13	人力资本	19	劳动者平均受教育年限	年	正向指标
			20	大学专科及以上学历占比	%	正向指标
	14	晋升与发展机会	21	残疾人中级管理岗和中级专业技术岗及以上人员占比	%	正向指标
	15	技能培训	22	劳动者每年接受职业技能培训的时长	小时	正向指标

续表 2

评价维度	二级指标		三级指标		单位	指标性质
	序号	指标名称	序号	指标名称		
5. 社会融合	16	就业途径	23	自主找到工作的比重	%	正向指标
	17	职业融入	24	按比例就业人员和新就业形态就业人员增长速度	%	正向指标
	18	员工关系*	25	与同事关系融洽程度*		正向指标
	19	员工参与*	26	参与讨论单位经营、发展、改善工作条件、待遇等问题的机会*		正向指标

* 指主观指标。

第一个维度：就业环境。包括经济和社会发展、就业机会、就业服务 3 个二级指标和 7 个三级指标。其中，"经济社会发展"由三新产业[①]增加值和中央财政残疾人事业发展补助资金 2 个三级指标构成，反映新发展阶段经济社会发展的速度与质量；"就业机会"由每年新增残疾就业人口来表示；"就业服务"由残疾人公共就业服务机构年平均服务人数、每年人均职业技能培训投入、职业辅导员人数和长期失业者人数年增长速度[②]等 4 项指标构成。其中，长期失业者人数年增长速度为逆向指标，增长速度越低表明就业服务成效越好，其他 6 项指标均为正向指标。

第二个维度：经济安全。包括劳动报酬、社会保障、法律保障和工作稳定 4 个二级指标和 5 个三级指标，5 个三级指标均为正向指标。其中，"劳动报酬"指劳动报酬增长及与全国平均水平的差异，用劳动报酬年增长速度和残疾人劳动报酬占全国平均水平的比重表示；"社会保障"用就业残疾人中"五险一金"参保比例表示；"法律保障"用就业残疾人中与单位签订长期合同或无固定期限劳动合同的比重来表示；"工作稳定"指在岗位工作一年及以上的人员比重，即无论全职或兼职，连续工作超过一年的就业人员占全部就业人员的比重。

---

① 根据《新产业新业态新商业模式统计分类（2018）》，"三新"经济是以新产业、新业态、新商业模式为核心内容的经济活动的集合。"三新"经济增加值衡量的是一个国家（或地区）所有常住单位在一定时期内从事"三新"经济生产活动创造的增加值。

② 长期失业者指连续失业一年及以上的残疾人。

第三个维度：岗位适配。包括工作场所、健康适应、个人能力匹配、工作强度和工作自主等 5 个二级指标和 6 个三级指标，其中健康适应、个人能力匹配和工作自主为主观指标。其中，"工作场所"由远程办公人员占比和工作岗位适应性调整情况构成，远程办公人员占比反映互联网就业、居家就业以及其他新就业形态办公场所的灵活程度；"健康适应"指就业人员身体健康状况与工作岗位要求的适应程度；"个人能力匹配"指就业人员个人能力与工作需求的匹配程度；"工作强度"指平均每周工作时间；"工作自主"指在工作内容、进度安排和工作量方面的自主程度。其中，工作强度指标为适度区间指标，即每周工作时间小于等于 40 小时则工作强度适宜；若超过 40 小时，数值越高则工作强度越大。其他 4 项指标均为正向指标。

第四个维度：职业发展。包括人力资本、晋升与发展机会、技能培训等 3 个二级指标和 5 个三级指标，三级指标均为正向指标。其中，"人力资本"由劳动年龄残疾人口平均受教育年限和大学专科及以上学历占比构成，"晋升与发展机会"由中级管理岗和中级专业技术岗及以上残疾人员占比表示，"技能培训"由就业人员每年接受职业技能培训的时长表示。

第五个维度：社会融合。这是最具残疾人就业质量特征的维度，包括就业途径、职业融入、员工关系和员工参与等 4 个二级指标和 5 个三级指标，三级指标均为正向指标，其中"员工关系"与"员工对话"为主观指标。其中，"就业途径"由自主找到工作的人员比重表示，"职业融入"由按比例就业人员和新就业形态就业人员增长速度表示，"员工关系"指与工作中利益相关的人的关系状况，"员工对话"指参与讨论单位经营发展、改善工作条件待遇等问题的机会。

3. 开展残疾人就业质量统计监测评价实践的路径

综合评价法广泛应用于国家或地区经济发展水平、竞争力、创新能力等评价，如联合国人类发展指数、我国全面建成小康社会进程统计监测、中国创新指数均采用综合评价方法。开展综合评价的四个关键步骤分别是确定评价指标体系，收集整理指标数据，确定指标权重，以及合成指数的模型方法。通常，在理论研究基础上确定评价指标体系后，将组织相关领域专家学者、部门和行业管理者就指标体系的科学性、专业性、可操作性等进行论证，并根据专家意见修改完善。确定指标权重和合成指数模型均有成熟的统计计量方法。如权重确定常使用客观赋权和主观赋权相结合的方法，先采用客观赋权即熵权法、主成分分析等确定指标权重，再通过主观赋权法中常用的德尔菲法、专家打分法等对权重进行调整。合成指数则常采用加权平均方法，测算得到"残疾人就业质量综合指数"和各分项（维度）指数。在相关文献和统计学教材中对上述方法都有详细介绍，本文不再赘述。在我国残疾人就业质量统计监测评价实践中，可以通过尝试比较而选择出科学适用的方法。获取指标数据是开展评价实践的基础，没有数据就仿佛巧妇难为无米之炊，因此收集评价指标数据是残疾人就业质量评价工作的重中之重。

我国残疾统计由国务院残工委部署，中国残疾人联合会和各级残联组织实施，教育、民政、卫生、人力资源和社会保障等部门的统计工作中包含残疾人的康复、教育、就业、社会保障、扶贫等领域统计。中国残联近年来主要以我国持证残疾人为对象开展统计调查，主要包括，2015年全国残疾人基本服务状况和需求专项调查、2016年以来全国残疾人基本服务状况和需求信息数据动态更新以及2017年以来全国残疾人家庭收入状况统计调查。中国残联建立了残疾人人口大数据库和数据平台，汇集了约3800万持证残疾人精准统计信息。综合当前统计和大数据信息，个人层面指标数据涵盖了残疾人年龄、性别、户口类型、教育程度、残疾类型与等级等，康复、教育、医疗保险、低保、救济等社会保障情况，无障碍需求与服务等，以及残疾人就业状况、对就业服务的需求、就业服务满足情况等；家庭层面指标数据涵盖了家庭收入和支出、住房、财富状况等情况。中国残联每年通过发布《残疾人事业统计公报》、出版《中国残疾人事业统计年鉴》公开综合统计数据。不过，当前统计主要以持证残疾人为主，仍缺乏以全体残疾人为对象的统计数据。

中国残联统计数据是开展就业质量监测评价的权威数据来源，从统计制度上看，除主观指标和两项经济社会指标外，其他18项评价指标可从现有统计或大数据中加工获得。两项经济社会指标中，三新产业增加值增长速度来源于国家统计局，中央财政残疾人事业发展补助资金来源于财政部，6项主观指标可利用中国残联大数据平台开展调查取得。鉴于目前统计调查对象限于持证残疾人，对于就业质量的评价可从持证残疾人开始，随着统计范围扩大、统计数据的丰富完善逐步扩展到全体残疾人。

4. 研究不足与未来方向

由于对残疾人就业质量理解不够系统深入，以及评价指标数据可得性等，本文构建的就业质量指标体系仍不完善，如在就业环境维度中，缺少残疾人就业率、就业岗位供给等指标；在岗位适配中，以主观指标为主，缺少适用的统计调查指标；职业发展和社会融合维度的评价指标不够全面。此外，本文研究侧重于残疾人就业质量的特殊性，着重考察残疾人就业质量水平与纵向变化，未来将根据数据可得性逐步优化指标体系，以加强与健全人就业质量的横向比较。由于缺乏劳动者个体就业质量相关的公开的统计调查数据，本文未能开展实际测算以检验就业质量评价指标体系的适用性。未来将根据残疾人就业形势的变化，继续完善残疾人就业质量评价指标体系，在数据可得的条件下尝试开展年度监测评价，反映我国残疾人就业质量水平，检验促进就业政策成效。通过持续监测，反映新发展阶段残疾人就业质量的发展趋势。

参考文献：

[1] ILO. Report of the Director – General：Decent Work. International Labor Conference [R]. 87th session, Geneva, 1999.

[2] 国福丽. 国外就业质量评价指标研究概述 [J]. 中国劳动，2009（10）：29—32.

[3] 赖德胜等. 中国各地区就业质量测算与评价 [J]. 经济理论与经济管理，2011（11）：88—99.

[4] Roopali Johri. "Work Values and the Quality of Employment：A Literature Review". Department of Labor. 2005.

[5] 田永坡，满子会. 就业质量内涵及测量：基于国际对比的研究 [J]. 第一资源，2013（4）：135—149.

[6] UNECE. Measuring Quality of Employment：Country Pilot Reports [EB/OL]. http：//www.unece.org/pulications/oes/STATS_ MeasuringQualityEmployment. E. pdf，2011－07－30.

[7] 苏丽锋. 我国新时期个人就业质量研究——基于调查数据的比较分析 [J]. 经济学家，2013（7）：41—51.

[8] 张爽. 上海市残疾人就业推荐渠道效果及就业质量评估——基于分散按比例就业残疾人问卷调研 [J]. 残疾人研究，2014（3）：75—79.

[9] 吴忠良. 残疾人就业状况收入水平及其与社会支持的关系——以福建省泉州市为

例[J],江西科技师范大学学报,2018(6):71—80.

[10] 曾湘泉,张成刚. 深化对就业质量问题的理论探讨和政策研究[J]. 第一资源,2012(2):122—127.

[11] 张凯. 就业质量的概念内涵及其理论基础[J]. 社会发展研究,2015(1):86—108.

[12] 赖德胜. 高质量就业的逻辑[J]. 劳动经济研究,2017(6):6—9.

[13] 梁海艳. 中国流动人口就业质量及其影响因素研究——基于2016年全国流动人口动态监测调查数据的分析[J]. 人口与发展,2019,25(4):44—52.

[14] 赖德胜,廖娟,刘伟. 我国残疾人就业及其影响因素分析[J]. 中国人民大学学报,2008(1):10—15.

[15] 王豪. 如何让残疾人就业渠道更通畅[J]. 人民论坛,2017(4):68—69.

[16] 周春平. 教育对提高残疾人就业机会及收入水平的影响——基于CHIP2013数据的实证研究[J]. 残疾人研究,2018(3):58—63.

[17] 杨立雄,郝玉玲. 城镇残疾人就业:"问题"的转移与政策隐喻[J]. 西北大学学报(哲学社会科学版),2019(4):74—88.

[18] 张九童,王颖. 论现代社会残疾人观在残疾人就业中的地位和作用[J]. 残疾人研究,2017(3):55—60.

[19] 高圆圆. 从扶持安置到能力开发:残疾人就业保障转型研究[J]. 西部论坛,2017(5):88—95.

[20] 韩江凤. 社会排斥视角下残疾人就业困境及帮扶路径研究[J]. 社会福利理论版,2019(4):30—35.

[21] 杨琳琳. 可行能力视角下残疾人就业的实现困境与完善路径[J]. 残疾人研究,2016(4):12—17.

[22] 梅雪恒,蔡惠如,李敏. 企业的雇佣动机对残疾人就业质量影响的案例研究[J]. 中国人力资源开发,2017(9):147—154.

[23] 赵龙. 我国残疾人劳动就业法律制度的缺陷及完善[J]. 西北工业大学学报(社会科学版),2015(6):15—18.

一般与特殊相结合：
残疾人精神生活共同富裕初探

罗叶丹

【摘要】 精神生活共同富裕是残疾人实现人的全面发展的内在需要，也是其提升幸福感、享受美好生活的必然要求。首先，警惕西方精神痛苦现代化陷阱、建设人民美好生活需要与支撑现代化强国等是当下强调精神生活的重要缘由。其次，要从把握社会主义核心价值观、发展完善公共文化事业和服务体系、实现中华传统文化的时代继承转化、提供良好的舆论环境等方面探讨实现精神生活共同富裕的一般方面。最后，要实现一般与特殊相结合，就要从重视残疾人心理健康、以社会主义核心价值观引领残疾人精神力量的外在培育和内在挖掘、不断促进残疾人教育、加强政策与制度保障等以优化外在环境方面探讨残疾人实现精神生活共同富裕的基本点。

【关键词】 残疾人；共同富裕；人的二重性存在；实践路径

前 言

2021年8月17日，习近平总书记在中央财经委员会第十次会议上指出，"共同富裕是全体人民的富裕，是人民群众物质生活和精神生活都富裕"[1]。对残疾人而言，"促进残疾人的全面发展和共同富裕是新时代残疾人事业现代化的奋斗目标和历史使命"[2]。其中，作为共同富裕重要组成的精神生活共同富裕，是习近平总书记对于共同富裕理论体系所做出的原创性贡献。其深刻价值在于指出了，在个人层面，什么样的社会前进方向能实现"社会的人"的幸福与怎么真正实现"社会的人"的幸福；在国家层面，实现精神生活共同富裕不仅是马克思主义的基本价值追求，而且关涉中国共产党的执政基础[3]。

作者单位：清华大学公共管理学院　北京　100084
作者简介：罗叶丹　博士后　助理研究员。研究方向：共同富裕
本文原载于《残疾人研究》杂志2022年第3期。

当前，中国已经完成了脱贫攻坚与全面建成小康社会并将逐步实现共同富裕，因此，要使残疾人在共同富裕中不掉队，也要注意引导残疾人过上高质量的精神生活，提升获得感、幸福感、安全感，最终实现精神生活共同富裕。

目前，有关残疾人精神生活的研究数量少且研究视角偏微观，在学科背景上集中于心理学、社会学、教育学。有学者认为"应努力提高残疾人文化教育水平、改善精神面貌、增强发展动机，以及扩大社会融合等方面"[4]，也有学者认为"文化生活单调、质量不高且受地域影响是残疾人精神文化生活面临的主要问题"[5]，这都为探讨实现残疾人精神生活共同富裕提供了一定的启示。因此，促进人的"一般"与残疾人的"特殊"相结合的精神生活共同富裕研究，可能会更好地开辟残疾人事业的新蓝海，进一步夯实残疾人事业的理论基础。

1. 当前为什么要注重精神生活共同富裕

这个问题的提出，既是出于对西方资本主义国家精神异化到精神痛苦的发展陷阱的警惕，也是基于我国现代化过程不断满足人们美好生活需要的重要特征，同时还源自对我国迈向现代化强国重要基石的深入解读。

1.1 警惕资本主义从精神异化到精神痛苦泛滥的发展陷阱

在1848年起草《共产党宣言》时，马克思就肯定了资产阶级的历史进步性，即比过去一切世代创造的全部生产力还要多，还要大。但是，在此之前的《1844年经济学哲学手稿》中，马克思还揭示了资本主义制度会带来包括人的精神生活领域在内的全面异化。马克思指出，资本主义私有制之下的劳动者，"在自己的劳动中不是肯定自己，而是否定自己，不是感到幸福，而是感到不幸，不是自由地发挥自己的体力和智力，而是使自己的肉体受折磨、精神遭摧残"[6]。当劳动力成为资本市场的一枚"商品"时，劳动者所生产的产品将不再成为自身的劳动资料，而是反过来成为奴役无产者的资本强权，并不断扩大这种贫富的差异与加速劳资阶层的固化。不仅如此，劳动者的异化还表现为"工人的产品越完美，工人自己越畸形；工人创造的对象越文明，工人自己越野蛮；劳动越有力量，工人越无力；劳动越机巧，工人越愚笨，越成为自然界的奴隶"[7]。可以认为，精神异化还进一步表现为劳动者精神生活主体素养的逐渐丧失。而在马克思的理论视域中，这一切正是资本积累的一般规律的必然结果,"在一极是财富的积累,同时在另一极,即在把自己的产品作为资本来生产的阶级方面,是贫困、劳动折磨、受奴役、无知、粗野和道德堕落的积累"[8]。

随着资本主义不断走向成熟与腐朽,一方面是物质财富的极大丰富,另一方面则是精神痛苦的空前泛滥。正如有学者所指出的,"在资本主义市场经济占支配地位的知识经济时代,社会和世界存在大量的风险和不确定性,人因此而产生焦虑和烦的感受。而过度忙、焦虑、烦在日本等国经常出现,甚至导致'劳累死'或自杀,这正是不自由的表征,是异化加深的表现"[9]。对此,马克思的后继者们从不同视角进行了批判的追踪。尤其是当资本主义进入后现代,即企业在占据现实市场和未来市场的前提下,再通过更具欺骗性的心理攻势人为制造虚假需求——非本真市场并填充它,资产阶级不断地构造虚假需求,通过媒体帝国注入全体社会成员,并以"软强迫"的方式满足这种虚假需求。进而,人们被"强迫消费"和"广告期间插播电视剧"式地洗脑就成为一种典型的表现。富裕而不幸福成为时代标签,正如美国哲学家、心理学家、社会学家弗洛姆所指出的那样,"精神病发病率、自杀率、杀人率、酒精中毒率等数据凸显西方世界精神不平衡的症状"[10]。可以认为,普遍的自杀、癌症和精神病的高发病率正是资本主义进入后现代社会的必然的和标志性的发展陷阱。这一点是中国式现代化道路需要警惕的。

1.2 精神生活是我国人民美好生活需要的重要特征

美好生活在内容结构上需要物质和精神的统一,且精神生活对人们生活质量影响的重要性与日俱增,这是社会高质量发展的必然趋势。因此,可以认为美好的精神生活就是美好生活的核心理性[11]。

一方面,物质财富所能带来的"动物人"的幸福感,即生理层面的舒服与愉快始终有上限。美国经济学家伊斯特林所揭示的"收入-幸福"悖论就是最好的例证。国内外学者研究发现,在1990—2000年这十年中,中国人的物质生活水平得到大幅提升,但人们的幸福感却骤然下降[12]。进一步看当代人幸福感失落的起因,"人们精神生活的物质基础已经有了充足的保证,从而幸福感受的源泉也发生了显著的变化,即从物质层面转向了精神层面"[13]。深入考察会发现,物质财富丰裕所带来的"动物的人"的幸福,本质上是心理能量的宣泄,这种由相应心理能量的积累所实现的"动物的人"的幸福感,在马斯洛的视野中具有低层次性。马斯洛的需求层次理论认为高级需求更多的是关乎精神生活的,他进一步揭示,低层次的"生理需要以及它们的局部目的,在长期得到满足时,就不再是行为的活跃的决定因素和组织者了"[14]。而随着生产力水平的进一步提升,人们就不再满足于低层次生理需要,而逐渐关注高级需求,因为"高级需要的满足能引起更合意的主观效果,即更深刻的幸福感、宁静感以及内心生活的丰富感"[15]。这种高级需要所带来的幸福感即"社会的人"的幸福感,其所指引的精神生活共同富裕还具有美好性与超越性的统一,能给予无穷无尽的美好想象与感受的上升空间。

另一方面,美好生活的建设与享受也需要人们不断提升精神生活。因为物质财富的幸福感不仅需要通过精神生活层面去感知,而且还需要相应的精神层次的素养加以把握,否则再多也只有符号意义,甚至可能带来极大的精神痛苦。当下,西方发达国家普遍存在的精神异化乃至精神痛苦的困境也逐渐在中国情景之下显现。中国疾控中心精神卫生中心曾对全国部分地区进行精神疾病流行病学调查,结果显示:我国15岁以上人口中,各类精神疾病患者人数超过1亿人,其中1600万人是重性精神障碍患者,其余大多数是抑郁症、自闭症等精神障碍或心理行为障碍患者[16]。不仅如此,我国心理健康、精神痛苦等逐年递增还呈现出低龄化趋势,而且进一步蔓延至青年文化,其表现为对主流意识形态的主观排斥,对时代机遇使命及个体生活本身的价值的错误诠释,或限于利己主义与拜金主义,抗拒不断内卷带来的"阶层焦虑",以不断创新的符号化话语如"内卷""躺平"等构建青年亚文化,然而这并没有带来真正的心理慰藉和解脱,本质上是一种精神生活的异化和对现有物质条件精神把握力不足的反映。此外,从个人层面的幸福感出发,人们当下的幸福感多半不是因为物质上得到多大的满足,而更多关乎精神感受中社会关系间的位置和是否公平正义。当前,中国基尼系数多年超国际警戒线,社会财富的分配差异较大也会带来公平正义的缺失,从而抑制人们幸福感的获得,最终不利于美好生活的建设与享受,这一点在残疾人事业上表现更为强烈。

1.3 精神生活是现代化强国的重要基石

目前,我国正向着全面建成社会主义现代化强国的第二个百年奋斗目标迈进,这就要求我们在物质生活和精神生活两个方面都站起来、富起来、强起来。习近平总书记还曾明确指出:"我们要建设的社会主义现代化强国不仅要在物质上强,更要在精神上强。精神上强才是更持久、更深沉、更有力量的。"[17]因此，现代化除了表现在科学技术层面，更要落实在"人"的层面，尤其是落实在人的精神层面。要实现社会主义现代化强国目标，就必须抓好"人"的精神因素。因为人作为实践主体，马克思主义早已指出"主要生产力，即人本身"[18]，而在物质条件暂时确定的基础上，可以通过精神改造调动人的积极性与潜能，通过改变人的观念、调整行为方向推动社会的进步。毛泽东提出的"心之力"与"改造自己的主观世界"就是关注到这一点，不断注重人的精神（观念）的改变从而提升生产力，注重解决人在精神观念层面所存在的桎梏以实现社会真正的进步。

因此，我们需要以精神生活共同富裕引导实现精神生活高质量发展，使之成为我国现代化强国的重要基石，提供价值引导力、文化认同力、境界提升力。一句话，精神生活的质量与水平决定了一国国民的精神风貌，可以从一种文化"软实力"转化为一国的综合"硬实力"，决定了在国际竞争中我国是否能够屹立不倒，中华民族伟大复兴是否能够早日实现。

事实上，从中国社会主义革命与建设脉络中，可以看到中国共产党始终重视中国人的精神生活，始终坚持物质与精神两个维度的互相支撑。"共同富裕"理想的最早提出者毛泽东同志，在建党初期就极其重视精神文化问题，他吸纳了鲁迅的中国落后挨打的根子在于国民精神出了问题，要"改变人的精神"的思想，专门强调"无产阶级思想领导的问题，是一个非常重要的问题"[19]。改革开放后，邓小平同志提出了物质文明与精神文明两手都要抓两手都要硬的思想。进入新时代，习近平总书记率先提出"精神生活共同富裕"的时代命题。可以看到，不断坚持文化革新以摆脱旧文化的桎梏，从而实现人的精神生活的革命，始终在马克思主义中国化的过程中接力赓续。因此，以精神生活为现代化强国的重要基石是基于中国国情与世情的准确把握。尤其是，当下我们面临着前所未有的意识形态领域的外来挑战，如文化虚无主义、意识形态解构、商品拜物教泛滥等，这就要求我们必须更加重视精神生活。在此基础上，我们能更为准确地理解习近平总书记强调的"人无精神则不立，国无精神则不强。精神是一个民族赖以长久生存的灵魂，唯有精神上达到一定的高度，这个民族才能在历史的洪流中屹立不倒、奋勇向前"[20]，以及党的十九届五中全会进一步提出的要"促进满足人民文化需求和增强人民精神力量相统一，推进社会主义文化强国建设"[21]。

2. 实现精神生活共同富裕的"一般"

当前,残疾人与共同富裕的整体研究都偏薄弱,其中涉及精神生活共同富裕的理论研究更为需要关注。首先需要厘清精神生活共同富裕的一般理论,并以比为残疾人与精神生活共同富裕相结合的理论研究出场奠定基础。

2.1 精神生活共同富裕的"一般"

对于什么是"精神生活共同富裕",当前研究数量不多且视角也不一。比如,有研究认为精神生活共同富裕要"实现的是人主观上追求本真幸福与客观上符合人类历史进程的统一"[22],或"满足人民美好生活需要、促进人的全面发展的重要战略举措和价值旨向"[23],或从精神全过程的系统联动与优化调节出发探讨"使全体人民在心理生活、文化生活、信仰生活三个层面达成共赴美好生活的精神状态,投身中华民族伟大复兴的精神自觉,抒写人类文明新形态的精神图景"[24],或"是指人民在精神生活领域对美好社会的理想信念、向上向善的价值理念、积极健康的道德观念和优秀传统文化的广泛认同并用以指导自身行为的精神状态"[25]及"人民不断选择、追求、创造、共享精神资源以满足多样化、多层次、多方面的精神需要,并在国家共同体的高质量发展中实现人的全面发展的精神活动与精神富足状态"[26]。可以说,这些探讨之间有交集又各有不同,对于我们从不同维度理解精神生活共同富裕提供了许多有益的参考。

基于前人的研究,本文认为对精神生活共同富裕的"一般"把握,首先需要以习近平总书记的论述为基石,即"要强化社会主义核心价值观引领,加强爱国主义、集体主义、社会主义教育,发展公共文化事业,完善公共文化服务体系,不断满足人民群众多样化、多层次、多方面的精神文化需求。要加强促进共同富裕舆论引导,澄清各种模糊认识,防止急于求成和畏难情绪,为促进共同富裕提供良好舆论环境"。同时,基于更为宏阔的理论背景,还需要明确实现精神生活共同富裕必须面向"人的全面发展"。可以看到,在习近平总书记有关共同富裕的论述中,"人的全面发展"的出现频次较高。而且,习近平总书记还曾明确指出:"促进共同富裕与促进人的全面发展是高度统一的。"因为只有实现人的全面发展,人才能不断完善自己与解放自己。可以说,"人的全面发展"既是马克思主义的根本追求,也是促进精神生活共同富裕必须抓牢的主线，更是诠释只有社会主义才能真正实现精神生活共同富裕的理论基石。基于以上分析，可以基本把握实现精神生活共同富裕的"一般"，从而为不断平衡和缩小人们精神生活的差距，同时实现精神生活的高质量发展和共同提高，最终实现精神生活共同富裕提供重要参考。

2.2 精神生活共同富裕"一般"的几个方面

首先，要强化社会主义核心价值观引领，加强爱国主义、集体主义、社会主义教育，以实现精神生活共同富裕的内在激励与价值引导。回溯中国共产党革命史会发现，融爱国主义、集体主义、社会主义教育为一体的理想信念的建立，对于人的精神生活起着至关重要的作用。新时期，理想信念教育的突出体现之一就是贯彻社会主义核心价值观，它"是当代中国精神的集中体现，凝结着全体人民共同的价值追求"[27]。因此，继承党在构建精神生活方面的光辉经验并迈向精神生活共同富裕，需要不断强化社会主义核心价值观的引领作用，进一步发挥爱国主义、集体主义、社会主义教育对人们精神生活的积极作用，使之成为人们精神力量的主心骨，使全国各族人民都能够更好地凝聚社会共识、增加四个自信，以昂扬奋进的精神状态不断助力共同富裕。

其次，要发展公共文化事业，完善公共文化服务体系，不断满足人民群众多样化、多层次、多方面的精神文化需求。精神生活共同富裕被提上议事日程，本身就有生产力水平提升促使人民群众精神文化需求也要相应地发展这样一个时代背景，而这种发展在某种程度上也表现为精神文化需求的多样化、多层次、多方面。当下我国公共文化生活事业和服务体系的确还存在需要完善的空间，尤其要解决公共服务设施在城乡和东中西部地区之间的布局平衡问题，从而针对不同人群以实现高质量的精神生活服务和产品的供给。在数量上，需要加大公共文化基础设施的建设规模，形成梯度布局合理的精神生活基础设施网络。在质量上，既要提高精神文化场馆建设的工程质量，也要提升精神文化场馆的内涵和品质，提升其专业化和现代化水平。要注重立足地方特色，不要"千城一面"，特别要加快提升精神文化场馆建设的数字化水平，通过数字科技赋能和多源数据融合，实现精神生活公共基础设施的数字化升级。走向精神生活共同富裕，还需要通过公共服务提供各类精神生活产品，满足人们多样化、多层次、多方面的精神文化需求。当前，社会生产的精神生活产品面临的主要难题还是供需不平衡，高质量的精神生活产品尤其稀缺。因此，从着力点上看，要不断增强精神生活产品的政治定位、优化产品结构，差异化产品类型，提高产品数量与质量。

再次，要主动实现中华传统文化的时代继承与转化，为实现精神生活共同富裕提供更多更好的文化资源。不同民族有其特有的文化基因，因此，走向精神生活共同富裕不是消灭文化多样性以实现平均或同一，而是在尊重民族多样精神财富的前提下，实现精神生活的极大丰富并消除差距，使每一个个体和民族在自身历史条件基础之上实现精神生活的自由全面发展。因此，在传统向现代的转化过程中必须注意：其一，亲情关照与伦常秩序依然是中国人精神生活幸福的重要源泉之一。当代中国日益激烈的竞争带来不断的内卷，城市化的加剧形成陌生人社会从而造成人际感情的疏离与淡漠以及我国国民心理健康素养近况总体中等偏低等，这些因素都推动着人们渴求家庭温暖以获得归属感与心灵的休憩。其二，中国传统文化所蕴含的对社会的审美理想也是精神生活的重要来源。不论是"天下为公"与"社会大同"的社会理想，还是费孝通所提出的"各美其美，美人之美，美美与共，天下大同"，中国人的精神生活中始终包含对美好社会的向往，而这些思想也与共同富裕的理念天然契合，从而也有利于精神生活共同富裕的认可与实现。其三，中华传统文化中的诗意栖居也是中国人精神生活的审美体验。古代的诗词歌赋画以及耕读传统等诗意生活都给予人们别样的审美体验，使生活本身艺术化，具有极高的审美价值，既陶冶情操，也慰藉心灵，同时还提升人生境界。其四，我国作为多民族的大家庭，民族的融合和凝聚已经产生了许多历久弥新的文化精华和精神烙印，这些也都是我们不断夯实中华民族共有精神家园、逐渐走近精神生活共同富裕不可割断的宝贵文化资源。

最后，要加强促进精神生活共同富裕的舆论引导从而提供良好的舆论环境。正如实现全体人民物质生活共同富裕需要长期的努力，坚持推进人民群众的精神生活共同富裕也需要久久为功。事实上，当前社会层面的确也存在对精神生活共同富裕的诸多误解，从总体上可概括为对精神生活共同富裕实现的必要性与可能性的质疑。比如，精神生活如何实现"共同"和是否需要"均等"以及如何建立指标体系从而实现定量评估；人的精神素养的提升是否可以较为精准地制定不同阶段的发展目标；国家、社会与个人在逐渐实现精神生活共同富裕之中扮演什么不同的角色，尤其第三次分配等社会力量如何参与精神生活共同富裕等；是否需要先有物质生活共同富裕的实现才能最终实现精神生活共同富裕。以上这些问题，都需要精神生活共同富裕的理论研究予以回应，否则可能会给推动精神生活共同富裕带来不利。此外，如何应对西方意识形态领域不断升级的渗透与挑战，也必须成为当前优化精神生活共同富裕舆论环境的重要内容。精神生活共同富裕事关我国现代化道路前进的方向，只有扫清可能影响方向与道路的各种意识形态领域的干扰和迷雾，才能形成较为有利的社会人文环境。

3. "一般"与"特殊"的结合：残疾人迈向精神生活共同富裕的基本点

残疾人是实现精神生活共同富裕过程中不能掉队的一个群体。除了精神生活共同富裕的"一般"以外，残疾人还有其自身的"特殊"，不仅如此，这种"特殊"还表现为残疾人在实现精神生活共同富裕中不仅是被动帮扶的对象，其自身还具有特殊的主体性和创造性。因此，有必要认真审视这种"一般"与"特殊"的结合，从几个基本点出发对其加以总体把握。

3.1 注重残疾人心理健康

由于身心障碍及对残疾人的歧视普遍存在，残疾人自我认同感偏低，残疾人精神和心理问题常比健全人高发。关注残疾人心理及精神健康状况是满足残疾人多样化、多层次、多方面的精神文化需求的重要前提，也是构建精神生活富裕乃至共同富裕的基础。我国残疾人包括视力残疾、听力残疾、言语残疾、肢体残疾、智力残疾、精神残疾和多重残疾，每一类别又根据残疾程度分为四个等级。残疾类别、残疾程度、家庭经济社会背景及受教育程度等因素均可能对残疾人心理及精神健康起到不同的影响。因此，需要细分每个残疾人所面临的生活和心理压力、对生活和情感上的关注，这也决定了对待不同的残疾人，精神生活的切入点和关注点都要有所不同。消除障碍、了解残疾人需求及构建包容性的环境是提高残疾人生活满意度的关键要素。有数据显示，服务需求方面，45.14%的残疾人选择家庭、婚姻问题的心理辅导；40.57%的残疾人选择普及心理保健知识；另外，缓解工作压力、子女教育辅导、情绪调控指导也属于残疾人较为需要的心理服务项目[28]。因此，个性化、可持续的心理健康辅导是促进残疾人实现精神生活幸福的重要出发点。在关注残疾人心理健康并进行干预的过程中，还需要认识到残疾人由于普遍处于社会弱势地位，尤其经济收入较低带来的倍增于其他人的生存压力，所以常需要同时开展物质与精神融合的服务，而不是单一的物质或精神心理服务。

3.2 要注重以社会主义核心价值观引领残疾人精神力量的外在培育和内在挖掘

单纯地把残疾人视为帮扶同情的对象而不是人类文明创造者的看法，本身是对"人"本质的抽象误解。"马克思主义人学将劳动和文化视为人之为人的内在根据，其中劳动是人的价值生成和获得认同的实践基础，人的文化及其建构是人实现价值塑造的精神基础。"[29]基于马克思主义对社会存在与社会意识的辩证关系会发现，物质条件虽然是精神生活确立的基础，但是，一旦发挥好精神力量等主观能动性，完全可以反过来改变物质条件的困难，这也正是辩证法精神的彰显。毛泽东曾经指出："因为我们承认总的历史发展中是物质的东西决定精神的东西，是社会的存在决定社会的意识；但是同时又承认而且必须承认精神的东西的反作用，社会意识对于社会存在的反作用，上层建筑对于经济基础的反作用。这不是违反唯物论，正是避免了机械唯物论，坚持了辩证唯物论。"[30]因此，残疾人精神力量的外输式培育，可以从改变生活观入手，从文化服务层面撬动残疾人的内生动力。核心是以社会主义核心价值观引领残疾人的精神力量，尊重其特殊的主体性和创造性，使残疾人自身的精神财富能够很好地继承转化。

正如学者所指出的，"长期以来，残疾人事业的工作重心是民生保障和公共服务。残疾人对精神生活同样渴望，在某种意义上讲，残疾人自尊、自信、自强、自立，全社会理解、尊重、关心、帮助，是精神生活'富矿'，是精神文明建设的重要内容"[31]。实践中，一是要挖掘中国传统文化和革命文化中的宝藏。其中诸多"自强"因素以及身残志坚的案例，可以作为残疾人精神生活主体素养或能力培育的重要支持，以此唤醒残疾人的自我生命意识，实现人生潜能的激发和人生困境的突破。二则，改革开放以来，在社会主义建设各行各业涌现的残疾人模范事例中，有大量残疾人自强不息与构筑高水平精神家园的现实案例。特别是在脱贫攻坚战、抗疫志愿服务、残奥会特奥会中涌现的诸多残疾人自立自强的感人故事，都可以为残疾人以及健全人正心鼓劲提供启发，为我国推进精神生活共同富裕赋能。习近平总书记指出："残疾人是社会大家庭的平等成员，是人类文明发展的一支重要力量，是坚持和发展中国特色社会主义的一支重要力量。"[32]因此，充分挖掘残疾人的精神财富,也可以反过来影响和带动整个残疾人群体乃至其他群体迈向精神生活共同富裕。

3.3 要不断促进残疾人教育

残疾人教育是我国最基本的一项公共服务供给。通过科学艺术文化等多种知识的教学,能够帮助残疾人奠定好必要的知识基础与品味,使其对精神生活有更丰富的感知。教育是尊重和保障残疾人人权,促进社会公平与正义,使残疾人精神生活实现更多的自由解放,迈向人的全面发展中的重要一环。回溯历史,虽然1994年国务院就发布了《残疾人教育条例》,为残疾人自主、平等、积极地参与社会生活创造教育条件,但是,残疾人的受教育程度尤其是高等教育入学率普遍偏低,仍是不可忽视的现实状况。因此,要利用好现有残疾人教育网络体系,完善公共服务与事业以健全信息化基础,提升残疾人教育服务供给,以科技赋能实现残疾人精神生活的飞跃。

此外,如果从广义的教育观出发,完善公共服务事业与促进残疾人教育的发展,还可以扩展到为残疾人融入各类精神文化场域提供更多的便利和福利。除了需要解决传统的精神文化场所无障碍设施不够充分的问题,在数字时代还需要在公共服务中通过科技创新减少数字鸿沟对残疾人教育造成的障碍并消弭新的不平等。目前,残疾人面临的数字鸿沟表现为资金购买障碍、信息获取能力差距、产品设计没有纳入残疾人需求、技术使用存在身体困难等。为此,《"十四五"残疾人保障和发展规划》专门强调要加强信息无障碍建设,帮助老年人、残疾人等共享数字生活。在实操过程中,需要建设能够满足残疾人精神生活需求的专门数据库,通过人工智能技术实现残疾人教育学习手段的延展,利用AR/VR和5G为残疾人学习各项科学文化知识提供更为丰富和便捷的体验场景。通过数字赋能,还可以不断创新残疾人教育的课程理念和设计,使残疾人教育能够应对数字时代的考验。目前,随着智慧城市、智慧社区等项目的实施,也要关注残疾人对数字技能教育的培训需求,尤其要推动各社会组织、社会工作者及志愿者等为残疾人提供更为专业化与个性化的服务,使残疾人在"智慧时代"享有更好的、更有品质的精神生活,同时也获得更多的就业机会,从而实现物质生活与精神生活的互相促进。以某社会企业打造的"AI和大数据分析"残障技术团队为例,残疾人的确可以在数字化时代缩小与健全人的差距,以昂扬奋进和团结友爱的姿态构建精神生活的共同体,实现个人价值和社会价值共赢。

3.4 要不断加强相关政策与制度保障等以优化外在环境

实现残疾人精神生活共同富裕，还需要不断加强相关政策与制度保障等以优化外在环境。具体实施要求：其一，要加强顶层规划，坚持党建引领与政府履责。其核心是坚持以人民为中心，深入各项工作以实现总体协调，推动新时代残疾人事业高质量发展和有序进行，为实现残疾人精神生活共同富裕提供最根本的保障。不仅要完善相关政策，给予经费保障以优化物质基础，而且要在法规和制度的建设上紧跟时代步伐，补齐政策供给的各项短板。同时，政府还需要针对不同区域和类型的残疾人，提供兼顾一般化与差异化的制度安排。不仅如此，政府还要加强督导，使长期、中期、短期各项机制相结合，总体上引导社会整体形成对残疾人精神文化教育等事业的关注与支持氛围。其二，要加强制度安排向专业队伍和人才的倾斜。要加大残疾人事业人力资源投入，突出心理学、社会学、思政教育等专业优势。要把握残疾人心理，实现残疾人观念的改变，通过提供高质量的精神生活产品和服务，实现其人生的价值与尊严。同时，要培养并吸纳更多的残疾人成为残疾人事业的专业人才，推动残疾人精神生活共同进步。其三，要加强政策设计，鼓励相关社会力量及市场主体参与。这样可以调动更多的积极因素以帮扶残疾人实现精神生活共同富裕。比如，引入专业的志愿者和社会企业，尤其以产业协同残疾人的精神共同体建设，有利于扩大残疾人精神文化服务的总体供给。其四，要加强残疾人精神生活建设的基础理论研究与指标体系建设。前者可以有效回应残疾人在共同富裕过程中如何更好地实现其内在价值和促进社会发展的问题，后者则可以为科学评估现有工作、找到其中的问题加以改进、实现迭代升级提供更好的支持。

结　语

正如习近平总书记所指出的，"现在已经到了扎实推动共同富裕的历史阶段"[33]。残疾人事业如何嵌入共同富裕的全过程，尤其是在精神生活领域满足残疾人对美好生活的不断需要，成为中国式现代化的一个现实挑战。对弱势群体进行思想赋能，实现其主体生命意识的觉醒，本身就是社会主义人道观的生动体现，符合社会历史发展的必然性。随着社会整体文明素养的不断提升与精神生活共同富裕的早日实现，残疾人实现精神生活丰富、自由、解放的目标会逐步实现，包括精神生活在内的美好生活的实现对残疾人而言并不遥远。同时，残疾人也能够以自身为鲜明事例，激励更多处于生活或思想困境中的人，从而为精神生活提供更多的来源，为广大人民群众的精神注入更多的正能量。因此，研究残疾人迈向精神生活共同富裕过程中"一般"与"特殊"的统一，具有十分重要的意义。

参考文献：

［1］新华社．习近平主持召开中央财经委员会第十次会议［EB/OL］．（2021－08－17）［2022－05－01］．http：//www.gov.cn/xinwen/2021－08/17/content_ 5631780.htm.

［2］冯善伟，赵溪．第十三届中国残疾人事业发展论坛综述（上）［J］．残疾人研究，2020（1）：95—96.

［3］邹广文．努力促进人民精神生活的共同富裕［J］．中国党政干部论坛，2021（10）：55—58.

［4］关信平．当前我国推动残疾人共同富裕的社会政策主要议题［J］．残疾人研究，2022（2）：12—21.

［5］杨瑞．残疾人精神文化生活现状及对策分析：以北京市T区为例［J］．社会福利（理论版），2021（3）：56—63.

［6］马克思，恩格斯．马克思恩格斯文集：第1卷［M］．中共中央马克思恩格斯列宁斯大林著作编译局，译．北京：人民出版社，2012：53.

［7］同［6］52—53.

［8］马克思．资本论：第1卷［M］．中共中央马克思恩格斯列宁斯大林著作编译局，译．北京：人民出版社，2004：743—744.

［9］程恩富．程恩富选集［M］．北京：中国社会科学出版社，2010：855.

［10］解保军．弗洛姆对资本主义社会病理的批判：《健全的社会》析评［J］．马克思主义研究，2001（1）：89—94.

［11］王淑荣，杨金铎．满足人民文化需求与增强人民精神力量相统一［J］．思想教育研究，2020（12）：18—22.

促进残疾人共同富裕的浙江实践

蔡国春

高质量发展建设共同富裕示范区，是习近平总书记和党中央赋予浙江的光荣使命。推动共同富裕，为浙江残疾人和残疾人事业发展带来了新的重大历史机遇。2021年8月，中国残联出台《关于支持浙江残疾人事业高质量发展促进残疾人共同富裕的实施意见》，为浙江在共同富裕示范区建设中同步促进残疾人全面发展和共同富裕提供指导与支持。一年多来，浙江聚焦助残共富重点领域，精心组织实施，率先推进先行先试，实现工作稳健起步与良好开局。

1. 完善机制、强化保障，着力构建"整体智治、综合集成"的助残共富工作体系

1.1 系统谋划框架体系

对标浙江高质量发展建设共同富裕示范区系统架构，聚焦浙江残疾人工作短板弱项与特色亮点，形成促进残疾人共同富裕系统架构图。一是明确可感知图景。设置"共富路上残疾人一个都不掉队，充分展现中国式人权保障优越性"一个总图景，以及反映浙江残疾人事业特色的"共建共享""普惠特惠""自强自立""有爱无碍"四个子图景，系统描绘残疾人真实可感、向全社会直观展现的发展前景。二是打造标志性成果。按照在全国有影响、残疾人群众有感、可示范推广的要求，打造"高质量保障体系""全周期服务机制""高水平就业增收""融合型社会环境""重要窗口特殊风景线"等一系列标志性成果，持续擦亮浙江残疾人事业的"金名片"。三是加强数字化支撑。主动融入数字化改革大潮，着力打造共富型"智慧助残"应用场景，加

作者单位：浙江省残疾人联合会　浙江杭州　310000
作者简介：蔡国春　浙江省残疾人联合会党组书记、理事长

快推进"助残大脑"建设，构建"残有所扶""残有优扶""残有众扶""残有智扶"四大平台，充分发挥数字化改革在助残共富中"船"和"桥"的作用。

1.2 周密部署统筹推进

系统部署新阶段浙江残疾人事业发展，明确阶段性目标任务，分步骤扎实推进，确保助残共富各项任务落地见效。一是召开事业发展大会。省委、省政府高规格召开全省残疾人事业发展大会，省委、省政府主要领导分别做出批示，省四套班子领导出席，对促进残疾人事业高质量发展和共同富裕做出全方位部署安排，公布了一系列社会公益助残项目，以助残共富的强大合力开启残疾人事业发展新局面。二是全面落实发展规划。系统推进《浙江省残疾人事业发展"十四五"规划》确定的"一窗口、两标杆、三体系、四品牌"重点任务，落实"残疾人之家覆盖率""规范化儿童康复机构覆盖率"等浙江特色指标体系。三是整体推进专项行动。一体推进残疾人就业增收、托养照护、康复服务、文化体育、权益保障、智慧助残、特殊教育、残疾预防等八大专项行动，助力残疾人基本保障再提升，残疾人公共服务再完善，残疾人合法权益保障再强化，友好环境建设再深化。

1.3 健全完善工作机制

加强省市县三级联动，广泛凝聚社会合力，积极探索创新，有效构建"多跨协同、高效闭环"的助残共富推进机制。一是建立先行探路机制。根据浙江残疾人工作补短板、锻长板要求，公布促进残疾人共同富裕先行先试项目，因地制宜推进助残共富实践探索。首批25个先行市与先行区加快探索，在"高科技企业助残""残疾预防数字化改革""残疾人居住品质提升"等8个助残领域形成一批好做法好经验。二是强化社会动员机制。联合浙商总会和一批知名企业成立助残共富联盟，设立助残共富基金。依托浙江大学设立残疾人共富研究中心、孤独症科研基金，加强助残共富理论研究与致病原因前沿探索。创新成立省市县三级孤独症人士及亲友协会组织，开全国先河。与检察机关、省律师协会加强合作，持续深化残疾人维权保障多方协同机制。三是完善闭环管理机制。强化表格化清单式管理，对中国残联支持意见、助残民生实事、助残共富专项行动、社会助残签约和先行先试项目等重点任务，建立目标清单、措施清单、责任清单，明确完成时限、加强检查指导、实施评估晾晒，确保各项重点工作有序开展、落地落实。

2. 聚焦重点、多措并举,加快形成"稳中有进、共建共享"的助残共富良好态势

2.1 聚焦推进高质量残疾人社会保障

一是建立更加精准的残疾人"两项补贴"机制。修订完善残疾人"两项补贴"实施办法,理顺工作机制,补贴标准与范围保持全国领先。借助数字化改革东风升级平台系统,实现对象动态管理、补贴精准发放。2021年全省29.4万人享受困难残疾人生活补贴,67.1万人享受重度残疾人护理补贴,共发放资金28.9亿元。二是织就更加牢固的残疾人民生保障网络。全面落实依靠家庭供养残疾人按单人户纳入低保政策,全省纳入低保残疾人24.74万人,占低保总数的44.12%。率先实现残疾人意外伤害保险政策全覆盖,实施全省统一标准、统一服务、统一赔付。三是实施更高水平的残疾人居住环境改造。在全面完成困难残疾人家庭危房改造的基础上,发动社会公益组织实施困难残疾人家庭"净居亮居"项目,通过提供适度改造、家具家电适配、日常保洁等服务,帮助困难残疾人家庭全面改善居住条件。2022年全省1000余户残疾人家庭实现家居环境"净化、亮化、美化、优化"。

2.2 聚焦推进高质量残疾人就业增收

一是创新构建残疾人就业服务推动机制。深入实施"1+7"残疾人就业服务机制集成改革,整合就业创业需求、就业岗位供给等各类资源。"省残联创新推进残疾人就业服务保障改革"入围省政府部门改革创新项目。发布安置残疾人就业企业百强榜,上榜企业安排残疾人就业超过1.5万名。"一人一策"落实就业帮扶,有就业意愿应届高校残疾人毕业生就业率连续达到100%。全省就业年龄段持证残疾人52.5万人,实现就业33.48万,就业率高于全国平均10个百分点。二是优化完善残疾人就业创业扶持政策。出台《浙江省党政机关、事业单位、国有企业带头安排残疾人就业实施办法》《浙江省促进残疾人就业行动方案(2022—2025年)》等政策文件。出台残疾人帮扶性就业试点文件,支持发达地区用工企业在山区26县设立帮扶性就业基地。健全党政机关、事业单位通过单招单考录用残疾人制度。三是分类拓展残疾人就业创业渠道。针对盲人特点与需求,除发展传统推拿按摩外,扶持从事钢琴调律、有声书籍朗读等新业态就业;针对聋人特点与需求,鼓励引导可

莎蜜儿、星巴克等爱心企业开设西式面点、手语咖啡等门店；针对智力障碍和孤独症人士特点与需求，支持打造海亮融爱星面馆、"壹星酿"烘焙坊等就业平台。实施电商助残计划，举办首届全省残疾人网络直播大赛，从事电商就业创业残疾人达 1.9 万人。四是落细落实残疾人职业技能培训。全省设立残疾人职业培训基地 112 个，年培训残疾人 2.6 万人次以上。建立"选、育、赛、用"全链条残疾人技能人才培养机制，创新"爱心导师"师带徒模式，举行"浙江残疾人技能人才之家"挂牌活动和"百名大师师带徒爱心助残"签约仪式，在全国残疾人岗位精英职业技能竞赛中夺得团体第一名。

2.3 聚焦推进高质量残疾人托养和照护服务

重点包括：一是持续擦亮残疾人之家品牌。连续 4 年将残疾人之家建设纳入省政府民生实事项目，通过不断完善建设机制、改革运营模式、拓展服务内容、升级扶持政策，打造成为残疾人的温馨家园和助残服务的重要平台。共建成星级残疾人之家 1410 家，庇护智力、精神和其他重度残疾人 2.92 万人。二是率先推进服务标准化建设。总结提炼多年浙江实践经验，融合残疾人服务发展新需求与数字化改革新要求，发布全国首个残疾人日间照料机构省级服务标准，在机构选址、设施设备配置、人员、运行管理以及生活照料、技能培训、康复服务、辅助性就业等方面提供规范。三是着力补齐托养设施短板。针对目前全省部分县（市）和市辖区残疾人托养服务设施尚未全覆盖、公益性残疾人托养服务机构床位尚不能满足残疾人托养需求等问题，省政府残工委发文推进"十四五"残疾人托养服务设施兜底线工作，督导市县限期落实兜底线任务。

2.4 聚焦推进高质量残疾人公共服务

一是康复服务保障提标扩面。将全省康复服务补贴范围扩大至 7—18 周岁低保低边家庭残疾儿童，未满 7 周岁孤独症儿童康复服务补贴标准提高到每人每年最高 3 万元，未满 7 周岁低保低边家庭残疾儿童康复生活补贴提高到每人每年 8000 元。率先出台残疾儿童定点康复机构协议管理办法，建立机构定点准入、协议管理和动态退出制度。修订出台第二版残疾人基本型辅助器具目录，深入推进实物适配与货币补贴双轨并行。二是特殊教育事业加快发展。特殊教育"两头延伸"成效明显，全省持证残疾儿童少年学前教育入园率 98.1%，义务教育入学率 99.92%，高中阶段入学率 92.99%。推进浙江特殊教育职业学院国家级残疾人职业培训基地建设，在全省特教学校广泛开展"非遗项目进校园"活动。落实全学龄段助学政策，率先实现残疾人在校大学生学费住宿费全额减免。创新开展"浙江特教园丁奖"评选。三是文化体育优势充分发挥。全力参与杭州亚运会、亚残运会筹办，统筹抓好省残疾人之家等40个亚残运会展示点建设，组织开展无障碍体验活动和测试赛等工作。充分发挥国家残疾人体育训练基地、国家盲人门球训练基地作用，承接国家队备战东京残奥会游泳、盲人门球等项目训练任务。省残疾人运动员在东京残奥会、西安全国残运会取得的成绩位居全国前茅，在北京冬残奥会实现全省奖牌"零"的突破。省残疾人艺术团受邀参加北京冬残奥会开闭幕式等演出，取得圆满成功。参加第十届全国残疾人艺术汇演，总成绩居全国第一。四是残疾预防工作系统推进。浙江成为首个省级残疾预防重点联系地区。出台贯彻《国家残疾预防行动计划（2021—2025年）》实施方案，12项目标设定值高于全国水平，新增"0—3岁婴幼儿发育监测筛查率"等浙江特色指标；省政府残工委推进实施《浙江省"全国残疾预防重点联系地区"工作方案》，明确"互联网＋"技术创新应用等4个重点领域27个创新项目。残疾预防数字化改革先行区（杭州临平）建设成效被央视等媒体报道。杭州、湖州等五地成功创建"全国残疾人家庭医生签约服务重点联系点"。

2.5 聚焦推进高质量残疾人权益保障

一是着力构建权益保障多方协同机制。践行新时代枫桥经验，率先在省（区）层面设立残疾人维权指导中心，全省县级以上残疾人法律援助工作站实现全覆盖，积极推动各地将残疾人维权纳入矛盾调处化解中心。不断深化与省检察院的公益诉讼"五大"协作机制、与省律师协会的爱心助残法律服务合作机制，浙江三个公益诉讼案例入选最高人民检察院发布的十大残疾人权益保障检察公益诉讼典型案例。二是率先打造全链条无障碍环境。编制全国首个无障碍家居设施领域省级地方标准《无障碍家居设施建设规范》，推动发布《城市居住区无障碍设施设计标准》等一系列无障碍标准规范。成立浙江省无障碍环境建设促进会，积极开展无障碍建设宣传、指导、评估等工作。全力做好全国无障碍市县村镇创建工作，全省示范单位及达标单位数均居全国第一。率先推进省级无障碍社区建设，目前已建成564个。持续深化残疾人家庭无障碍改造。将"重要公共服务场所无障碍改造1000个"列入省政府民生实事。会同省经信厅出台《浙江省信息无障碍提升计划（2022—2025

年)》，着力提升信息无障碍水平。三是持续深化困难残疾人关爱帮扶。对标时任浙江省委书记习近平同志2003年8月1日出席浙江省残联第四次代表大会时提出的"希望全体残疾人工作者要努力成为残疾人的第一知情者、第一代言者、第一维护者"等要求，开展全省残联系统"牢记初心与使命，当好'三个第一者'"主题活动。持续深化"走转改、三服务"长效机制，省市县乡四级联动，深入推进困难残疾人家庭入户访视工作，建立对象清单、需求清单、服务清单、结果清单，对重度残疾人和生活困难残疾人落实精准帮扶。

2.6 聚焦推进高质量智能化助残服务

一是迭代完善数字化改革体系构架。对标全省数字化改革1612体系构架和重大改革（重大应用）"一本账S2"，完善顶层设计，围绕"基本保障、助残共富、社会助残、组织建设"四大核心业务，开发"残有所扶、残有优扶、残有众扶、残有智扶"四大场景，迭代升级"助残大脑+智慧助残"体系构架，形成省残联数字化改革"一本账"。二是建强用好智慧助残重大应用。坚持"小切口、大场景"，以助残服务"一件事"、助残就业、困难残疾人家庭入户访视等应用场景为重点，推进"智慧助残"服务侧和治理侧全省贯通覆盖率达100%。新上线"助残就业"应用，3万多家单位在线申报，网报率位居全国前列。迭代助残服务"一件事"集成联办专区建设，累计取消证明材料40项，11个服务事项办理时长压缩50%以上，专区用户数32万、访问量达83万多人次。"智慧助残"应用入选全省数字化改革"最佳应用"。三是着力打造数字化改革重大成果。高质量完成中国残联改革信息化建设三项试点任务，按比例就业联网认证"跨省通办"做法在全国推广。构建"1+1+7"助残大脑系统架构，归集23个数源部门7.9亿条数据，建立数据标准库、决策分析库及共享交换库等12个，列入第二批领域大脑建设一本账，成为全省群团唯一在建领域大脑。

2.7 聚焦推进高质量社会化助残

一是创新成立孤独症人士及亲友协会。借鉴国际先进经验，率先成立全国首个省级孤独症人士及亲友协会，各市、县（市、区）全面推进建立孤独症人士及亲友协会。"关爱孤独症群体 助力共富路上'一个都不掉队'"项目成功入选省政府改革创新项目。二是积极打造高科技助残企业联盟。杭州市余杭区作为"高科技企业助残先行区"，成立全省首个高科技助残企业联盟，吸引诺尔康、强脑科技、程天科技等一大批高科技辅具企业加盟。出台激励政策，形成内部企业技术合作、信息资源共享机制。搭建残疾人就业平台，加盟企业优先招录残疾人从事产品测试、发布、展销等岗位。三是广泛开展社会助残和志愿服务。推进"千个支部万名党员志愿助残服务行动"，全省1518个支部结对残疾人之家，3.6万名党员参与。组织培育无障碍观影志愿服务队165支，服务残疾人13万人次。开展"千场残疾人文体活动进社区"活动，组织文体活动2797场，9.8万人次参与。

2.8 聚焦推进高质量区域发展合作

一是对口支援与协作广受赞誉。组织实施援疆残疾儿童康复救助"启明行动"，先后为289名残疾儿童实施手术与康复治疗，受到两省（区）党委主要领导充分肯定、媒体连续报道。指导浙江特殊教育职业学院等建立"浙江－阿克苏特殊教育发展联盟"，开展新疆残疾学生教育帮扶。在助力西藏代表团在西安全国残运会取得1银1铜实现"零"的突破基础上，选拔新疆阿克苏地区残疾人运动员苗子来浙训练，培养输送残疾人体育人才。全面落实浙川残联系统对口合作协议，支援助残项目，涉及资金5000多万元，惠及残疾人1万名以上。二是长三角一体化合作走深走实。成功召开第三届长三角残疾人事业一体化发展协作会，签署《长三角残疾人辅助器具服务一体化发展便利共享合作协议》，持续深化区域间残疾人福利事业与残疾人事业发展研究方面的交流合作，三省一市14个市、县（市、区）残联签署协议，合作从省市向区县、从综合工作向条线业务稳步迈进。三是省内结对帮扶工作稳步推进。出台支持浙江丽水残疾人事业高质量发展促进残疾人共同富裕的若干意见，明确十五项重点内容，为丽水打造浙西南示范性儿童康复机构、统筹推进慈善助残危房改造宜居提升和困难残疾人家庭"净居亮居"项目等提供支持；扎实推进青田县结对帮扶工作，助力景宁等地率先探索山区助残共富新路子。

3. 压茬推进、锐意创新，奋力谱写"优质均衡、可感可及"的助残共富浙江篇章

浙江将高举习近平新时代中国特色社会主义思想伟大旗帜，全面贯彻党的二十大精神，深入贯彻落实习近平总书记关于残疾人事业重要论述，围绕

忠实践行"八八战略"、奋力打造"重要窗口"，突出高质量发展要求，聚焦以人为核心的现代化，以残疾人民生保障的高质量、残疾人公共服务的高水平、残疾人赋权增能的新作为、残疾人平等参与的新气象、残疾人事业治理现代化的新局面，开启残疾人共同富裕和全面发展新征程，确保广大残疾人在共同富裕和现代化道路上"一个不掉队"。

到 2025 年，以"普惠＋特惠"为特点的残疾人基本保障再提升，以专业化、精准化为目标的残疾人公共服务再完善，以消除歧视、促进平等为诉求的残疾人合法权益保障再强化，以深度融合、全面共享为特征的友好环境建设再深化，以"整体智治、唯实惟先"为理念的残疾人事业现代化再提速，助残共富具有更加坚实的基础。

到 2035 年，残疾人公共服务体系全面优化，残疾人合法权益充分保障，残疾人融合发展深度推进，残疾人共同富裕率先取得实质性重大进展，残疾人共建共享高水平现代化同步基本实现，残疾人事业现代化同步基本实现，成为浙江展示中国特色社会主义优越性"重要窗口"的特殊风景线。

在高质量发展中促进残疾人全面发展和共同富裕的江苏实践

万 力

江苏是经济大省，也是全国人口密度最大的省份，常住人口8500万，残疾人占全省总人口的6.4%，涉及全省五分之一的家庭，其中持证残疾人168万人，一、二级重度残疾人76.5万人，是一个数量多、影响大、需要特别关心帮助的特殊困难群体。在习近平新时代中国特色社会主义思想的指引下，多年来，江苏省残疾人事业始终与时代脉搏同步、与江苏发展同向、与残疾人群体同心，在全国率先实施残疾儿童免费康复救助，率先实行残疾学生从学前到大学免费教育，率先全面开展基层"残疾人之家"建设，并将残疾人托养工作连续多年作为省政府民生实事大力推进，残疾人社会保障体系不断健全，残疾人生存发展状况持续改善，残疾人"两项补贴"覆盖率100%、社保和医保参保率98.8%，残疾人基本康复服务覆盖率97%，适龄残疾儿童接受义务教育入学率98%，全省30.7万建档立卡低收入残疾人人均年收入达6000元以上，"十三五"期间残疾人人均可支配收入年均增长10.4%，超过年均增长6.5%的目标。

残疾人是社会大家庭的平等成员。习近平总书记对残疾人有着特殊深厚的感情，明确要求对残疾人要"格外关心、格外关注"，要"进一步发展残疾人事业，促进残疾人全面发展和共同富裕"；党的二十大明确提出"完善残疾人社会保障制度和关爱服务体系，促进残疾人事业全面发展"。总书记的重要指示、重要讲话精神，为我们做好新时代残疾人工作指明了方向、提供了根本遵循。当前，江苏已经踏上全面推进中国式现代化江苏新实践的新征程。共同富裕是中国式现代化的重要特征，广大残疾人是低收入人口中的重要群体，是共同富裕道路上的短板弱项。据统计，2021年江苏残疾人家庭人均可

作者单位：江苏省残疾人联合会　南京　210004

作者简介：万　力　江苏省残联党组书记、理事长

本文根据万力理事长在第十六届残疾人事业发展论坛上的主旨发言整理而成。

支配收入为全省人均收入的53%，残疾人总体生活状况仍然低于社会平均水平。我们必须立足新起点，充分发挥残疾人事业高质量发展对促进残疾人共同富裕的重大支撑作用，在就业增收"致富"、托底保障"保富"、公共服务"促富"、社会关爱"帮富"等方面持续用力、久久为功，探索更多符合残疾人特点的增收路径和福利保障政策，切实在高质量发展中促进残疾人全面发展和共同富裕，更好扛起"争当表率、争做示范、走在前列"的光荣使命。

一是聚焦更加充分、更高质量，以推动就业创业增收"致富"。党的二十大报告提出，"实施就业优先战略"，"加强困难群体就业兜底帮扶"，"消除影响平等就业的不合理限制和就业歧视，使人人都有通过勤奋劳动实现自身发展的机会"。相较于健全人而言，就业对残疾人有着更加特殊的意义，它是残疾人实现自强自立、增收致富的根本途径，也是残疾人融入社会的重要方式。受身体条件所限，加之部分用人单位的偏见，残疾人普遍存在就业难、就业不稳定、收入低等问题，江苏省未就业残疾人中约40%为有一定就业能力的中轻度残疾人。近期，省政府办公厅印发《江苏省促进残疾人就业三年行动计划（2022—2024年）》，出台了促就业一揽子政策措施；修订了《江苏省按比例安排残疾人就业办法》，通过实施一系列法规政策措施，引导全社会消除就业"歧视"，帮助有能力的残疾人实现就业创业，促进残疾人共同富裕。在持续提高残疾人就业能力上下功夫。加强残疾人就业创业指导服务，通过"智志相扶"激发残疾人就业内生动力。加强残疾人职业教育和职业培训，结合残疾人特点，创新方式、丰富内容，为广大残疾人提供有针对性和实用性的职业技能培训，通过举办残疾人职业技能竞赛和残疾人展能节，引导残疾人积极投身技能提升，推动其实现更加充分、更高质量就业。在持续加大就业支持力度上下功夫。积极应对疫情对残疾人就业造成的影响，进一步落实和完善残疾人就业创业的各项扶持政策，有效发挥残疾人就业保障金制度作用，落实好奖补政策，鼓励社会力量和市场主体参与，为残疾人就业创业提供更好支持。认真落实促进残疾人就业三年行动计划，通过按比例就业、集中就业、自主创业等多种形式，千方百计促进残疾人就业创业。网店、直播等灵活就业的新业态更加适合残疾人就业特点，我们将根据实际情况给予针对性培训和扶持。在持续抓好重点人群就业上下功夫。抓好残疾大学生就业。据统计，目前江苏省残疾人大学生就业率为91.6%，现有3000多名残疾人大学生在高等院校接受教育，他们普遍素质较高、能力较强，我们将通过就业训练营、就业指导等形式帮助残疾人大学生就业。要大力推动党政机关、事业单位、国企带头安排残疾人就业，示范带动全社会依法安排残疾人就业。抓好农村残疾人就业。80%的残疾人生活在农村，要重点关注农村残疾人剩余劳动力转移就业，推动公益性岗位优先安置这部分群体，在推进乡村振兴战略中，对农村残疾人给予重点帮扶，积极扶持残疾人参与发展富民强村相关产业，分享产业链增值收益，促进残疾人家庭增收致富。

二是坚持应保尽保、应救尽救，以社会保障兜底"保富"。党的二十大报告提出，"健全残疾人社会保障制度"。与其他群体相比，残疾人抗风险能力弱，致贫返贫风险高。江苏省精神、智力、多重残疾人占全省残疾人总数的30%，重度残疾人有90多万，他们大都无法独立生活，难以实现就业，政策托底是其生活的最大保障，也是其实现共同富裕的根本基础。当前，江苏省正按照"普惠+特惠"的原则构建并完善残疾人社会保障体系，更强调"特惠"，着重针对残疾人特点做出专门制度性安排。在社会救助方面，聚焦基本面，将残疾人作为低收入人口认定工作的重点对象，逐户摸底排查，将符合条件的残疾人家庭和残疾人全部纳入低保、特困供养以及监测帮扶范围，困难和重度残疾人普遍纳入医疗救助范围，加大临时救助力度，发现一个及时帮扶一个、发现一户及时扶好一户，特别是在突发公共事件中加强对残疾人的保护和救助，确保应救尽救、兜牢底线。在福利保障方面，扩大受益面，根据经济发展状况，落实好残疾人"两项补贴""单人保"标准动态调整机制，有序推进补贴标准城乡一体化。2022年江苏省困难残疾人生活补贴惠及68.52万人，重度残疾人护理补贴惠及68.53万人，共发放"两项补贴"54.02亿元。同时，在同等条件下，基本住房保障对残疾人优先安排、倾斜照顾，促进残疾人居住条件得到有效改善。在社会保险方面，提高覆盖面，在持续提升基本养老保险、基本医疗保险参保率的基础上，推动更多残疾人康复项目进医保，推动需要长期照护残疾人护理险、残疾人商业综合保险全覆盖，有效减轻残疾人家庭负担。

三是突出全面发展、普惠均等，以优化公共服务供给"促富"。党的二十大报告提出，"健全基本公共服务体系，提高公共服务水平，增强均衡性和可及性，扎实推进共同富裕"，"完善残疾人关爱服务体系"。为残疾人提供更多更好的公共服务，事关残疾人生活品质，是促进残疾人共同富裕的必然途径。要精准推进康复服务，让残疾人身体健康起来。康复是广大残疾人改善身体功能和生存状况的基础。要加强残疾预防，落实好《江苏省残疾预防行动计划（2021—2025年）》，努力在源头上"减量"，最大程度控制和减少残疾发生；要实施科学康复，努力通过康复服务数量、质量"双增"实现残疾人数、残疾程度"双减"，加大精准康复服务供给，重点抓好儿童早期抢救性康复治疗、成人社区康复服务保障，推动"人人享有"向"高质量享有"转变。要分类开展托养服务，让残疾人家庭解放出来。连续三年将托养服务作为省政府民生实事集中推进，寄宿制托养服务优先保障无自理能力且家庭无照护能力的困难残疾人；日间照料依托"残疾人之家"为家庭白天无法照料或有康复、就业等需求的残疾人提供服务；居家托养服务发挥家庭照护的主体作用，政府给予必要支持，为居家残疾人提供生活照料、康复护理、精神慰藉等上门服务。省域托养服务体系基本建立，该项工作得到国务院残工委充分肯定。目前江苏省已托养残疾人 64926 人，其中寄宿制托养 4972 人、日间照料 24995 人、居家托养 34959 人。要丰富精神文化生活，让残疾人心态阳光起来。完善残疾人公共文化服务体系，促进残疾人群众体育和竞技体育全面发展，积极在"残疾人之家"开展"家里的读书会""家里的运动会""家里的音乐会"等群众性文体活动，引导广大残疾人培育阳光心态、乐观拥抱人生。要健全权益保障机制，让残疾人平等参与进来。保障残疾人平等受教育权利，办好高水平特殊教育，促进特教和普教有机衔接，让更多残疾人通过接受教育提升素质。落实《江苏省无障碍环境建设实施办法》，实施无障碍建设四大行动，加快无障碍环境建设和设施管理，让残疾人走得出去、走得安全。要建好用好平台阵地，让残疾人服务便捷起来。以"残疾人之家"为主要平台，推动资金、就业、服务等要素资源向"残疾人之家"集聚，将其打造成基层服务残疾人的综合平台和残联工作基层枢纽。建立全国首个"网上残疾人之家"。启用江苏"智慧残联"服务平台，推广"互联网＋助残服务"模式，推进残疾人服务"一网通办"，做好残疾人证、按比例就业情况联网认证等残疾人服务事项"跨省通办"，实现更多服务"网上办""掌上办"，不断提升服务便利化水平。四是注重社会动员、广泛参与，以凝聚扶残助残合力"帮富"。

党的二十大报告指出，"引导、支持有意愿有能力的企业、社会组织和个人积极参与公益慈善事业"。残疾人不仅需要基本生活保障和服务支持，更需要全社会的关爱尊重。要动员社会各界和各方面力量开展扶残助残活动，最大程度消除各种有形无形障碍，为残疾人营造更加公平友好的发展环境。要支持慈善事业发展。充分发挥慈善事业作为第三次分配对共同富裕的推动作用，大力支持残疾人慈善事业发展。"十三五"以来，江苏省残疾人福利基金会共募集助残资金（含物资折价）3.1 亿元，惠及残疾人群众 35 万名，特别是与省农垦集团、省慈善总会合作投入 9000 万元创新实施光伏扶贫助残工程，为 5000 户困难残疾人家庭安装分布式光伏电站，每户年增收可达 2500 元左右，稳定收益可达 20 年。仅在 2022 年"99 公益日"期间，基金会募捐就达 4500 万元，在全国公募机构中排 19 名。要培育社会助残组织。加强助残社会组织的引导、孵化和培育，以公益创投等形式鼓励社会力量兴办、参与残疾人服务机构建设运营，支持助残志愿者队伍成长。深化"党建＋助残"服务模式，加大助残类公益创投项目支持力度，引导更多社会资源投入扶残助残领域，目前全省共有助残社会组织 538 个。要营造扶残助残风尚。加大残疾人事业宣传力度，以残疾人喜闻乐见的形式，更多更好地传播党的声音、惠残政策和助残举措，大力弘扬社会主义核心价值观，深入推动扶残助残文明实践活动，推动形成理解、尊重、关心、帮助残疾人的助残文化和文明风尚。

中部地区残疾人共同富裕的实践与对策研究

方付建　饶映雪

【摘　要】共同富裕是社会主义的本质要求，是中国式现代化的重要特征。本文在明确共同富裕和残疾人共同富裕内涵要义的基础上，以中部地区六个省份为例，从物质富裕、精神富裕两大方面对中部地区推进残疾人共同富裕的实践举措展开分析。在此基础上，对中部地区残疾人的基本特点与变化趋势，残疾人持续增收、持续减支以及精神富裕、富裕结构等方面存在的问题展开分析。最后，从开展残疾人共同富裕监测、增加残疾人收入、减少残疾人支出、推进残疾人精神富裕以及加强全社会帮扶残疾人富裕等方面提出了中部地区推进残疾人共同富裕的对策建议。

【关键词】残疾人；共同富裕；测评指标；中部地区

共同富裕是社会主义的本质要求，是中国式现代化的重要特征。党的二十大报告提出，中国式现代化是全体人民共同富裕的现代化。残疾人作为社会大家庭的平等成员和特殊困难群体，其共同富裕是全国人民共同富裕既不可分割又具有特殊意义的重要组成部分[1]。习近平总书记明确表示，"中国将进一步发展残疾人事业，促进残疾人全面发展和共同富裕"[2]。我国有8500多万残疾人，随着人口老龄化、社会风险因素增加等，残疾会多发高发，重度残疾、一户多残、老残一体、残疾人独居等持续存在。当前，残疾人返贫致贫风险仍较高，仍有相当数量低收入残疾人家庭生活比较困难，残疾人家庭

基金项目：2022年度湖北省残疾人联合会委托项目"中部地区残疾人共同富裕及测评指标体系研究"（CL2022005）

作者单位：中南民族大学公共管理学院　武汉　430074

作者简介：方付建　教授　硕士生导师。研究方向：基层治理
　　　　　饶映雪　教授　硕士生导师。研究方向：社会治理

人均年收入与社会平均水平仍有不小差距，如何促进残疾人共同富裕是扎实推进全体人民共同富裕和全面建设社会主义现代化国家的重要议题。

1. 残疾人共同富裕的内涵要义

"共同富裕是一个长远目标，需要一个过程，不可能一蹴而就，对其长期性、艰巨性、复杂性要有充分估计，办好这件事，等不得，也急不得。"[3]社会弱势群体共同富裕实现程度是衡量社会主义现代化的重要标尺，残疾人作为弱势群体的重要部分，其共同富裕的实现理应得到重点关注[4]。把握残疾人共同富裕的要义需抓住以下方面：第一，工作理念上，推进残疾人共同富裕要考虑残疾人的特殊性，要注重与社会整体水平相适应。残疾人由于收入低、支出高，不仅自身难以致富，且需要他人照料而影响家庭致富，因此要特别关心关爱、支持帮扶残疾人群体，通过补助、补贴、救助等让残疾人享受经济社会发展成果。第二，工作内容上，推进残疾人共同富裕既要注重残疾人物质富裕，也要注重残疾人精神富裕。要通过物质条件的改善使残疾人享有良好吃穿住行等物质条件，享受到各类公共产品和服务；通过教育培训、提供精神文化产品和服务以及消除精神障碍或危机让残疾人精神生活富裕。第三，工作方向上，推进残疾人共同富裕应注重增加残疾人收入，减少残疾人支出。要着力增加残疾人及其家庭工资性、经营性和转移性收入，要通过公共服务、公益助残等减少残疾人医疗、康复、教育、培训支出。第四，工作重点上，推进残疾人共同富裕要认识到社会保障是基础，有效就业是关键。通过诸多保障举措让残疾人不再遭受贫困干扰，为残疾人家庭消除后顾之忧。着力推进残疾人就业，通过就业让残疾人增加收入，找到人生价值。第五，工作方式上，推进残疾人共同富裕要提升残疾人生活质量，消除影响残疾人发展的障碍因素，要增强全社会扶残助残意识，激发残疾人内生动力。

2. 中部地区推进残疾人共同富裕的具体实践

在全面建设小康社会历史进程中，中部省份围绕农村建档立卡贫困残疾人开展就业、经营和保障帮扶，注重改进面向残疾人的公共服务、关爱服务和教育培训，注重扶残助残工作，为推进残疾人共同富裕提供了良好条件。2020年以来中部省份围绕推进残疾人全面发展和共同富裕、促进残疾人事业高质量发展进行了更丰富的实践探索。

2.1 党委政府高度重视，统筹推进残疾人共同富裕相关工作

第一，党委注重系统谋划，加强残疾人事业发展顶层设计。一是党委将残疾人事业发展纳入重要议事日程，通过党委常委会会议、党委全体会议等围绕残疾人事业发展进行统筹协调、安排部署。湖北省第十二次党代会将健全残疾人社会保障制度和关爱服务体系纳入工作报告。为推动无障碍环境建设，湖南省委第十一次、十二次全会做出制定实施无障碍环境建设行动计划、加强城镇无障碍设施建设和管理等部署。二是党委领导注重协调督促残疾人相关工作，围绕残疾人工作开展调研指导，深入残疾人群体开展慰问交流。2022年江西省委书记到省残联宣讲党的二十大精神并走访调研。2022年第32个全国助残日，山西省委副书记调研扶残助残、康复托养工作并慰问残疾人及残疾人工作者。2021年湖北省委常委、统战部长出席"阳光就创"残疾人大学生就业创业促进活动。

第二，政府注重协同治理，推进残疾人共同富裕取得进展。一是政府注重围绕残疾人工作制定相关规划和规范性文件。山西发布《关于全面加强疾病预防控制工作的意见》《山西省残疾儿童康复救助制度》《关于加快发展康复辅助器具产业的实施意见》等，做好残疾预防、残疾儿童康复救助及辅具产业发展等工作。二是注重建立完善残疾人工作委员会工作机制并定期召开残疾人工作委员会会议部署相关工作。湖北印发《湖北省人民政府残疾人工作委员会成员单位职责分工》《湖北省人民政府残疾人工作委员会工作规则》，明确20多个成员单位工作职责，每年定期召开全体会议和联络员会议。三是政府各部门注重协同配合推进残疾人教育、就业、信访等重点工作。河南省残联联合省发改委等11个部门印发工作方案，多次召开会议，对残疾儿童康复"应救尽救"进行安排部署。四是政府分管领导注重围绕残疾人康复、就业、服务等重点工作开展调研指导。2021年第31个全国助残日到来之际，河南省分管副省长调研残疾人就业创业、残疾儿童康复、无障碍环境建设等工作。

2.2 注重残疾人就业创业和社会保障，增加残疾人收入

第一，推动残疾人就业，增加残疾人工资性收入。就业是残疾人获得工资收入的根本，是残疾人增加收入的最基本途径。一是建立促进残疾人就业

相关制度或政策。湖北制定《湖北省完善残疾人就业保障金制度更好促进残疾人就业的实施方案》，利用就业保障金制度促进残疾人就业。湖南省残联联合多部门印发《"点亮万家灯火"托底帮扶残疾人就业行动实施方案》，通过八方面措施托底帮扶残疾人就业。二是推进残疾人按比例就业。河南出台《河南省按比例安排残疾人就业办法》《河南省用人单位按比例安排残疾人就业情况申报审核办法》，落实按比例就业。为提升按比例就业示范带动效应，江西出台《江西省超比例安排残疾人就业企业奖励的办法（试行）》。三是增加残疾人集中就业和辅助性就业。山西省残联与山西圆通速递有限公司签署圆梦助残就业合作协议，打造"圆梦家园""云客服"等项目，争取三年开设100余个助残驿站终端。江西出台《江西省扶持省级农村阳光助残就业基地办法》，对安置残疾人就业的农村阳光助残就业基地给予补助资金。四是为农村就业困难残疾人提供公益性岗位。2020年江西发布《关于进一步规范公益性岗位开发管理工作的通知》，要求做好公益性岗位开发，2022年出台《江西省促进残疾人就业三年行动实施方案（2022—2024年）》，明确全省每年公益性岗位安置残疾人就业不少于1万人。五是为残疾大学生就业提供多方面帮扶。2022年湖北启动未就业高校残疾人毕业生"一人一策"不断线帮扶专项行动，以提供100%就业年龄段全周期不断线帮扶、实现除特殊原因外100%就业创业为目标，建立就业指导员、县级包保帮扶人、市级帮扶联系人、省级帮扶联系人"四帮一"机制。六是积极搭建就业供需平台为残疾人就业牵线搭桥。2022年山西省残联联合山西招聘网、如常集团山西省分公司举办就业援助月网络招聘会，提供残疾人就业岗位1300余个。

第二，注重帮扶残疾人投资创业，增加残疾人经营性收入。残疾人获得经营性收入是残疾人增收致富的重要渠道。一是推动残疾人利用生产资料入股获得收益。《山西省"十四五"残疾人保障和发展规划》要求引导低收入残疾人家庭采取土地托管或林权、农村土地承包经营权入股等方式，参与现代农业产业，分享产业链增值收益。二是为残疾人生产经营提供设备支持。湖北省残联联合农业农村厅、东风汽车公司等开展"农机创业路　自强借东风"农村残疾人就业帮扶活动，帮扶残疾人购置农机，培养残疾人农机手。三是建设残疾人创业孵化机构帮扶残疾人创业。山西平遥县启动残疾人"千人就业"项目，通过技能传习、残残互助和自主创业实现"千人就业"。湖北宜昌市建设残疾人创业孵化园为残疾人创业提供一站式服务。四是积极支持残疾人互联网经济领域创业。2021年湖南启动全省残疾人主播直播带货实战赛，通过直播带货形式挖掘培育残疾人直播带货达人。五是举办面向残疾人的创业赛事发掘创业典型。在湖南省残联指导下，2020年株洲举办首届聋人创新创业大赛，发掘聋人创业项目。

第三，注重完善残疾人社会保障体系，增加残疾人转移性收入。转移性收入是残疾人家庭十分重要的收入来源。2021年全国残疾人家庭收入状况调查结果显示，转移性收入占残疾人家庭总收入的48.5%，比全国平均水平高出29.3个百分点[5]。一是落实最低生活保障制度。针对困难残疾人做到应保尽保，一些省份注重按单人户方式为残疾人提供最低生活保障。二是落实残疾人"两项补贴"。河南是全国享受残疾人"两项补贴"人数最多的省份，约占全国总数的9%。江西出台《关于进一步完善困难残疾人生活补贴和重度残疾人护理补贴制度的通知》《关于建立残疾人"两项补贴"标准动态调整机制的通知》，要求精准识别发放对象，严格资金发放管理，建立残疾人"两项补贴"申请、调整和退出动态管理机制，做到每两年调整一次补贴标准，并明确补贴资金省、县（市）负担比例。三是面向特定残疾人发放生活补助。2021年湖北出台《残疾儿童康复救助家庭生活补助实施方案》，对在定点康复机构训练的0—6岁残疾儿童家庭给予每月500元生活补助。四是面向残疾人群体提供福利补贴。2021年起，湖南在四地市开展辅助器具补贴制度试点工作。江西出台《关于为江西省残疾人群体提供信息通信资费优惠的通知》，明确针对全省持证残疾人通信用户给予五折优惠。五是探索建立面向残疾人的社会保险。2022年河南省残联与中国人保健康河南分公司、中华财险河南分公司分别签订合作协议，推进残疾人"社保+救助+商保+科技"多层次保险服务，探索保险助残新路径。

2.3 注重残疾人公共服务和无障碍建设，减少残疾人支出

第一，注重改进残疾人公共服务体系，减少残疾人生活性支出。残疾人用于康复、医疗以及托养、照护等方面的支出明显高于健全人。中部各省注重减少残疾人生活性支出。一是完善康复体系减少残疾人康复支出。2020年湖南召开民办康复机构扶持座谈会，通过民办公助等形式扩大康复服务覆盖面。2022年湖北启动"残疾人康复关爱行动"，为符合条件的残疾儿童提供康复救助。2021年湖南上线残疾人远程康复服务项目，打造"没有围墙"的虚拟康复中心。二是建设公益性强的医疗体系减少残疾人医疗支出。2021年湖北省残联、省卫健委联合举办残疾人家庭医生签约服务工作培训班，做好

残疾人家庭医生签约服务。三是完善托养照护体系减少残疾人照护支出。河南上蔡县建成32个集中托养中心，"一站式"解决残疾人生活、护理、康复、脱贫等难题。山西平遥县探索自闭症群体产业化托养模式，创新重度残疾人托养服务。湖北开展"残疾人托养照护关爱行动"，实现残疾人托养照护投入增加、人数扩面。2022年湖南颁布《残疾人托养服务规范》，提升托养服务规范化专业化水平。四是建设便捷的辅具供给体系减少残疾人辅具适配支出。2020年江西省残联、民政厅等联合制定《江西省残疾人适配基本型辅助器具补贴办法（试行）》，建立残疾人适配基本型辅具货币化补贴长效机制，解决辅具发放种类少、覆盖面窄、适配不精准等问题。湖南主办康复辅助器具暨康养产业博览会，推动康复辅具产业高质量发展。河南开展"助听行动——助听器捐赠项目""助行行动——轮椅捐赠项目"，面向特定残疾人捐赠辅具。江西开展残疾大学生辅具适配助学行动，行动覆盖全省80所高校的残疾大学生。

第二，注重优化残疾人教育培训体系，减少残疾人发展性支出。中部省份注重优化和改进残疾人教育培训体系，让残疾人以较低成本享受到教育和培训服务。一是更加重视残疾儿童学前教育。依托残疾儿童康复机构、特殊教育学校建设幼儿园或学前班，发展儿童特殊教育事业。二是持续提升残疾儿童少年义务教育入学率。将残疾儿童少年义务教育入学率作为一个重要的约束性指标纳入各级各类规划，注重特殊教育学校建设，重视融合教育发展，做好教育补助和费用减免，确保残疾儿童少年义务教育入学率持续稳定在95%以上。三是不断推动残疾人中高等职业教育发展。2022年湖南依托湖南省特教中等专业学校成立湖南省残疾人职业教育研究指导中心，打造资源共享、互惠共赢的残疾人职业教育平台和产业平台。安徽以省特殊教育中专学校为基础，筹建安徽特殊教育职业学院。四是为残疾人接受普通高等教育提供帮扶。江西出台《江西省残联资助残疾大学新生项目实施方案》《江西省残疾人高校新生奖励办法》，为残疾大学生就读提供经费资助。五是更加重视残疾人继续教育。2021年湖北举办两期盲人医疗按摩人员继续教育培训班。2021年湖南举办首届残疾人作家培训班。安徽则按年度开展残疾人中医艾灸、保健按摩等技能提升培训班。

第三，注重建设无障碍社会环境，减少残疾人行动性支出。推动无障碍社会环境建设不仅能够便利残疾人出行，也能够反映全社会的文明程度和对残疾人的关爱情况。中部省份积极推动无障碍环境创建和改造。一是大力推进残疾人家庭无障碍改造。湖南、湖北等将农村低收入、困难残疾人家庭无障碍改造纳入民生实事，明确改造任务。湖南编修《湖南省困难残疾人家庭无障碍改造指南图集》，探索"五部位"改造法，提升改造规范化水平。湖南还建立了"十四五"期间家庭无障碍改造需求库体系，以需求库为抓手解决家庭无障碍改造目标任务不明确、对象底子不清、工作进度不快等问题。二是注重加强公共场所无障碍建设。各省注重各类公共场所无障碍设施建设，一些地方在公园、景区无障碍改造方面积极发力。湖南推动宜章县莽山五指峰景区创成全国首家无障碍山岳型景区。三是加速推进信息无障碍建设。2021年江西省残联与江西联通合作发布面向听障人士的"畅听王卡"无障碍通信产品，实现70万名听力障碍残疾人与外界无障碍沟通。2022年河南省残联与河南联通公司签订合作协议，加强智慧残联建设。2022年湖北省残联联合残疾人专门协会、联通公司、基层扶残助残机构等开展"数字赋能　有爱无碍"全民数字素养与技能提升月主题宣传活动。四是加强无障碍环境评比创建与监督工作。2020年河南省在林州市召开创建全国无障碍环境市县村镇工作培训班。2021年湖北省开展无障碍环境建设监督岗前培训会。

2.4 注重提升残疾人自立自强意识，增加残疾人精神财富

残疾人作为社会弱势群体，其共同富裕的实现需要外在力量的帮扶，但残疾人自身能动性的发挥是残疾人实现共同富裕的内在条件。当前，中部省份注重面向残疾人开展精神文明建设，依靠一系列机制和办法丰富残疾人精神文化生活。一是面向残疾人开展自立自强教育。各地在脱贫攻坚过程中注重扶智与扶志相结合，增强残疾人生活自信和奋斗意识，消除"等靠要"思想。二是注重残疾人榜样人物选树表彰。河南省残联与河南广播电视台联合推出《豫·爱同行》手语专题栏目，通过节目展示残疾人风采，树立残疾人自强榜样。2020年湖南启动实施残疾人"阳光致富示范户（带头人）"评选表彰活动，激发残疾人致富内生动力。三是注重残疾人劳动成果展示展演。2022年湖北举办首届残疾人书画作品展，激励残疾人发扬自强精神。江西省残联打造残疾少儿和平海报作品征集评选活动，按年度开展评选。2022年江西省残联与文旅厅联合举办江西省首届残疾人青少年艺术展演。四是注重面向残疾人开展文化体育活动。安徽省在长三角残疾人事业一体化发展战略框架下签订《沪苏浙皖四地省级残疾人体育训练（指导）中心共建协议书》，合力开展残疾人体育训练工作。2022年江西省举办首届残疾人青少年运动会，逐步打造综合性的残疾青少年赛事。

2.5 注重增强全社会扶残助残意识，扩充残疾人支援力量

实现残疾人共同富裕，既要发挥残疾人的自我能动性，也要靠全社会的帮扶，通过广泛的人力、物力、财力等支持，让残疾人共同富裕有更坚实的基础。中部各省注重推动全社会扶残助残体系建设，不断扩充残疾人共同富裕的外部支援力量。一是注重面向残疾人开展公益慈善活动。各地注重依托残疾人各类节庆日开展捐款捐物活动，一些省份注重开展富有特色的慈善捐赠活动。2022年安徽省残疾人福利基金会联合企业募集资金开展"阳光浴室"公益助残项目，计划两年内在10个市为1200户残疾人家庭安装太阳能热水器。2022年湖北省肢体残疾人协会联合企业举行"爱无疆·助残行"公益服务，面向200名残疾人提供免费体检服务。二是注重建设残疾人志愿者队伍。2020年湖南上线"湘助残App"志愿助残服务平台，把全省注册志愿者和残疾人连在一起，推动助残志愿服务信息化。2020至2021年湖南连续举办助残志愿者骨干培训班，帮助志愿服务组织负责人开阔视野、提升能力。三是注重评残助残先进典型评选表彰。各省注重选树扶残助残典型机构和人物，并通过召开表彰大会等形式对扶残助残典型机构和人物进行表彰。四是着力打造扶残助残典型品牌。湖南着力打造"集爱三湘"系列扶残助残品牌，开展防疫行动、爱光助视、脑卒中预防、爱眼公益行等公益助残项目和活动。安徽着力打造"爱我中华·轮椅黄山行"公益慈善品牌。河南积极打造"豫爱同行"志愿助残服务品牌。五是建设扶残助残公益律师队伍。2019年安徽省残联与省司法厅联合成立安徽省残疾人法律服务中心，中心与四家律师事务所合作构建公益助残律师队伍，帮助残疾人有效维权。

3. 中部地区推进残疾人共同富裕面临的困难与问题

残疾人本身处于弱势地位，收入水平低、社会参与程度低、精神文化生活匮乏，迈向共同富裕进程的起点极低[6]。中部地区作为我国经济社会文化发展的中间地带，相对于东部地区存在着市场化、工业化、信息化、城镇化等发展水平较低的问题，相对于西部地区存在着国家财政转移支付较少、人口密度较大、各类资源约束较多等发展环境较差的问题，因而中部地区推进残疾人共同富裕面临的难题更多、压力更大。全国残疾人家庭收入状况调查显示，2019年中部地区残疾人家庭人均年收入（13291.0元）明显低于东部

(18059.8元)、东北（16766.3元）和西部地区（15347.1元）[7]。

3.1 中部地区残疾人的典型特点和变化趋势

第一，残疾人口基数较大，农村低收入残疾人较多，面临着返贫风险。中部省份人口基数较大导致残疾人口基数也较大，例如河南省残疾人口超过700万，属于残疾人口最多的省份。我国农村残疾人较多，农村残疾人占残疾人总数的70%以上[8]。中部省份大多属于农业大省，由此而来的是农村残疾人口较多，并且不少残疾人属于低收入群体。脱贫攻坚时期，中部省份有数量较大的建档立卡贫困残疾人，虽然建档立卡贫困残疾人已脱贫，但存在脱贫不稳定、不稳固的问题，有较大返贫风险。

第二，残疾人呈现出人口老龄化、生活独居化和区域聚集化的趋势。残疾人变老、寿命变长以及老年人残疾化都加速了残疾人口老龄化趋势。从1987年到2006年，60岁以上残疾人口比例由39.72%急遽上升到53.24%，每年新增残疾人口中有75.5%是老年人[5]。2021年全国残疾人人口基础库数据显示，除江西外，中部其余省份60岁以上残疾人占比均超过42%。当前，除了老残一体加速呈现外，残疾人独居化趋势也在加速，城市化和家庭小型化使得独居残疾人逐渐增多。此外，一些人口外流严重的村庄会加速呈现残疾人口聚集化特征，村庄常住人口中出现较多数量、较高比例的残疾人。

第三，残疾人致富机会相对较少，发展能力相对较弱。中部省份多数残疾人居住生活于农村区域，农村区域现代农业、工业、服务业等发育不足，市场主体较少，残疾人难有致富机会。此外，中部省份农村残疾人大多受教育程度不高，职业技能缺乏，可能面临发展能力弱的问题。

3.2 中部地区残疾人持续增收面临较多困难

第一，残疾人工资性收入占比不高，增长乏力，且获取难度大。残疾人群体中就业年龄段残疾人占比不高，能够就业并获得就业收入的残疾人占比总体不高。在残疾人就业结构中，工资相对较低的辅助性就业、公益性岗位就业、灵活就业、农业种养加等就业人数相对较多，能够取得较高工资收入的残疾人占比较低。此外，随着产业结构升级，越来越多的工作和工种被机器、电脑取代，就业岗位增量有限，在有限的就业岗位中，残疾人相对于健全人更难就业。

第二，经营性收入获得者少，增加量有限，且面临着较大的不确定性。残疾人本身拥有的资源有限，由此导致能够创业的残疾人不多。在创业残疾人中，能够创业成功并获得收入的残疾人更有限。虽然中部地区农村残疾人大多占有一定生产资料，但由于农业产业化、规模化推进缓慢，残疾人通过农业生产资料入股获得分红等收益存在见效慢以及难有入股机会等问题。此外，残疾人获取经营性收入受市场环境和农业生产风险影响，面临着较大不确定性。

第三，转移性收入额度较低，增速较慢，且扩面增量面临较大困难。虽然面向残疾人的转移性支出项目不断增多，额度也有所增加，但国家和各地政府面向残疾人建立的各项补贴仍处在保基本层面，无法帮助残疾人实现富裕。由于国家和地方财政能力限制，面向残疾人的补贴大多未能动态增长或有动态增长但没有与经济增速同步，补贴增速慢，绝对增加量有限。此外，在经济发展速度放缓大背景下，各地投入残疾人群体的各类补贴难以扩面，更难以增加补贴形式。有研究显示，仍有27.5%的残疾人未享受任何社会救济和政策性生活补贴[9]。

3.3 中部地区残疾人持续减支面临诸多约束

第一，生活性支出占比高，支出减少难度大。在残疾人及其家庭支出结构中，生活性支出长期占据主导地位，不少残疾人有限的收入多用在保障吃、穿、住及康复、医疗、托养、照护等基本生活方面。随着康复、医疗的发展，残疾人希望获得更高质量的康复、医疗条件和服务，由此会增加残疾人支出，而残疾人寿命的不断延长则会导致残疾人生活性支出有逐渐累加的趋势。

第二，发展性支出类型不断增加，支出占比日渐提高。越来越多的残疾人更加重视个体的成长和发展，希望获得良好的教育和培训，越来越多的残疾人也希望参加多种多样的文化性活动、体育性赛事。残疾人为促进个体发展而衍生的支出类型有不断增多的态势。对于渴望获得更好发展的残疾人而言，其发展性需求需要通过个人支出予以满足，由此导致发展性支出在残疾人支出结构中的占比将会逐渐扩大。

第三，行动性支出需求日益增加，支出数额有增多的趋势。随着残疾人辅助器具的增加、全社会无障碍建设的推进以及融合发展理念的普及，越来越多残疾人希望走出家门、走向社会，感受社会变化、分享发展成果，残疾人行动性支出需求有增加之势。残疾人出行需要轮椅、盲杖、助听器、助视器等设施设备以及家人或亲友陪伴，由此残疾人行动性支出的数额将会增加。

3.4 中部地区残疾人精神富裕存在不少短板

第一，残疾人知识素养有不断提升的空间。中部省份残疾儿童学前教育有所发展，但难以有效满足残疾儿童学前教育需要，义务教育入学率保持在较高水平但仍有巩固和提升空间，此外，除要关注残疾青少年义务教育入学率，更应关注其义务教育持续就读率和完成率。越来越多残疾学生有接受普通中高等教育的需求，但中部地区能够享受中高等教育的残疾学生数量仍偏少。

第二，残疾人技能素质有提升的空间。中部地区面向残疾学生的中等和高等职业教育院校存在数量不多、布局不广的问题，有需求的残疾学生无法接受充分的职业技能教育。面向残疾人的职业技能培训存在班次不够多、类型不丰富、培训时间不够长、培训内容针对性不强等问题。而职业技能认证则存在认证类型不丰富、认证规范性不够，能够获得认证的残疾人数量较少等问题。

第三，精神障碍问题有增多的趋势。全国残疾人人口基础库数据显示，湖北、安徽、湖南和江西四省份精神残疾人占持证残疾人的比重均超13%，明显高于全国11%的平均水平。精神残疾人本身存在精神障碍或疾病，推动其精神生活富裕难度较大。对于非精神类残疾人而言，由于长期遭受残疾侵害或受外界影响，出现精神障碍或危机可能性较大。

3.5 残疾人富裕程度不高且存在结构性失衡

第一，残疾人低收入高支出导致残疾人富裕程度不高。近年来，通过多类主体支持和帮扶以及残疾人群体自身积极性、主动性发挥，残疾人逐渐走向小康，但由于残疾人收入相对较少，支出相对较大，是一种较低水平的富裕。在社会整体富裕格局中，残疾人总体上属于后富群体和低度富裕群体。

第二，残疾人富裕程度与社会平均水平有拉大的风险。相对于残疾人而言，健全人分享经济、社会发展成果的机会更多，健全人收入相对较高，支出相对要少，由此出现了残疾人的富裕水平与社会平均水平不断拉大的风险。以2018年为例，残疾人家庭人均年收入仅为全国人均可支配收入的57.1%[4]。

第三，残疾人群体富裕程度存在结构性失衡问题。残疾人群体内部会出现富裕程度的家庭性、区域性等结构性差异，掌握较多技能、进行成功创业或实现有效就业的残疾人经济状况较好;家庭内部健全人数较多,仅有一名轻度残疾人的家庭富裕状况也较好;城市区域、城郊区域以及集体经济发展较好的重点村,其辖区内残疾人的富裕状况也会相对较好。

4. 推进中部地区残疾人共同富裕的对策建议

扎实推进共同富裕是未来一个时期十分重要的公共政策议题,残疾人作为社会弱势群体,是推进共同富裕需要重点关注的对象。推进残疾人共同富裕,不仅要做到收入意义上的"脱贫",更需要群体综合性层面的"解困"[10]。需要围绕诸多方面采取针对性措施,不断提升残疾人富裕程度。

4.1 做好动态监测及时有效掌握残疾人富裕情况

推进残疾人共同富裕,要进一步注重和加强残疾人调查和动态监测,及时、全面、有效掌握残疾人基本情况。依托脱贫攻坚监测网络开展农村残疾人收支情况动态监测,在乡村振兴重点帮扶县选取若干重点帮扶村,针对重点帮扶村已脱贫建档立卡残疾人开展收入、支出情况动态监测工作。开展残疾人共同富裕进展程度专项调查,采集和汇集各部门掌握的反映残疾人共同富裕情况的管理、服务数据,通过问卷数据分析以及部门管理、服务数据比对,把握残疾人富裕情况。

4.2 围绕增加残疾人收入优化多元化支持帮扶政策

实现残疾人增收致富,需要围绕残疾人收入的各个维度采取推进就业、帮扶创业、增加保障等增收措施。

第一,推进残疾人就业增加残疾人工资性收入。贯彻落实《促进残疾人就业三年行动方案(2022—2024年)》中促进残疾人就业"十项措施"。完善残疾人按比例就业情况联网认证及"跨省通办"机制,确保各单位落实按比例就业工作。加大残疾人之家、阳光家园、专业托养机构、残疾儿童康复机构等建设,通过残疾人服务机构安排更多残疾人辅助性就业。落实税收、保险及土地、场地等优惠措施,帮扶残疾人集中就业企业发展,打造一批残疾人集中就业品牌基地。根据乡村振兴工作需要挖掘更多公益性岗位资源,落实优先安置残疾人就业机制。帮扶残疾人灵活就业和个体就业,增强残疾人灵活就业和个体就业的稳定性、持续性。

第二，着力帮扶残疾人投资创业增加残疾人经营性收入。鼓励和支持残疾人将农田、林地、房屋等生产资料入股，并确保收益优先面向残疾人分享，让残疾人在乡村振兴中获得更多收益。力求残疾人创业孵化基地市（州）以及人口超过100万的县（市、区）全覆盖，推进残疾人创业孵化基地多元化、连锁化、品牌化发展，帮扶残疾人在互联网电商、直播、视频、物流等新兴领域创业。面向已创业残疾人建立跟踪帮扶和包联机制，让残疾人企业做大做强。

第三，不断完善残疾人社会保障体系增加残疾人转移性收入。推动社会保障扩面、增量、提效。通过扩大辅具适配补贴试点，养老、医疗保险参保补贴试点，建立残疾人康复托养补贴、职业培训及就业补贴以及无障碍改造补贴等让更多残疾人获得补助补贴。根据经济社会发展情况建立残疾人补助补贴动态增长机制，明确调整时间、增长规模或比例。面向残疾人群体建立更多元的社会保障制度，加大临时救助、补助力度。

4.3 围绕减少残疾人支出有效改进残疾人公共服务体系

减少残疾人支出，需要围绕残疾人的生活性、发展性和行动性支出的各维度加强各类型扶残助残公共服务体系建设。

第一，有效增加面向残疾人的基本公共服务减少残疾人生活性支出。建立残疾人之家、残疾人专业托养机构及规范化残疾儿童康复机构覆盖率等公共服务约束性指标，依靠指标促工作改进。加强残疾人综合康复设施建设，支持残疾儿童康复、专业型康复机构发展，出台支持和规范民办康复机构发展政策，明确民办康复机构准入机制，让更多残疾人能够获得更优质的康复服务。实施"残疾人托养照护关爱行动"，建立困难重度失能残疾人照护和托养人数、就业年龄段残疾人托养人数、残疾人托养服务人数等约束性指标，促使各地加强托养照护工作。

第二，持续发展残疾人教育培训事业减少残疾人发展性支出。加快推动特殊教育向学前教育延伸，加快推进以职业教育为重点的高中（中专）阶段教育，支持残疾人职业技能或实用技术培训发展。注重选取残疾学生较多的普通学校建设更多特殊教育资源教室。发挥华中师范大学融合教育学院在中部地区的作用。将残疾学生接受高中阶段教育比例作为约束性指标纳入五年工作规划和年度工作计划。以省为单位推动基础较好的特殊教育中等职业学校筹建特殊教育职业学院。依照"十四五"规划设定的残疾人职业技能培训人数指标要求，做实残疾人培训工作。

第三，大力推进无障碍环境建设工作减少残疾人行动性支出。重视困难重度残疾人家庭无障碍改造工作，实现残疾人家庭无障碍改造不断扩面。将无障碍审查纳入所有新建工程项目的审查工作中，实现新建工程项目无障碍设施100%覆盖。加强各类公共场所无障碍设施建设和维修管护，让残疾人便利出行、便捷办事。加强景区、公园以及文体设施无障碍改造，争取中部省份有更多类型景区在全国率先创建无障碍建设试点景区。加大残联与各类信息通信公司、互联网公司的合作力度，推动更多信息终端、信息载体或平台提供无障碍功能或服务，让残疾人更好享受信息化成果。培育中部地区无障碍环境建设评估机构品牌。

4.4 围绕残疾人精神富裕着力丰富残疾人精神文化生活

精神富裕是共同富裕的基本内容，残疾人精神生活富裕不仅要靠残疾人自身努力，也需要外在的社会支持和帮扶。

第一，注重面向精神类残疾人开展针对性强的服务帮扶工作。加大精神卫生医疗服务设施建设，推动在省级层面及省会城市、区域性中心城市开办专门精神卫生服务机构，推动更多市（州）三甲医院和县级人民医院开办精神卫生科室，让精神障碍类残疾人便利获得精神卫生诊疗服务。推进人口较多的乡镇及区域性中心村建设社区心理服务站，依托社区心理服务站加强残疾人心理危机干预，让农村残疾人便利获得基本心理服务。推动精神障碍类残疾人识别、认定标准建设，加大精神障碍类残疾人证的核发工作，让更多精神障碍类人群获得持证残疾人享受的各类关爱帮扶政策。

第二，加速发展残疾人文化体育事业丰富残疾人精神生活。举办残疾人文化艺术活动，持续开展"残疾人文化周"、"五个一"文化进家庭进社区、残疾人文艺小分队进乡村等残疾人群众性文化艺术活动，满足残疾人文化需求，增强残疾人精神力量。鼓励残疾人文化艺术创作和非物质文化遗产传承，扶持优秀残疾人作者创作和残疾人题材图书出版。面向残疾人提供特殊文化艺术产品，推广盲人文化产品、盲人数字阅读工程及电视台、网络视听媒体相关节目手语播报，扶持省、市级电视台开播通用手语栏目和实时字幕栏目，依托网络媒体开设残疾人文化宣传专题栏目。实施残疾人康复健身体育行动，组织残疾人参加各级各类全民健身活动，推动残疾人康复健身体育个性化、优质化、常态化发展。

第三，面向残疾人开展自立自强宣传教育促使残疾人自尊自信。建立残联系统干部、残工委成员单位干部、残联或残协专兼职委员与残疾人及其家庭的交流沟通机制。编辑、制作反映典型残疾人代表自立自强的书籍、影视剧、纪录片，发挥榜样的宣传教育功能。建立残疾人自立自强典型评选表彰标准和定期评选表彰机制，激发残疾人奋斗精神。

4.5 持续增强全社会扶残助残工作带动残疾人走向富裕

聚合多元化的社会力量面向残疾人群体提供广泛的服务、支持，是推动残疾人走向共同富裕的重要支撑。

第一，加强残疾人工作基础保障体系建设提升管理服务效能。加强党对残疾人工作的组织领导，将残疾人工作和残疾人事业发展纳入党委、政府重要议事日程，做到定期议事。加强残疾人机构、队伍建设，落实"基层服务能力提升计划"，积极创建残疾人之家、阳光家园等机构品牌。重视残联干部队伍建设，通过"专兼挂"等多种方式增强残疾人工作力量。加大残疾人工作经费资源投入，明确并逐步提高福利彩票公益金、体育彩票公益金投入残疾人事业的比重。

第二，有效保障残疾人合法权益让残疾人有更多致富机会。重视残疾人维权和信访工作，将残疾人作为公共法律服务的重点对象，完善各级残疾人法律援助及工作协调机制。建立残联与律师事务所对接合作的机制，培养壮大助残公益律师队伍。围绕残疾人工作探索试点"最多投一次""最多跑一地""最多交一回""最后访一回"的"四最"工作机制，促进残疾人维权工作提质增效。

第三，营造良好的扶残助残社会氛围推进公益慈善事业快速发展。将扶残助残纳入公民道德建设、文明创建工程和新时代文明实践中心建设，大力弘扬人道主义精神和扶残助残传统美德。鼓励群团组织、社会组织、企事业单位等实施助残慈善项目，参与助残慈善活动。发挥残疾人福利基金会作用，提升慈善组织募捐能力，不断扩大影响力和覆盖面。围绕扶残助残开展公益创投大赛，依托区域协作机制开展跨区域扶残助残公益慈善项目。加强扶残助残模范机构和人员评选表彰，通过评选表彰激发更多人员、机构投入扶残助残事业。推动将扶残助残工作纳入单位、企业社会责任评估体系，激励更多单位、企业将人、财、物及技术、数据、信息等资源投向扶残助残事业。

参考文献：

[1] 关信平. 当前我国推动残疾人共同富裕的社会政策主要议题［J］. 残疾人研究，2022（2）：12—21.

[2] 习近平向2013—2022年亚太残疾人十年中期审查高级别政府间会议致贺信［N］. 人民日报，2017-12-1（01）.

[3] 习近平. 扎实推进共同富裕［J］. 求是，2021（20）：4—8.

[4] 邹广文，华思衡. 论实现残疾人共同富裕的双重意蕴［J］. 残疾人研究，2022（3）：3—10.

[5] 程凯. 促进残疾人事业全面发展 扎实推进残疾人共同富裕［J］. 残疾人研究，2022（6）：3—11.

[6] 付鹏伟，葛忠明. 残疾人共同富裕的三重逻辑［J］. 残疾人研究，2022（2）：22—32.

[7] 厉才茂，冯善伟，杨亚亚，等. 2019年全国残疾人家庭收入状况调查报告［J］. 残疾人研究，2020（2）：75—81.

[8] 杨立雄. 中国特色残疾人事业发展道路：成就与未来［J］. 群言，2022（2）：37—39.

[9] 齐心，冯善伟，张梦欣，等. 中国残疾人社会保障现状及对策建议［J］. 残疾人研究，2020（3）：64—71.

[10] 张九童，张梦欣，厉才茂. 残疾人共同富裕研究：理论视域与未来指向［J］. 残疾人研究，2022（1）：4—16.

构筑关爱体系，加大支持力度
促进残疾人事业全面发展

《人民日报》

2022 年 12 月 5 日第 13 版

我国有 8500 多万残疾人，他们是一个特殊困难的群体，需要全社会给予充分的尊重、关心和帮助。党的十八大以来，以习近平同志为核心的党中央高度重视残疾人事业发展，保障残疾人基本民生、改善残疾人生活品质、促进残疾人全面发展，广大残疾人获得感、幸福感、安全感显著提升。党的二十大报告提出："完善残疾人社会保障制度和关爱服务体系，促进残疾人事业全面发展。"

近日，第十六届中国残疾人事业发展论坛通过线上线下的方式举行，论坛聚焦"增强残疾人发展能力，促进残疾人共同富裕"这一主题，邀请了 11 位专家学者做主旨发言，共 400 余人参加。大家一致表示要以党的二十大精神为指引，在全面建设社会主义现代化国家新征程中奋力促进残疾人共同富裕和残疾人事业全面发展，不断提升残疾人发展能力、发展机会和发展环境。

各方积极参与，形成帮扶合力

党的二十大报告提出，中国式现代化是全体人民共同富裕的现代化。与会人士表示，残疾人事业是中国特色社会主义事业的重要组成部分，促进残疾人事业全面发展是中国式现代化的应有之义和具体呈现。推进中国式现代化，残疾人群体绝不能掉队。

"应当牢牢把握残疾人事业全面发展与中国式现代化的关系，在中国式现代化的总体目标和重大任务之下，研究谋划新征程残疾人事业发展，努力缩小残疾人生活状况与整个社会平均水平的差距，充分挖掘残疾人的自身潜能，发挥残疾人在残疾人事业中的主体作用。"中国残联副主席、副理事长程凯表示。

全面建成小康社会，残疾人一个也不能少。"十三五"时期，我国710万建档立卡贫困残疾人全部如期脱贫，创造了人类减贫史上的奇迹。在中国残联研究室主任郭春宁看来，实现残疾人事业现代化，让残疾人成为中国式现代化的参与者、贡献者和共享者，是新征程中残疾人事业发展的新目标、新任务，也是广大残疾人和残疾人家庭的新希望、新期盼。

促进残疾人共同富裕和残疾人事业全面发展，单靠残联组织是远远不够的，还需各部门把推进残疾人事业当作分内的责任，多措并举、形成合力。会上，相关部门负责人结合工作实际，谈了建议和看法。国家发改委社会司司长欧晓理建议，重点构筑残疾人关爱服务体系，加大对残疾人就业的支持力度，推动残疾人事业与经济社会协调发展；人社部就业促进司副司长运东来表示，促进残疾人事业发展关乎民生福祉，关乎公平正义，人社部门将继续全力做好残疾人就业创业和社会保障工作；民政部社会事务司残疾人福利处副处长焦佳凌表示，保残疾人基本民生之本、夯基层社会治理之基、铸增进民生福祉之魂，为广大残疾人群体共享改革发展成果贡献应有之力。

提升收入水平，加强健康管理

习近平总书记指出，让广大残疾人安居乐业、衣食无忧，过上幸福美好的生活，是我们党全心全意为人民服务宗旨的重要体现，是我国社会主义制度的必然要求。

"当前残疾人事业高质量发展面临残疾人口规模巨大、残疾人返贫致贫风险较高、残疾人事业发展城乡区域不均衡等挑战，建议强化顶层设计，将残疾人事业高质量发展融入经济社会发展全局和大局，同时用足用好动态更新的专项调查数据，提升残疾人精准服务能力。"会上，北京大学人口研究所所长陈功的观点引起了大家的关注。

对此，南京大学社会保障研究中心主任林闽钢认为，残疾人相对贫困具有特殊性和长期性的特点，要建立以残疾人需求为导向的管理机制，在普惠的基础上加入新的特惠服务，坚持惠民便民精准管理，千方百计健全帮扶残疾人社会福利制度。

"残疾人共同富裕的首要任务是提升残疾人的收入水平，让有劳动能力的残疾人尽可能地实现就业或创业，逐步缩小与其他群体的收入差距，优化残疾人保障服务资源配置机制。"浙江大学共享与发展研究院副院长何文炯说。

康复和健康管理是改善残疾人生活品质、促进残疾人全面发展的重要内容之一。近年来，随着残疾人康复纳入健康中国建设大局，残疾人康复专业队伍建设不断加强，越来越多的残疾人享受到了健康和康复服务。与会人士认为，在促进残疾人共同富裕和残疾人事业全面发展的过程中，残疾人健康权仍然需要得到有力维护。

"健康管理可以预防和延缓疾病演变进程并减少并发症，降低照护者的负担，因此要实施全面连续的监测、分析、评估以及危险因素干预，构建成熟完善的残疾人健康管理模式并推而广之。"在复旦大学公共卫生学院教授吕军看来，帮助残疾人回归社会、服务社会是残疾人健康管理的目标和初衷。

在圆桌讨论环节，与会人士还探讨了如何激发残疾人社会组织活力、如何推进残疾人精神文明建设等问题。"促进残疾人共同富裕，既是中国式现代化道路的应有之义，也是对我国社会治理体系与治理能力的考验，只有补齐短板、齐心合力，才能促使残疾人共同富裕之路与社会主义现代化道路齐头并进。"清华大学马克思主义学院教授邹广文说。

办好特殊教育，实现更好发展

残疾人是社会大家庭的平等成员，更是建设中国特色社会主义的一支重要力量。

"要继续秉承平等、多元、融合的价值理念，确认残疾人同样是中国式现代化的参与者、贡献者和共享者，突出残疾人的特殊比较优势，强调其有能力通过共建共享实现全面发展和共同富裕，真正成为人类文明发展和建设中国特色社会主义的重要力量。"武汉大学法学院教授张万洪说。

清华大学无障碍发展研究院执行院长邵磊表示，以互联网、大数据、人工智能为代表的现代信息技术和相关产业极大地帮助残疾人突破自身限制、超越环境障碍，为残疾人融入社会创造无限可能。残疾人科技赋能是一个涉及企业、市场、政府和残疾人的多方面问题，要加强在政策制定、技术创新及推广应用等多方面的协作。

除了科技赋能，提高受教育水平也能让残疾人生活更有尊严。会上，多位专家围绕办好特殊教育、发展融合教育建言献策。"我国的特殊师范教育必须顺应特殊教育高质量发展政策要求，培养更多高水平专业师资，顺应当代融合教育改革发展趋势，培养适应普特融合的宽口径教师人才，继续加大特殊教育教师职后培训，推进中国特殊教育教师队伍整体质量提升，为中国式现代化做出应有的贡献。"南京特殊教育师范学院校长王立新表示。

"普通学校向融合学校转型、特殊教育学校向资源中心转型将是融合教育未来的发展趋势。"南京特殊教育师范学院特殊教育学院院长李拉认为，现在普通学校里边已经出现了越来越多有特殊教育需求的孩子，今后，特殊教育学校应该为融合教育发展提供咨询、服务、指导、培训、管理，帮助普通学校来解决一些专业问题。

"推进残疾人事业全面发展，还要大力发展我国的残障学学科。"中国残疾人事业发展研究会会长关信平建议，一方面加强残疾学的基础理论研究；另一方面通过产学研合作的方式，将重要的研究结果转化为具有重要应用价值的政策参考。

（《人民日报》记者　易舒冉）

第十五届中国残疾人事业发展论坛综述

2022年4月23日,由中国残疾人联合会、残疾人事业发展研究会和兰州大学共同主办的第十五届中国残疾人事业发展论坛在北京和兰州举行,论坛采取线下+云端的方式,紧紧围绕"促进残疾人共同富裕"这一主题,学习贯彻落实习近平总书记关于残疾人事业的重要论述和重要指示批示精神,为全面推动《"十四五"残疾人保障和发展规划》的实施献计献策。中国残联副主席程凯、兰州大学校长严纯华、甘肃省残联副主席王建强、残疾人事业发展研究会会长关信平教授出席论坛开幕式并致辞,论坛开幕式由兰州大学副校长沙勇忠教授主持。来自中国残联和部分省市残联的负责同志,北京大学、清华大学、中国人民大学、南开大学、兰州大学、深圳大学等近百所高等院校、研究机构的专家学者,全国各地残疾人和残疾人工作者代表共300余人线上线下参加了论坛。论坛的主要观点综述如下。

中国残联副主席程凯在致辞中指出,本届论坛围绕"促进残疾人共同富裕"主题展开研讨,契合了新阶段推进共同富裕的新使命,突出了新征程残疾人事业发展的主题主线。推动残疾人共同富裕是继打赢农村脱贫攻坚战、全面建成小康社会之后又一个十分重大的历史机遇。在扎实推动共同富裕的当前阶段,一是要突出公平正义的价值,彰显中国特色社会主义公平正义的价值目标和制度自信;二是要突出共同发展的价值,把促进社会融合和共同发展作为推动残疾人共同富裕的主要指标;三是要突出精神创造的价值,呈现残疾人精神自信自强、不断激发内生动力的高尺度。他强调,要将残疾人事业发展价值理念用于指导和推动实践,将残疾人共同富裕理想转变为推动创造美好生活的现实场景。在现阶段,一要巩固拓展好脱贫攻坚成果,坚决守住不发生残疾人规模化返贫的底线;二要多渠道促进残疾人家庭增收,让残疾人从三次分配中全面受益;三要提供优质优惠的公共服务,提升残疾人生活品质,增强其自我发展的能力;四要建设方便可及的无障碍环境,消除环境障碍和信息鸿沟;五要提供多元化多层次的社会支持,共同推动残疾人全

本文原载于《残疾人研究》杂志2022年第2期。

面发展和共同富裕。最后,程凯勉励研究会、各高校研究基地、各级残联研究单位和各方面专家学者深入学习贯彻习近平总书记关于哲学社会科学和残疾人事业的重要论述,继续发挥政治引领、价值引领、学术引领的作用,坚持以人民为中心的研究导向,心怀"国之大者",情系残疾人冷暖,结合实施"十四五"规划,切实回应社会关切,把论文写在扶残助残的文明实践中,向党和政府提出有见地、有分量的政策建议,不断推动时代发展进步。

残疾人事业发展研究会会长关信平在致辞中指出,过去的十年是残疾人事业大发展的十年,在残疾人教育、残疾人就业、残疾人康复与辅具、残疾人脱贫、无障碍设施建设、残疾人体育,以及对残疾儿童、残疾老年人和其他特殊残疾人的专门化保护与服务等各个方面都取得了突破性进展。但是我国残疾人事业也存在不少短板和不足,主要表现在总体水平不足,发展不均衡和服务质量不够高,与广大残疾人群众日益提高的美好生活愿望和残疾人高质量发展的目标相比还有较大的距离三个方面。关信平强调,在未来的发展中,要在实现残疾人全面小康的基础上,进一步促进残疾人共同富裕,推动我国残疾人事业的高质量发展。一是要大力加强中国特色社会主义残疾人事业发展的理论研究,包括基础理论和应用理论研究;二是要进一步加强中国残疾人事业发展的阶段性具体目标和行动体系的研究;三是进一步加强残疾人事业发展各个领域的研究;四是要认真研究我国残疾人事业发展与国家建设制度和行动体系的高度融合,优化和完善残疾人事业与发展各个方面的相互促进关系。关信平指出,要加强残疾人事业发展的研究,必须在党的领导下,在政府的大力支持下,切实加强我国残疾人事业发展研究体系的能力建设。一是要进一步扩大中国残疾人事业发展研究队伍;二是进一步利用各种科研平台,积极推动中国残疾人事业发展研究;三是要进一步推动我国残疾人事业发展研究的学科体系建设。

兰州大学校长严纯华在致辞中指出,兰州大学中国民族地区残疾人事业发展研究中心是全国唯一以民族地区残疾人为研究对象的国家级研究基地,标志着学校服务残疾人事业进入新的发展阶段。我国少数民族残疾问题研究一直是薄弱环节,兰州大学将继续加强民族地区残疾人事业发展研究中心的建设,深化与中国残联的研究合作和资源共享,发挥区域和学科优势,加强残疾人理论与实践的整体研究,积极服务我国民族和农村地区的残疾人事业。

甘肃省政府残工委副主任、省残联理事长王建强在致辞中指出,党的十八大以来,甘肃省残疾人事业在新的起点上加快发展,更加充分地融入党和国家事业发展大局。"十三五"期间，仅全省各级财政投入残疾人事业发展的补助资金就达16.57亿元，是"十二五"时期的2.3倍；31.4万农村建档立卡残疾人实现整体脱贫；城乡残疾人家庭人均可支配收入分别达到3万元和1.6万元，比"十二五"末分别提高了57%和46%，全省残疾人在共建共享全面小康的基础上，迈上全面发展和共同富裕的新征程。2021年以来，全省20.62万名农村残疾人纳入政策兜底范围，50.05万名残疾人享受"两项补贴"，3.4万名残疾人巩固脱贫成果，17.4万名残疾儿童和持证残疾人得到康复服务，1万名残疾人实现新增就业。但是甘肃作为西部欠发达省份，全省2500多万人口中，残疾人就有187.1万，涉及650多万家庭人口，其中农业户口残疾人166万人，少数民族残疾人17.5万人，全省残疾人事业发展不平衡不充分的问题还长期存在，民生保障基础和投入离发达地区也有明显的差距。如何突破发展瓶颈、在经济欠发达情况下走出一条残疾人事业高质量发展的新路子，紧跟全国步伐实现残疾人全面发展和共同富裕，是我们面临的重大政治课题，也是亟须解决的突出问题，更是本届论坛"促进残疾人共同富裕"这一主题的现实意义所在。

清华大学马克思主义学院邹广文教授发表了题为"努力夯实共同富裕的文化基础"的主旨演讲，从马克思主义基本原理出发，围绕习近平总书记关于共同富裕的重要论述，阐述了共同富裕的文化内涵，并对如何夯实共同富裕的文化基础提出了宝贵建议。首先，准确把握实现共同富裕的时代背景。经过40年改革开放的社会实践，中国人的社会生活发生了根本性的变化，尤其是伴随着由富起来到强起来的主题转换，我国社会的主要矛盾发生了重要变化。其次，共同富裕要面向人的全面发展。要克服重物质而轻精神的片面性发展；要营造良好的社会环境，拓展人的社会交往、社会关系的丰富性和全面性；要着眼于人的素质的现代化提升。最后，要努力夯实共同富裕的文化基础。一要大力倡导社会主义的核心价值观，加强促进共同富裕的价值引导；二要不断满足人民群众多样化、多层次、多方面的精神文化需求；三要弘扬中华优秀传统文化，涵育向美向善的社会文明。

北京大学人口研究所所长陈功教授发表了题为"以时间银行促进残疾人共同富裕"的主旨演讲。基于在"时间银行"领域的长期探索和思考，他提出可以将"时间银行"作为残疾人共同富裕的优势视角和创新路径，通过"时间银行"实现残疾人的"平等、参与、共享"并提升福利。陈功指出，时间银行是人类互助和社会治理体系的创新实践，要把需求和供给进行精准对接，用优势视角推动时间银行主导的社会资源整合和残疾人共同富裕体系建设。通过共建精准的服务、对等的服务、相互尊重的服务建立互惠关系，最后达成一种共享，进而实现资源的整合、服务链的整合以及人的整合。将时间银行创新路径和城乡残疾人共同富裕相结合，旨在实现跨区域资源调配，增加对失能老人、残疾人的社会服务总量，促进人的价值与劳务共济之间的转化，推进残疾人事业高质量发展。

中国人民大学残疾人事业发展研究院杨立雄教授发表了题为"对共同富裕问题的几点思考"的主旨演讲。他主要对共同富裕理论以及低收入群体实现共同富裕这两个问题进行了思考，针对共同富裕的理论问题，认为一是不平等是因发展而产生，最终也需要通过发展来解决。发展中国家的不平等性是过渡阶段，一旦经济更加发达，这种不平等就会逆转。改革开放以来，随着经济高速增长，中国人的收入差距也在快速拉大，至2008年基尼系数达到历史最高点（0.491），此后基尼系数开始缓慢下降，到2019年下降至0.465。二是经济发展与不平等程度呈现反向关系。人均收入高的国家，收入分配也更为均等。相反，不发达国家的收入分配更倾向于不均等。三是经济发展并不能自动降低不平等，再分配在其中起到重要作用。再分配是调节收入的重要手段，尤其是公共支出会对收入分配产生关键性影响，而再分配能力依赖于经济发展程度。我国存在数量庞大的低收入群体，他们在第一次分配中处于弱势地位，离"富裕"存在较大差距。因而，我们要实现低收入群体共同富裕，就要采取简单有效的措施，一是加大人力资源和公益岗位的开发，改革福利制度，帮其"挣钱"；二是改革医疗制度，加大住房保障力度，完善照料服务体系，替其"省钱"；三是提高低保标准，大幅提升最低养老金水平和家庭转移支付水平，给其"发钱"。尤其是加强再分配力度，降低再分配中的不平等，实现共同富裕的同时要处理好个体贫困与群体共同富裕的关系以及个体、社会和国家的关系。

兰州大学中国民族地区残疾人事业发展研究中心主任焦若水教授发表了题为"共同富裕视角下的农村残疾人事业"的主旨演讲。他从城市中国时代的农村残疾人事业、共同富裕视野下的农村残疾人事业新考量和在共同富裕中创新推进农村残疾人事业三个层面展开论述。首先，中国城镇化率已达到63.89%，未来十年有望再增加10到15个百分点，但农村残疾人城镇化转移却几近停滞，生活在农村的人口中每不到10个人里面就有一个残疾人，且重度残疾人比例已达52.07%。2018年的相关调查显示，47%的农村残疾人属于一人户或者二人户家庭，照顾负担巨大，"脱贫不解困"的难题普遍存在。其次，在共同富裕的背景下，农村残疾人是促进共同富裕的重中之重、难中之难。托养服务供需矛盾尖锐，能够接受有效服务的农村残疾人比例极低；针对农村重度肢体、智力、精神残疾人的服务基本属于空白；农村基层残联硬件投入大但空置浪费现象严重。基于此，他提出在共同富裕中创新推进农村残疾人事业的五条措施：一是推进农村残疾人事业由问题导向向发展导向转变；二是完善残疾人福利体系，鼓励探索创新，特殊地区残疾人事业出台新的福利政策或提高福利标准；三是实现残疾人服务资源县域统筹；四是加强家庭为本的残疾人照顾支持体系建设；五是充分发挥民政部门乡镇社会工作站的资源整合作用，提供有温度的专业服务。

山东大学残疾人事业发展研究中心主任葛忠明教授发表了题为"残疾人共同富裕的三重逻辑"的主旨演讲，具体涉及残疾人共同富裕的历史逻辑、理论逻辑和实践逻辑三个层面。我国古代在仁政思想主导下形成了以救济为基础、就业为提升的政策实践。新中国成立后，开启了对残疾人全面发展和共同富裕的探索之路，跨越仁政思想下的居养型政策（1949—1978）、培养自立能力的庇护型政策（1978—2008）、基于公民权利的发展性政策（2008—）三个阶段。马克思主义经典作家论述中的理论源泉、中国特色社会主义的理论探索和公平与效率理论、公民权理论、积极福利理论等共同构成了分析残疾人共同富裕的理论框架，在此基础上加以整合、提炼，形成残疾人共同富裕的重大理论问题。最后，从残疾人共同富裕的现实基础、现实考验、现实路径三个维度上进一步思考残疾人共同富裕的实践逻辑。残障社会模式的建立、福利体系向积极福利的转变、社区康复事业的发展、高质量就业的实现、第三次分配以及社会参与的促进，是实现残疾人共同富裕的现实路径。

北京师范大学民生保障研究中心主任谢琼教授发表了题为"第三次分配与残障人士：无障碍社会的建构与发展"的主旨演讲。谢琼围绕第三次分配的要义与讨论、残障人士与三次分配、残障人事业的高质量发展需要三次分配协调配套、无障碍社会构建与发展的必要性等四个方面展开演讲。她提出，残疾人事业的高质量发展需要三次分配协调配套，第一次分配是提高劳动就业收入。就业是民生之基，也是最能给残疾人带来价值感、安全感，实现其独立自由的方式。要想尽办法提高就业数量和质量，从宏观上优化初次分配的结构。第二次分配是不断优化保障制度和路径。制度化的正式安排是继就业之后最能给予残疾人权利与尊严的方式、共享发展成果的基本且主要途径。

第三次分配是广泛调动相应的社会资源，发挥其资源动员力量和不可替代的价值理性。谢琼强调，无障碍不只是残疾人的无障碍，而是面向所有人、软硬件全面的无障碍。要通过无障碍社会的构建和建设，实现推动社会观念和制度政策理念的改变，从源头上发展无障碍；把残疾人事业变为全社会的事业，而非残疾人、残疾人家庭、残疾人组织的事业。推动残疾人事业发展体制机制障碍的彻底破除。

浙江省残疾人联合会党组成员、副理事长陈益伟发表了题为"推进残疾人共同富裕的浙江思考与实践"的主旨演讲。他以中共中央、国务院支持浙江高质量发展建设共同富裕示范区为例，总结呈现了在助残共富的实务工作背后七个方面的想法。一是2022年浙江省政府残工委在浙江大学（共享与发展研究院）成立"残疾人共同富裕研究中心"，系统推进残疾人共同富裕的基础研究。二是努力发展更高水平的残疾人教育，实现更高水平的残疾人就业，推动残疾人服务基本发展的迭代升级。三是以探索建立助残共富保障制度机制为重点，以稳步提升助残共富保障水平为目标，以推进分层分类精准化保障为方法，推进残疾儿童，智力、精神和重度残疾人，困难残疾人等重点人群基本保障的强基扩面。四是通过服务关口前移、资源均等共享、品质提升和科技助力，推进残疾人基本服务的提质增效。五是促进社会化助残共富机制建设，打造全链条"无障碍"环境。六是推进残疾人权益维护机制建设，树立残疾人事业"大维权"理念，做好基本权益的升级维护。七是纵深推进残联自身改革，率先推进助残服务数字化改革，系统重塑三大源头性工作，完成基层基础的变革重塑。

甘肃省残联党组成员、副理事长蒋录基发表了题为"坚持政治引领，保持战略定力，以残疾人事业高质量发展促进残疾人共同富裕"的主旨演讲。他总结了甘肃在促进残疾人全面发展和共同富裕方面的尝试和探索。一是健全多元化社会保险制度，建立更完善的残疾人专项福利补贴制度，着力构建高质量残疾人社会保障体系。二是通过完善残疾人就业保护和就业促进制度、残疾人就业创业帮扶政策，鼓励残疾人以土地、林权、资金、劳动、技术、产品为纽带参与各种形式的集体合作，拓展增收渠道，建立残疾人职业培训机构、项目公示和培训成效评价制度，探索以残健融合职业技能竞赛等方式构建高质量残疾人就业增速机制。三是加快建设以居家为基础、社区为依托、机构为骨干，生活照料、康复护理、技能培训和劳动就业紧密衔接的高质量残疾人托养和照护服务体系。四是构建高质量的残疾人康复服务、教育、文化服务等公共服务体系，建立完善"全面走访，重点探视"的关爱残疾人制度。五是健全残疾人事业发展和权益保障法律法规体系，扩大公共法律服务覆盖面，推动无障碍建设，构建高质量的残疾人权益保障机制。六是努力提升残疾人事业管理能力和治理体系现代化，着力构建高质量智能化残疾人服务机制。七是着力构建高质量社会化助残动员机制。八是聚焦区域发展不平衡，因地制宜，缩小差距，构建区域一体化助残服务新机制。

本届论坛还开设了七个分论坛，围绕"残疾人事业现代化与共同富裕""民族地区残疾人共同富裕·甘肃论坛""提升残疾人公共服务质量""城乡区域残疾人事业""残障法律援助和服务的理论与实务""残疾人高质量就业""残疾人家庭支持"等方面展开深入研讨。

残疾人事业现代化与共同富裕分论坛

四川大学**蒲晓红**教授做了促进残疾人共同富裕的历史实践、理论逻辑和时代内涵的演讲，阐述了共产党成立百年来不同历史阶段促进共同富裕的政策演进、制度变革和实践创新，新时代促进残疾人共同富裕的理论逻辑包括共同富裕是社会主义的本质要求、是新时代我国残疾人事业现代化的根本使命及残疾人全面发展与过上美好生活的内在驱动。东北林业大学**庞文**副教授做了"残障模式的代际演替与整合——兼论迈向人类发展模型的残障观"报告，系统地梳理了以医学模式为代表的第一代残障模式、以社会模式为核心的第二代残障模式及聚焦残障者的健康剥夺与能力扩展的第三代残障模式，强调了人类发展模式是客观层面的资源、结构因素和主观层面的能动性在应对残障问题时的综合效应。浙江师范大学**赵勇帅**博士认为，在融合的背景下，残障是融合了残障者个人特征与社会文化意义的复杂社会文化概念，成为与种族、性别类似的"文化身份象征"。中山大学**周如南**副教授指出，在福利多元主义的视野下，政府、企业、社会组织乃至社会企业等多元主体之间的跨界协同创新机制是有效提供残疾人社会福利供给的重要路径，在政府购买残疾人社会服务时，一要提高政府购买残疾人服务的水平，完善政府购买残疾人服务体系，加强监督和考核机制建设；二要加强专业服务队伍建设，提高残疾人服务的专业化水平；三要规范购买程序，促进社会组织在残疾人服务领域的公开竞争购买；四要以残疾人的需求为导向购买个性化服务。长春大学**黄晶梅**教授强调，习近平总书记对贫困残疾人实现脱贫的系列论述促进了我国残疾人事业的发展，呈现了中国特色脱贫攻坚制度体系在脱贫政策推行中的优越性，展示了中国特色扶贫开发道路对特殊群体反贫困的有效性。

民族地区残疾人共同富裕·甘肃论坛

甘肃省残疾人联合会副主席**张恩和**根据其多年在残疾人创业就业领域调研所获得的大量实践经验,提出了残疾人就业创业孵化运营的新模式,即通过参加残疾人创业带动就业,以就业为落脚点,以残疾人团体为群众基础,以物理空间为依托,串联政府、企业、残疾人需求,推进全社会残健融合。兰州大学**谢冰雪**副教授分享了民族地区八省区残疾人脱贫攻坚模式,从整体性视角分析了民族地区面临残疾人口众多、残疾程度重、受教育程度低、社会保障和公共服务水平低等挑战,近年来探索了集中托养、利用民族文化就业赋能、提升人力资本等脱贫解困的新模式。甘肃省广播电视总台**柳征**根据其所在行业特点以及对残疾人的深刻认知,以多个生动的案例来诠释媒体在残疾人事业发展过程中的重要作用,提出在推进和助力残疾人事业发展的进程中,要充分发挥媒体在理念宣传方面的优势,借助媒体的力量在全社会呼吁和倡导建立无障碍共识,为促进残疾人全面发展和共同富裕助力。兰州市安宁区教育局**王珺玮**以"持续扩大教育红利,致力于残疾儿童健康成长"为题,从四个方面阐述残疾儿童的教育:第一个方面是残疾儿童受教育的意义,特殊教育有助于提升社会的整体文明程度,减轻残疾人家庭和社会负担;第二个方面是安宁区残疾儿童受教育的基本情况;第三个方面是多措并举致力于安宁区残疾儿童健康成长,近年来安宁区制定了很多助残措施,致力于提高残疾儿童受教育水平;第四个方面是结合工作实践展现残疾人受教育的未来愿景。

提升残疾人公共服务质量分论坛

残疾人公共服务质量是促进残疾人共同富裕的基础与保障。西北大学**许琳**教授提出,建立社会融合视角下残疾人日间照料服务评估指标体系,确保残疾人托养服务在促进残疾人自理自立、提高生活品质、参与社会生活并实现社会融合的过程中更好地发挥作用。中国人民大学**何欣**副教授指出,跨专业合作、多障碍类别融合、家庭支持服务及社区服务整合构成了残障儿童服务的本土实践模式,在残障儿童发展和残障儿童家庭照顾经济成本缩减、照顾负担降低和增加积极体验方面都有明显效果。深圳技师学院**徐慧**博士认为,社区精神卫生服务获得成功的要素包括指导社区精神卫生工作的系统精神病学理论、社区精神卫生工作与医院保持功能性联系、有一支多学科背景的社区精神卫生工作团队等。山东省青岛市城阳区残疾人联合会**朱杰**提出,要树立全生命周期康复模式理念,探索建立以残疾人个体康复为单位,涵盖从出生残疾预防、从筛查到诊断、从诊断到康复、从出生到老年的全生命周期的闭环式康复保障政策，提升残疾人康复服务质量。

城乡区域残疾人事业分论坛

西南大学教授**赵斌**认为，农村残疾人事业发展是全面推进乡村振兴战略的焦点之一，农村残疾人事业需进一步保障残疾人合法权益，提高支持帮扶有效性，营造包容接纳的环境，实现残疾人事业外助内促，为实现乡村全面振兴贡献力量。东莞理工学院**于铁山**副研究员发现珠三角农村残疾青年与家人的托养意愿偏低，应从制度和服务等不同层面完善农村残疾人托养制度。四川文理学院**唐学军**老师通过对养老服务情况的实地调查研究发现，失能老年人能够获取的养老资源相对有限，还存在制度不完善、养老资金来源单一及养老服务从业人员匮乏等问题，建议从健全养老服务制度体系、拓宽养老资金的来源渠道、加大对养老专业人才的培训、科学合理地评估养老照护需求、转变失能老年人的养老观念等方面完善养老照护服务。兰州大学**王淑梅**博士认为，在现代化进程中，肢体残障者身上体现着"残障者""病人"和"正常人"的角色重叠，导致他们对自我认知出现困难。

残障法律援助和服务的理论与实务分论坛

北京师范大学**郑璇**教授立足中国国情和听障群体语情，建议在国家通用语言文字法修订工作中明确将国家通用手语认可为国家通用语言文字的组成部分，并以此为依据进一步出台或完善相应的法规、规章及规范性和指导性文件，以铸牢中华民族共同体意识，推动全社会残健融合氛围的形成，促进听障群体的日常沟通，切实保障其语言权。武汉大学**丁鹏**博士认为，加强残疾人司法保护可保障残疾人全面发展和共同富裕，在司法保护获得方面要注重普法和知法、注重用法、注重执法和司法。重庆工业职业技术学院**徐艳霞**博士以最高检最高法的典型案例为基础，认为在残疾人获得司法保护时很少能够清晰地界定残疾对案件产生的影响，她主张应该把残障状态与工作受限之间的影响纳入考量。武汉理工大学**李群弟**博士认为，无论在应急状态抑或是常规阶段，残疾人权利保护始终不能背离政府主导，脱贫攻坚要优先健全社会保障体系，大力提升人力资本，通过现代教育提升内生性发展动力及鼓励多元社会力量的进入与发展。

（冯善伟、张梦欣供稿）

后　记

　　为深入学习宣传贯彻落实党的二十大精神，促进残疾人事业全面发展和残疾人共同富裕，我们从《残疾人研究》杂志已刊发的论文和相关报告中精选出15篇，集结成册，由华夏出版社出版。

　　本书的编选在中国残联领导的指导下进行，主要选取了残疾人事业发展研究会会长、副会长和常务理事从各个方面对残疾人共同富裕进行的研究，也包括浙江、江苏和中部地区残疾人共同富裕的实践探索，代表着当前残疾人共同富裕研究的最高水平。

　　本书的编选工作由《残疾人研究》杂志编辑部组织实施，参与人员有：郭春宁、厉才茂、胡仲明、李耘、冯善伟、张梦欣、赵溪和宫瑞娟。

　　在编选出版过程中，我们得到了中国残联各部门，部分省、自治区、直辖市残联，相关高等院校和研究机构给予的大力支持与协助，在此表示诚挚的谢意。编选工作难免疏漏之处，敬请大家不吝赐教。

《残疾人研究》杂志编辑部

2023年3月